Diploma-Design
# CONCEPT MAKING
Research / Design / Presentation

新版

# 卒業設計コンセプトメイキング

リサーチ・デザイン・プレゼンテーション

松本 裕
Yutaka MATSUMOTO

学芸出版社

# 新版　はじめに

本書は、『卒業設計コンセプトメイキング』（２００８年初版、２０２０年第５刷）を全面的に見直し、新しい内容を加味した新版です。改編のポイントは、コンセプトメイキングの基盤となる「リサーチ」部分を章立てし充実させたことです。旧版でも、アイデアの模索と展開における重要なプロセスの一部にリサーチを位置づけてはいました。しかし、実際に学生の作業を見るにつけ、このリサーチ・分析・レポートの一連の流れが十分に理解できておらず、調査対象の絞り込みが曖昧、ｗｅｂ検索結果の羅列、個人の感想文に終始、といった基本的な課題があることを痛感しました。そこで、このリサーチに関わる部分を、一つの「ひな型」に落とし込み、論理的かつ効率的にその成果をコンセプトメイキングにつなげられるようにしました。その際、最も根幹となる作業が「主題＝切り口」の絞り込みにあたるとの確信に至り、そこから組み立てるリサーチの「ひな型」を構成しました。そして、本書もまた、この「主題＝切り口」に再フォーカスして、全体をリニューアルしたものになります。

建築・都市系のリサーチにおいては、その専門的スキルは「フィールドワーク」になると考えます。様々な分野毎のリサーチやフィールドワークの方法については、多くの指南書があります。それらに対し、本書は、各種方法の事例紹介や比較・解説ではありません。できるだけ定型的に作業を進め、最終アウトプットのまず6～7割程度の骨子をビジュアル的に素早くつくり上げることを目指しています。それ故、ひな型のフォーマットとしては、スライド形式（パワーポイント）を用いています。さらに、その中で、レポート作成時のルールやデザインのガイドも設けて、基本的な所作を身に着けてもらえるよう工夫しています。その意味で、建築・都市系の卒業設計にとどまらず、卒業論文や、講義のレポート課題等にも大いに役立つものと期待します。

従来のリサーチ本と異なるこうした立ち位置を取るのは、実際に本書をお使いになる学生や教員が、ひな型に沿って作成される基本構成の先にある本来なすべき本質的な議論と対話に貴重な時間を充てることができるようにという願いがあります。この点は、旧版と変わりはありません。

もくじ

はじめに　2

序章　卒業設計とは何か？　9

1　卒業設計は「自分」さがしではない　10

2　卒業設計とは論理的思考プロセスの具体化である　13

3　リサーチにもとづくアイデア出しと提案　15

4　本書の特長と使い方　19

**第1章　【課題設定】……「テーマ」から「主題」へ**　25

1　卒業設計は自己満足のためにするのではない　26
2　「テーマ」とはたとえば「愛」だ！──根源的だが答えのない大切なもの　28
3　「テーマ」を「主題」で切る　29

**第2章　【リサーチ】……「主題＝切り口」を軸としたリサーチの「カタ／型」**　37

1　「主題＝切り口」設定の基本　38
2　「主題＝切り口」に「ＨＯＷ？（どのような？）」を付ければ「問い」になる　39
3　「問い」の検証──「主題＝切り口」に沿った「フィールドワーク」の3プロセスを通じて　50

## 第3章 【アイデア】……アイデアの模索と展開 55


1 「問い」に対する「仮説」を「建て」る 56
2 「建築的・空間的アイデア」が勝負の決め手 59
3 「アイデア」と「オリジナリティー」 61
4 「建築的・空間的アイデア」は「空間の質」をねらおう 67
5 「リサーチ」にもとづくアイデアの展開――資料収集・データ収集、文献調査 75
6 先人に学ぼう――既往作品・参照作品分析 82
7 敷地の声なき声を聞く――敷地調査 85
8 物語性をもたせよ――クライマックスの演出 108

第4章【提案】……作品を練り上げる 113
1 「建築的・空間的アイデア」は魅力的な形になってはじめて生きる 114
2 スタディ 117
STUDY 1 Bさんの場合 118
STUDY 2 Eさんの場合 132
STUDY 3 Fさんの場合 148
STUDY 4 Iさんの場合 166
STUDY 5 Kさんの場合 190
3 プレゼンテーション――独白《モノローグ》にならないために 208

フィールドワーク「ひな型」の使い方　220
〈巻末〉「梗概フォーム」の作成方法・注意点　231
梗概1〈事例〉Bさん　233
梗概2〈事例〉Eさん　235
梗概3〈事例〉Fさん　237
梗概4〈事例〉Tさん　239
梗概5〈事例〉Iさん　241
梗概6〈事例〉Kさん　243
手紙文例（資料・情報提供依頼、施設見学申し込み、アドバイスのお願い）　245
卒業設計作業工程チャート　247
あとがき　248

# 序章

概説

# 卒業設計とは何か？

# 1　卒業設計は「自分」さがしではない

卒業設計は何のためにするのでしょうか？　もちろん卒業するためです。しかし、単に必要な図面や模型をそろえて合格点をとるだけなら、それはあまりにもむなしい作業です。

卒業設計は、設計演習とは異なります。自ら課題設定と敷地選定を行い、オリジナリティーのある提案をしなければなりません。そこに、卒業設計をすることの最も重要な意義があります。それゆえ、卒業設計では、予算的な制約や法的な規制、構造的な厳密さなどは、実務設計に比べて格段にゆるく、二義的な問題として、ある程度は不問に付されるのです。とはいえ、卒業設計を簡易に済ますことができる訳ではありません。むしろ前提となる条件が少ない分、手がかりがつかめず、かえって難しく感じることがあるでしょう。また、自由な設定ができるからといって、好き勝手が許されるわけではないのです。こうした点をはき違える卒計生（卒業設計にたずさわる学生を本書ではこう呼びます）が実に多いことを、大学で卒業設計を指導する立場になって思い知りました。そんな卒計生は、大きく分けると、次のような二通りのタイプになります。

①進め方がわからず行き詰まるタイプ

## ②勘違いして独りよがりになるタイプ

まず、①のタイプ。自分で諸条件を設定できず、途方に暮れる人です。また、なかなか具体的な設計のアイデアが出てこない人です。そのくせ、自分は設計に不向きだとか、天賦の才能がないからだとか、泣き言や自己保身のための逃げ口上は次々に出てきます。しかし、早合点してあきらめないでください。これまでは、与えられた条件に従って演習をこなすのみで、自分で問題を発見し、独自に解決していくための技法を学んでこなかっただけかもしれません。ぜひとも本書の内容に沿って丁寧に一つずつ作業を進めてください。必ず道は開けるはずです。設計の道に進むのを断念して方向転換するのは卒業設計が終わってからにしましょう。

次に②のタイプ。建築の設計を志すぐらいだから、基本的には自意識過剰で格好つけでプライドが高くてナルシスト、のはず。ひょっとしたら、「日本一」になってやろうなんて野心をたぎらせているかも知れません。卒業設計に挑むときはそれぐらいギラギラしている方が望ましいとも言えましょう。しかし、エネルギー夥多はよしとして、閉口するのは、このタイプがややもすれば「感性」とか「センス」とか「個性」とかを安易に言いたがることです。そんな「自分らしさ」を無邪気に唱える学生に限って、そうした資質をめぐって自問自答したことがあまりなく、確かなものとしてどこかにあるに違いないと信じています。だから意に添わない指摘を受けると、むきになって

「本当のわたし」を主張したがります。「では、『本当のわたし』って何ですか?」と質問すると、たいていの答えには、どこかで見たり聞いたりしたような、往々にしていま流行のイメージが無自覚に共有されています。たとえば、有名建築家のスタイル、はやりのプレゼンテーション、小手先のデザインなどが無批判に模倣されているのです。当然それはタイプ②が純粋に想い描いているような「本当のわたし」の表現などではありえません。

では、「本当のわたし」とは何かと逆に問われれば、「そんなものはない」というのが筆者の立場です。もし、「わたし」や「自分」が認識されるとしたら、それは「他者」（ヒトとは限らない。モノやコトなども含意します）とのインタラクティヴ（相互作用的／双方向的／対話的）な関係性（本書では、それを「空間」として捉えています［序章3節16頁、3章4節67頁参照］）を通じて、かすかな、しかし「かけがえのない差異」としての「わたし」がその都度、かろうじて自覚されるのだと思います。そんな「わたし」を通じて、モノ・コトや出来事が生起してくるのです。「わたし」とは、そうした開けを可能にするような、一つの「場所」だと言えましょう。

「わたし」は、「本当のわたし」をめざしてあたかもピラミッドの頂上を極めるように自己実現されるのではありません。さまざまな「他者」との「ダイアローグ（対話）」の結果、たまたま「わたし」になるのだと考えます。だからこそ「わたし」は様々に変わっていくことができるのであり、それには「わたし」も「他者」もどちらも大切だと気付くのです。卒業設計は、そのことを実感する絶好の機会です。

ここに書いた「わたし」と「他者」をめぐる話は、いまはまだ唐突に聞こえるかも知れません。しかし、その基本的な姿勢と卒業設計の進め方との密接な関わり合いは、本書の各章で示す具体的な事例を通じて理解していただけるものと信じています。

タイプ①にしろ、タイプ②にしろ、勢いの違いこそあれ、どちらも「他者」の概念が希薄であるという点では共通しています。センチメンタルな「自分さがし」をして癒されている間はよくても、そこはかとない「私小説」的な姿勢で卒業設計に相対すると(同じ私小説でも、島尾敏雄や西村賢太のように、自分の底を抜くほどの洞察と凄味があれば別ですが……)、それは時に身勝手であり「モノローグ(独白)」でしかないと思うのです。

## 2 卒業設計とは論理的思考プロセスの具体化である

卒業設計とは「わたし」と「他者」との「ダイアローグ(対話)」の結晶作用である。これが本書の基本的な立場です。その具体的なプロセスは、リサーチを加味すると、本書(新版)では、次の四行程(A〜D)からなると考えています。この行程は、料理をつくって人をもてなす過程と大変よく似ています。

**【卒業設計の四行程】**

A（第1章）［課題設定］「テーマ」から「主題」へ＝仕入れ、食材＋調理道具選び
……主題・問いの抽出、仮説の設定

B（第2章）［リサーチ］「主題＝切り口」を軸としたリサーチの「カタ／型」＝レシピ検索、仕込み
……「主題＝切り口」に沿ったリサーチ・フィールドワーク

C（第3章）［アイデア］アイデアの模索と展開＝下ごしらえ
……着眼点と方法、仮説の検証、リサーチにもとづく「建築的・空間的アイデア」の抽出

D（第4章）［提案］作品を練り上げる＝調理・おもてなし
……「建築的・空間的アイデア」の展開、問いに対する回答・結論、プレゼンテーション

これらの詳細については、各章で、卒計生が実際に辿ったプロセスや作品事例を交えながら説明をしていきます。それに先立ち、ここで、卒業設計を今一度定義しておくと次のようになります。

すなわち、卒業設計とは、

「人間にとって根源的なテーマにつながる主題を抽出し、適切な問いをたて、それに答えるべく独自のアイデアを出し、仮説の検証を繰り返しながら、論理的に導き出された作品という回答を、他者と対話ができるように公表すること」

なのです。

## 3　リサーチにもとづくアイデア出しと提案

卒業設計の四工程の中でも、成否の鍵を握る肝要な作業が「主題＝切り口」の設定です。課題に対して、「主題」に沿って切り込み、その「切り口」に浮かび上がる構造を明らかにしていく。そして、この構造（成果／結論）を論理的に担保するのが「リサーチ／調査」です。このプロセスは、卒業設計のみならず、論文やレポートにも共通します。卒業設計の場合は、リサーチの成果をもとに、さらに「建築的・空間的アイデア」へと展開していくことになります。本書では、それを「コンセプトメイキング」と位置付けています。今回の新版では、リサーチにもとづくアイデア出しの部分を充実させるべく、新たに「フィールドワーク・レポート」を作成するための「ひな型」を提供しています。この「ひな型」の最も基本となり、かつ応用に有効なカタが「主題＝切り口」です。それは、「フィールドワーク・レポート」の主軸／背骨を構成します。

**【フィールドワークはインタラクティブな作業である】**

課題に対して、「主題＝切り口」に沿って切り込む際に、主体（自分／観察者）と客体（相手／対象）との間には相互作用的な関係があります。主体である自分が何らか問題意識を持つからこそ、客体である対象に対して「主題＝切り口」を設けることができます。同時に、客体は主体に対して何らかの特徴的な働きかけをしているはずです。このように相互作用的な関係性が「空間」であると考えます。よって、空間は確定されたものや一様な状態ではなく、主体と客体、観る側と観られる側との間にその都度現象してくるものと捉えています。その空間が顕れる構造というものを分析して行く一つの手だてが「フィールドワーク」というインタラクティブ（相互作用的／双方向的／対話的）な作業です（図 序・1）。

インタラクティブな現象のわかりやすい例として、パワースポットを考えてみましょう。「聖なる空間」のようなものです。例えば断崖絶壁に巨石が今にも転がり落ちそうに鎮座している。その姿を見たときに、人間がそこにある種の神々しさを見いだす。そして、巨石にしめ縄をまいて拝み、儀礼として定期的にお祀りが執り行われて、聖性が人間の意識に落とし込まれる。次第に聖なる場所、パワースポットができ上がっていく（図 序・2、図 序・3）。これはジョーゼフ・リクワートが『〈まち〉の

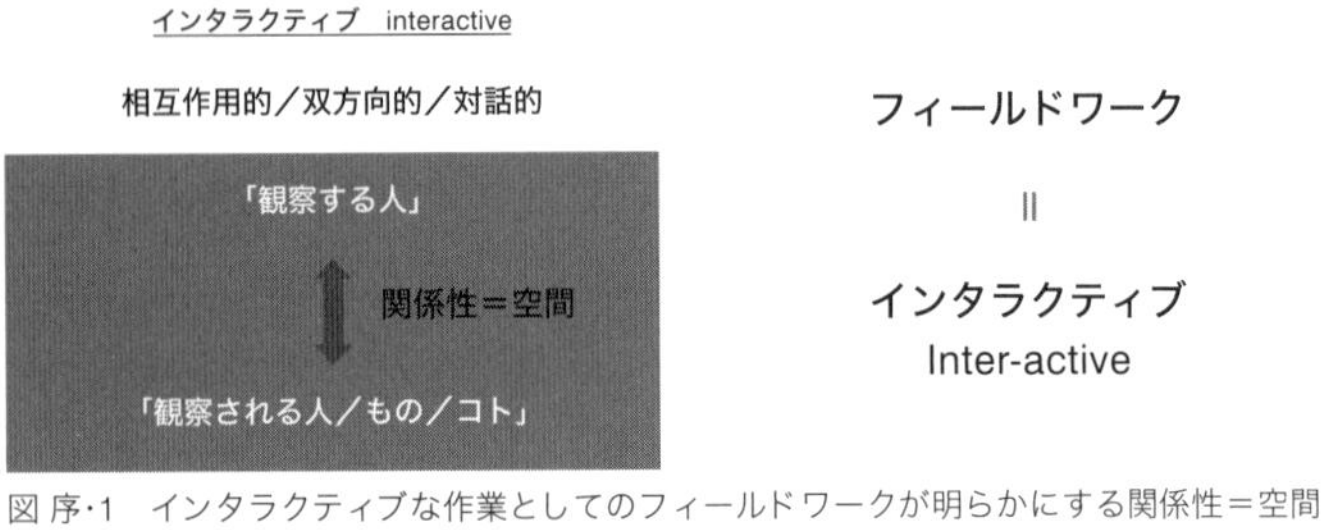


図 序・1　インタラクティブな作業としてのフィールドワークが明らかにする関係性＝空間

図 序･2　越木神社（兵庫県西宮市）のご神体とされる甑岩《こしきいわ》に巻かれたしめ縄。聖性を帯びた岩であるにも関わらず、豊臣秀吉による大阪城築城の際には、石垣への転用が試みられるも果たされず「残念石」となった。岩肌には、当時の城主「池田備中守長幸」の家紋が刻印されている。巨石と人との間のインタラクティブな関係性において、象徴的な意味が変化する興味深い例

図 序･3　宮島の聖なる山、弥山の頂上に鎮座する巨石群。厳島神社が構成する軸線の端点に位置し、浄土を観念させる

図 序・4　桂離宮の結界石。止め石、関守石とも呼ばれる

図 序・5　羽生結弦フィギュアスケーターの聖地と化した弓弦羽神社（兵庫県神戸市）

イデア』（前川道郎・小野育雄 共訳、みすず書房、１９９１）でローマの創建儀礼を論じた内容に通じます。基本的には、「ゲニウス・ロキ（地霊）」なるものも同じ構造といえます（平尾和洋・末包伸吾編著『テキスト建築意匠』学芸出版社、２００６、第5章参照）。もしこれが、断崖の巨石ではなく路傍の小石であったなら、おそらく人はそこに特別な感情や問題意識を抱くことはないでしょう。逆のパターンとしては、人間が小石に紐を結んで閾を表す結界石（図 序・4）や、全く関係がないのに名前が似ているというだけで羽生結弦選手の祈祷の聖地となった弓弦羽神社（図 序・5）などは興味深い事例です。

## 4　本書の特長と使い方

本書の旧版では、建築系の卒業設計にたずさわる方々――卒計生のみならず指導教員も含めて――が対象でした。新版では、卒業設計のプロセスの中で、特にリサーチを通じた「建築的・空間的アイデア」への展開をより詳細かつ論理的に進められるように大幅な編集と追記を行いました。そして、そこに特化したフィールドワーク・レポートの「ひな型」を提供しています。したがって、新版では、卒業設計だけではなく、講義におけるレポート作成にも活用していただきたいと願っています。

卒業設計と同様に、レポート作成も論理的な作業です。本書（新版）で追加した「ひな型」は、パワーポイントのスライドを用いてビジュアル的に論理構成を行うことを意図しています。どのようなレポートもいきなり文章を書くのではなく、その論理構成を検討してから文章化されます。リサーチから「建築的・空間的アイデア」への展開のチャートとなる「ひな型」を使えば、レポート作成もスムーズに進められると考えています。その際、「主題=切り口」を決めれば、できるだけ形式的かつ自動運転的にレポートの骨格ができ上がるというのが本書（新版）のウリです。

旧版で記した通り、卒計生の一人一人が途方に暮れることなく、有意義な一年間を過ごすための羅針盤の役割を果たし、実用的な手引きとなることをめざしています。新版では、それに加えて、通常の講義等のレポート課題においても、どのように書けばよいかわからない、感想文やブログのような個人の想いや私見になってしまう学生の方々を読者として想定しています。そして、教員の方々は、この「ひな型」を使うことで、「お気持ちレポーター」に対してレポートについての初歩的な説明を行う手間を大幅に削減できます。また、リサーチを論理的に構成するための基本的なガイダンスを時短効率化できるでしょう。その分、リサーチ方法の検討や結果に対する仮説検証に充ててもらい、何よりも重要となる指導=コンセプト・メイキングに貴重な時間を使っていただきたいと考えています。

■ 読者として意識している五つのタイプ：

【卒計生】

①進め方がわからず行き詰まるタイプ
②勘違いして独りよがりになるタイプ
③本書を読む必要のないハイレベルなタイプ

【卒業設計指導教員】

④放任主義問題無タイプ
⑤懇切丁寧不可避タイプ

まず、卒計生の三タイプです。タイプ①とタイプ②に関しては既に述べた通りです。タイプ③は、タイプ①にもタイプ②にも陥ることなく、進歩的でレベルの高い卒業設計を遂行できる一部の優秀な学生です。こうした本の助けを借りなくても済むタイプといえます。逆に言えば、ここに書かれているような内容は軽々とクリアしているはずです。そのチェックシートとして本書を活用する価値は十分にあるでしょう。

なお、卒計生ではなく、設計演習に勤しんでいる方にも本書は有効です。先述のように、設計演習では、卒業設計の四行程のうち、Ａ（第1章）で取り上げる、テーマ、問い、敷地、設計条件などは課題として既に与えられています。ですから、Ｂ（第2章）～Ｄ（第4章）が、設計演習での行程に相当します。さらには、建築・都市系の講義レポートや論文作成にも「ひな型」は大いに役立つと考えています。

次に、卒業設計を指導する教員の二タイプです。まず、④「放任主義問題無タイプ」とは、学生の自主性の名の下に卒業研究に指導教員はそれほどコミットしなくても特に問題もなく許され、それでいて高い成果が期待できるタイプです。残念ながら、ごく一握りの大変に恵まれた立場の教員に限られます。このタイプの指導教員は、この本をゼミ生に手渡していただくだけでＯＫです。あとはタイプ③のプレミアムなゼミ生達が自主的に作業を進めてくれることでしょう。古き良き放任主義に一層磨きをかけることができます。

ちなみに、わたしが卒計生として卒業設計に取り組んでいた時代には、「ほったらかし」が指導標準だったように思います。大変おおらかな雰囲気で、それはそれで十分に意義のあることでした。しかし、時代が変わりました。少子化全入時代を背景に、買い手市場の教育サービス産業としての役割が求められる大学において、これからの主流は⑤「懇切丁寧不可避タイプ」です。放任主義では許されなくなったのです。もちろん教育に十分な時間を費やすことは、大学の本来的な姿の一つとして当然であり歓迎すべきです。しかしながら、他方では、教員人数の縮小化と反比例して、雑務や会議などは激増する傾向にあります。時に、むやみに差別化が図られたあげくの過剰なサービスが、かえって学生にも教員にも余計なエネルギーの消耗を余儀なくします。結果、時間がいくらあっても足りなくなります。本書は、そういう悩みを抱えた指導教員の方々の強い味方になれると思っています。この本を書こうと思った動機の一つはそこにあり、わたし自身を救済するためでもあります。

本書は、卒業設計の進め方全般に関する一種のマニュアル本です。しかし、CGやCADなどのプレゼンテーション技法そのものはあえて主題化していません。その理由は、この手の技術の進歩は日進月歩であり、書き留められた技法はすぐに陳腐化してしまうと懸念するからです。また、第4章で述べるように、プレゼンテーションは、最新技術を駆使したテクニックそのものではなく、論理的な思考のプロセスの最適な表現スキルに他ならないと考えているからです。

したがって、本書の主題は、卒業設計における企画・立案の手順、リサーチ・フィールドワークを通じた建築的・空間的アイデアの出し方、その表現の仕方、それらすべてに通底する「コンセプトメイキング」の技法の確立にあります。それは、ある有効な思考の「カタ」を提示することでもあります。決してパターン化することではありません。

卒業設計は何よりもクリエイティブな活動です。それは、卒計生と指導教員との個別で深い「ダイアローグ（対話）」によってはじめて可能になるのです。そのもっとも貴重なアイデアの模索と展開、そしてスタディに、限られた時間をできるだけ有効に使っていただきたいという願いをこめています。そのためには、作業の効率化が不可欠です。フィールドワーク・レポートの「ひな型」（パワーポイント）の他にも、本書の巻末に収めた「卒業設計作業工程チャート」、一覧表形式の「梗概フォーム」、資料・情報提供依頼や施設見学の申し込み、アドバイスのお願いのための手紙文例などは、きっと重宝するツールとなることでしょう。

卒業設計も最終段階にさしかかると、心身ともに疲れがピークを迎えます。そんなとき、もう一歩ふみ出せる人（指摘を受けて案をもう一度練り直そうとする人）とそうでない人（指摘を迷惑に感じ屁理屈を言って逃げる人）があります。この気力の差はどこに起因するかというと、卒業設計の初期段階から、真剣に取り組み、日々の努力を積み重ねてきたか否かによります。いままでこれだけやってきたのだからここであきらめずに最後まで頑張ろうというふうに気力が絞り出されるのです。

ある建築家が言いました。

「才能とはやり通す意志である」

このことばを胸に、いよいよ卒業設計をはじめましょう！

# 第1章

## 課題設定

# 「テーマ」から「主題」へ

## 1　卒業設計は自己満足のためにするのではない

何のために卒業設計をするのか？　この問いは、何のために建築するのか、という問いと核心的なところで重なっています。さまざまなレベルの解釈があるでしょう。さしずめ、「人を幸せにするためであり、それを自分の喜びとするため」であるという点は共通した理念だと思います。

いきなり青臭い話で大変恐縮です。しかし、意図的に人を不幸に落とし入れる強制収容所や耐震偽装建築などは論外としても、建築することが果たして人々を本当に幸せにしているのかどうかは、考えれば考えるほど難しく重い問題です。おそらく、そのように自問自答することは必要には違いないけれど、考えてばかりいても実効性は低く、考えながらつくり、つくりながら考えるべし、というのが一つの「応え」なのでしょう。

また、人間にとって都合の良いことが地球環境にとっては往々にして望ましくない結果を招くこともあります。わたしが、そのことを強く意識するきっかけとなったのは、著名な動物学者である日高敏隆先生の講演「環境と人間を考える」（1996年9月13日、日本建築学会大会［近畿］記念講演会）でした。

ある自治体から依頼された「チョウの住むまちづくりをしたい」という相談に対して、先生は次のようにアドバイスされたそうです。チョウが生息するには産卵のための隠れ場所が必要である。だから、植樹をするにしても、人間が美しいと考えるような見晴らしの効いた整然とまっすぐな並木道などではだめだと。客観的な考察対象とされる環境（ここでは、並木道の美しさ）が問題なのではなく、ある主体（チョウ）が構築する世界に、どんな意味があるのかが重要だという指摘です。

残念ながら、私たちは、動物や自然の声を直接聞いて理解することはできません。人間からの視点しか持ち得ません。また、人間同士であっても、お互いが完全に理解し合えるということはないというのが本書の立場です。それは、「序章」で述べたように、「わたし」と「他者」とは絶対的に異なっており、むしろそうであるからこそ、互いに掛け替えのない存在として関係性を築いていくことができると信じるからです。こうした関係性こそが「空間」の本質だと考えます。

その意味で、関係性を構築していくために必要なのは「想像力」です。それは、相手の立場に立っていることを前提とした、こうすれば相手は喜ぶだろうという一方的な思いやり（一種の「モノローグ［独白］」）ではありません。むしろ必要なのは、逆に、相手の立場に立つことは不可能であり、こちらの立場からしかアプローチはないことを自覚し、わからないのだから、勝手に解釈せずに素直に相手に尋ねようという考え方（「ダイアローグ［対話］」）なのです。

卒業設計において、「想像力」を働かせ、「他者」と「対話」をするということは、後述するように謙虚に敷地調査や既往研究分析を行うということに他なりません。自己満足な計画は卒業設計ではないということです。

## 2 「テーマ」とはたとえば「愛」だ！——根源的だが答えのない大切なもの

「テーマ」を掲げることは卒業設計の意義に関わる重要な作業です。ただし、斬新であろうと苦慮したり、時事問題にこだわりすぎる必要はありません。作品のオリジナリティーは「テーマ」自体にあるのではなく、「問い」の立て方、「空間（関係性）」の導き方、さらにはそうした思考のプロセスにこそ宿るのですから。「テーマ」はむしろありふれたものでいいと思います。身近であり、口で言うのは簡単だが、突き詰めて考えると完全な回答は不可能なもの。しかし、人間にとって欠かすことのできない根源的なもの。たとえば、「愛」であったり、「平和」であったり、「命」であったり「人間」であったり、「自然」であったり。それらが組み合わさった「人間と自然の交流」であったり。「都市」や「エコロジー」なども今日よく取り組まれているテーマの一つでしょう。

もちろん、こうしたテーマだけでは対象が壮大かつ抽象的過ぎて作品をつくることは不可能です。言い換えれば、いかようにでも解釈できます。卒業設計ならば好き放題が許されると考え違いを起こす一因は、「テーマ」をより具体的なレベルに落とし込んだ「主題」が見つけ出せていないことにあります。

## 3 「テーマ」を「主題」で切る

本書新版では、最も基本的でかつ応用の効果も高いカタとして「主題＝切り口」を提示しています。さまざまな武道やスポーツにおいて、各々に基本となるカタが存在します。基本のカタをしっかり習得してはじめて、それらを組み合わせたバリエーションに富んだパフォーマンスが可能になります。カタという以上は、そのエッセンスが絞り込まれたものでなければならず、覚えるカタが少なくて広く応用が効くものが優れたカタということになります。何百個も覚えないと一つのパフォーマンスができないようであれば、それはカタとは呼べないと考えます。

ある課題やテーマに対して、「主題＝切り口」はそこに切り込む刃物のような役割を果たします（図1・1）。そして、「主題＝切り口」で切られた断面にみられる「空間＝関係性」を論理的に述べるのがレポートということになります。

テーマは大きな広がりのようなものだと述べました。愛や平和や自然といった根源的なもので、それそのものについては説明しつくすことはできません。ですから、できるだけ鋭い刃物「主題＝切り口」で切らなければなりません。イメージ図（図1・2）のように、鋭い刃物で切った場合に比べて、木刀や金槌でたたき割ったような断面はぐちゃぐちゃで美しくなく、そこから抽出されるエキスも濁りのあるものに思えます。

論文やレポートは、「問い」に対して論理的に「回答」を導き出すものです。個人の感想文やブログではありません。またよく勘違いされる「現場リポート」でもありません。そのために専門的なスキルをもって調査・リサーチし論理的検証を行うのです。その際、「回答」は絶対的な正解ではありません。また、論理性とは正論ではなくある種の「検証可能性」であると考えます。卒業設計も同様です。卒業設計の場合は、その論理的なアプローチがフィールドワークになります（図1・3）。

自分が関心を持った「テーマ」を自己満足に終わらせないためには、「テーマ」に潜む問題、すなわち「主題」を明らかにして、そこから適切な「問い」を切り出すことが大切です。ここ

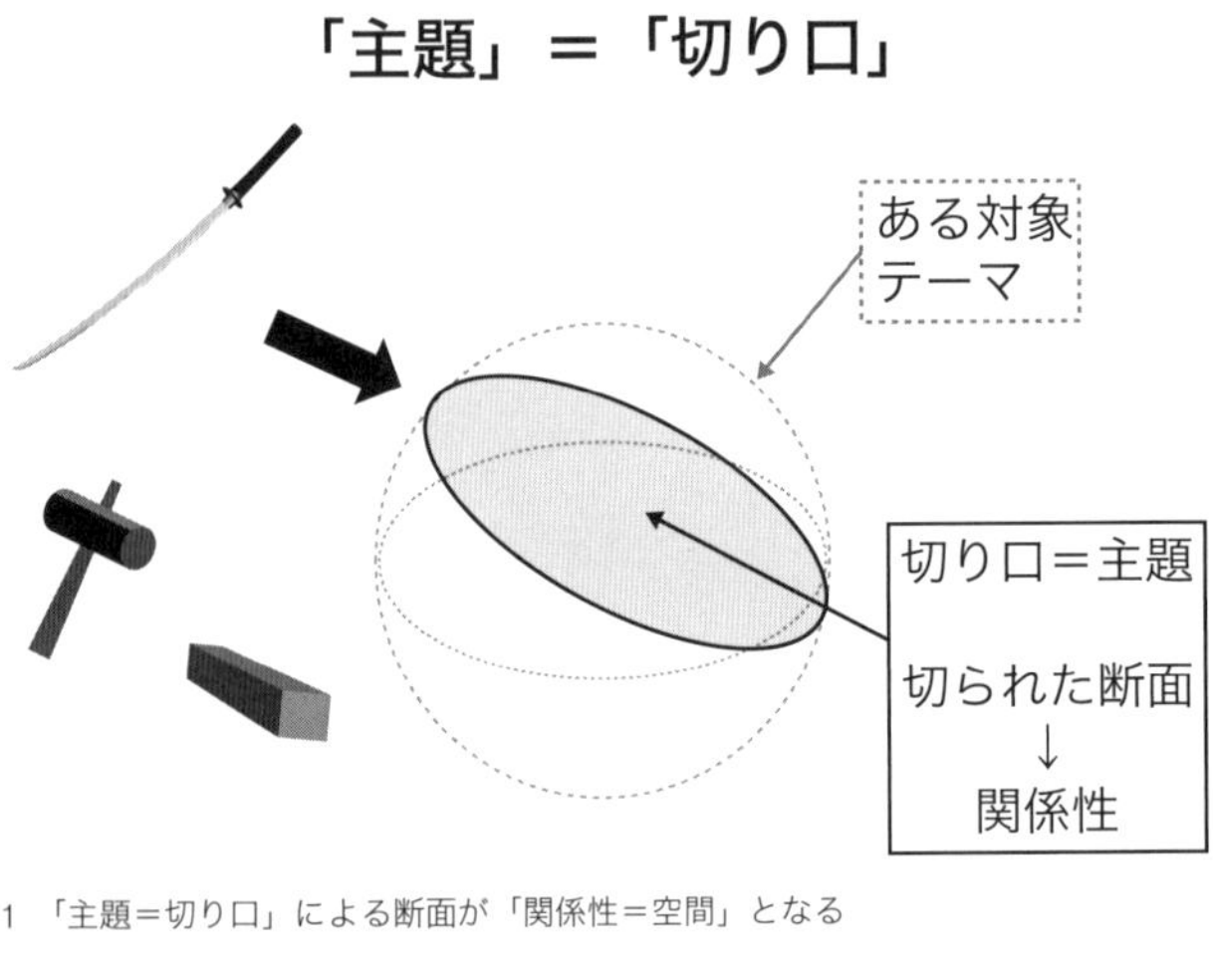

図1·1　「主題＝切り口」による断面が「関係性＝空間」となる

図1·2　「主題＝切り口」が鋭く絞り込まれた場合（上)、鈍く雑な場合（下)。結果として得られる切断面や果汁の見目が違ってくる

では、まず、「テーマ」から「主題」への絞り込みについて考えてみます。

「テーマ」と「主題」は同じ意味で使われることがあります。しかし、本書では、「テーマ(theme)」と「主題(subject)」を分けて考えたいと思います。「テーマ」は意義に関わり「主題」が含まれる広がりのようなものです。「主題」は、「テーマ」の中から、卒計生の若々しい感性と主体的な問題意識によって限定的に見い出されるものです。「subject」には、「主題」の他に「主体」という意味もあります。主体的な問題意識は、いわゆる「自己チュー」(egotistic, meism, selfism など)とは違います。むしろ、自分の思い通りにならない「他者」に対する真摯なまなざしや態度です。

実際に、卒業設計を進めていく上では、まず先に「主題」が設定される場合が多いかも知れません。特に、具体的な敷地からインスピレーションを受けて卒業設計を開

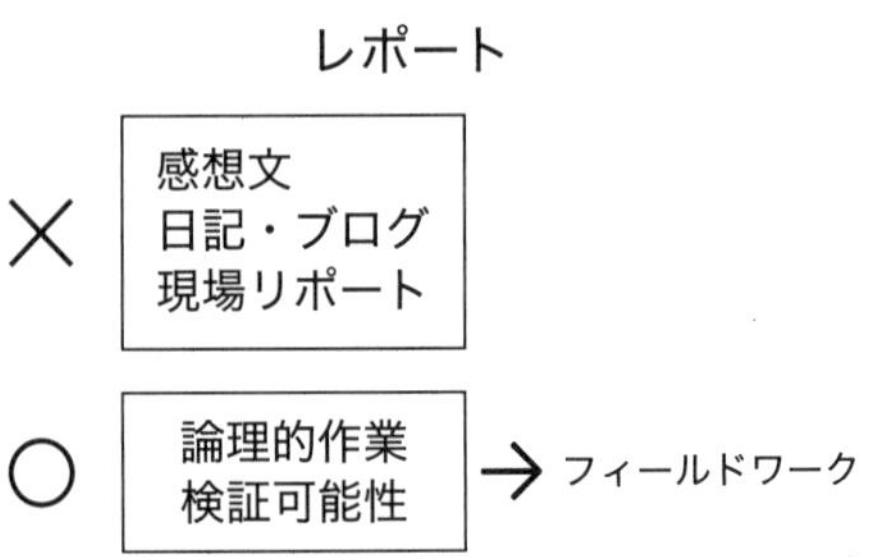


図1·3 レポートとは、論理的で検証可能な作業であり、それを担保する専門的な作業がフィールドワークである

始する場合などは、その場所固有の限定された「主題」が先に見い出されます。次いで、その意義が、より包括的な「テーマ」にリンクして確認されるという手順になるでしょう。それ故、フィールドワーク・レポートの「ひな型」も、まず「主題＝切り口」から始めるように構成しています。

卒業設計の「主題」になるということは、そこに何らかの解決すべき問題があるということです。この、解決すべき問題は、取り組み課題にまつわる諸状況に起因します。卒業設計では、のちに説明する「梗概フォーム」［231頁参照］の「社会的背景」と「敷地調査」の欄にそれらが明示され、「主題」が浮き彫りになってきます。

いくつか具体的な事例を見てみましょう［第4章のスタディ事例と巻末の「梗概フォーム」を参照ください］。たとえば、Bさんの場合、「主題」は、「第二次世界大戦中に防空飛行場用地として接収され消えてしまった大阪府泉佐野に位置する一つの村の、次第に失われつつあるその歴史や記憶」であり、「テーマ」は「土地の記憶の継承」です。また、Eさんの「主題」は、河川敷での設計を模索中にたまたま出会った事実から問題意識にのぼりました。そして、「日本最大級の大阪西淀川大気汚染公害によって一度汚されてしまった『矢倉地区』において、その事実を結果的に消し去ってしまう公園整備への疑念」を「主題」化し、「真の地域再生」という「テーマ」に結びつけました。

「こうあるべきだ」、「あんなふうだったらいいのに」という想いや願いと、「なぜそうなのか」、「それは違うだろう」といった怒りや疑問を抱かせる現状との間にある差や隔たり、これが「主題」を生みます。何も問題がないのならそもそも何もやらなくていいのです。時々お目にかかるのは、国立公園や世界遺産ほどではないにせよ、本当に美しい自然の中にわざわざ特に必要でもない建築を設計する計画です。作品を引き立てるこれ以上ない背景になることは間違いないでしょうが、美しい自然はできるだけそのままに大切に護ることこそが必要でしょう。

ひどい環境が見違えるように改善された、困っていた点が見事に解決された、沈滞したムードがいきいきとよみがえったなど、卒業設計を通じて問題が解決され、こんなにすばらしい姿になりますよというアピールは、後述する「梗概フォーム」の「波及効果」の欄に書きましょう。実務の場合なら、問題解決による波及効果ならびに付加価値が最大の売りとなり、クライアントは心動かされて出資するのです。

卒業設計の初期段階では、卒計生の問題意識はとにかく希薄です。毎年、第一回目のゼミでは、そのことを思い知らせて、どうすれば問題意識を高めることができるのかというところから始めます。本音では、卒業設計に取りかかろうという段階で問題意識が低いなんて既に手遅れだと言いたいところをグッとこらえて、卒業設計を契機にその後の人生がより豊かになればと願いつつ。

問題意識をもつということは、問題を自分なりに考えてみる（自分らしく考えることとは違う！）ということです。「なぜだろう？」、それは「こういうことではないのか」、でも「本当にそうなのか？」、もしそうなら「根拠は何か？」というふうに、「問い」を問うということを繰り返すしかありません。

新聞を読み、ニュースを見よ、とよく言われます。わたしもそう言います。しかし、それだけでは、問題意識を持つことには直接つながりません。問いを問うというような批判精神なしに、情報を鵜呑みにすれば、問題意識の大敵となる「思考停止」や「予定調和的発想」を誘発するだけです。

経営コンサルティング関連の本では、問題意識を高めるために、「ゼロベース思考」の重要性が説かれています。これは心を無にすることとは違います。むしろ逆に、「問い」に「問い」を重ねて固定観念をぬぐい去り、新しい可能性を見い出していくことを意味するのだと考えます。そうして至った新しい可能性を裏付けるのは、敷地調査と既往研究分析というきわめてオーソドックスで地道な作業だと考えます。本書（新版）は、この点を重視して、「リサーチ」「主題＝切り口」を軸としたリサーチの「カタ（型）」を新たに加味しました［第2章参照］。

ゼミの話に戻すと、ともかく、「問題意識」というと難しく考え込んだり、あろうことか「問題意識」そのものをネット検索し出したりします（実際、真似て検索してみると結構興味深い結果が出てきて驚かされますが）。聞き方を変えて「あなたの今の関心事は」と尋ねると、いろいろ思っていることを話しはじめます。「少子高齢化問題」「SNSとコミュニティー」「画一的な郊外の風景」「地元のシャッター商店街化やスポンジ化」「歴史遺産の保存と再生」「環境とエネルギー」「地産地消と持続可能な社会循環」「パンデミックと都市衛生」「地方移住とリモートワーク」など結構まじめな意見が多く出てきます。

このように卒計生から出される「主題」には、個人の経験にもとづく具体的な場所や活動が前提となっています。また、時代背景やそのときどきの社会からの要請などが卒業設計には敏感に反映されていて興味深いものがあります。そこで、わたしも卒計生に問いかけます。

「それの何がどう問題なの?」と。

# 第2章

リサーチ

# 「主題＝切り口」を軸としたリサーチの「カタ/型」

## 1 「主題＝切り口」設定の基本

### フィールドワークにおける最重要なカタ：「主題＝切り口」

インタラクティブなフィールドワークにおいて、一番重要なことは、その対象を自分の「主題＝切り口」で切断することです。ある対象やテーマ（レポートの場合は与えられた課題）そのものを、全一的に説明しつくすことは不可能です。前述のように、自分と対象との相互作用にもとづき、自分の問題意識にそって、「主題＝切り口」を設けて、その一断面をできるだけ明快に示す、これがフィールドワークです。

本書新版では、「主題＝切り口」が決まれば、あとはできるだけ自動的にフィールドワーク・レポートの構成ができていくような「ひな型」を提供しています。実際に講義や演習でフィールドワーク・レポートを課すと、肝心の「主題＝切り口」をどのように決めればいいかがわからない、という質問が多く出ました。そこで、この「主題＝切り口」自体を設定する「カタ」も次のように提示しました。

「主題＝切り口」は次の①における②とする：

①着目する場所・箇所
②着目する点・機能・役割

①では、対象に関する特定の場所や着目箇所です。②では、①で着目した場所や箇所の具体的な機能や役割です。［＊実際の適用方法については、フィールドワーク・レポートの「ひな型」解説ならびに事例を参照］

## 2　「主題＝切り口」に「ＨＯＷ？（どのような？）」を付ければ「問い」になる

### 「主題」から「問い」を切り出そう——それがあなたの立ち位置となる。

卒業設計で提出された作品を見ると、「テーマ」も「問い」もない作品は別として、そのどちらかが欠如している場合が多々見受けられます。あえて言えば、テーマばかり壮大できちっとした問いかけがなされていないものが圧倒的です。

卒業論文なら、「問い」がないものは研究にあらず、いくらページ数が豊富でも（コピー＆ペーストで枚数を稼いだことが首尾良くバレなかったとしても）不合格となります。しかし、卒業設計の場合、図面や模型などの実物が出てくるので、なんとなくできているように見えます。やっかいなのは、見た目は立派だが、何がやりたいのか「問い」がよく見えない作品です。その結果、形へと先走り問答無用のプロジェクトと化します。先に述べたように、そうした作品は「モノローグ（独白）」であり、そこに「他者」との関係性である「空間」は見い出されず、試問会（先述した「卒業設計の四行程」のプロセス「D」）では、「むなしさ（空しさ）」だけが充満することになります。

よい作品を生み出すには、まず大きな「テーマ」から卒計生が取り組む具体的で適切な「問い」を設定することが肝要です。この「問い」は、卒計生のでき得ること（後述するように、敷地が調査可能か、資料が入手可能かつ読解可能かなど）、使い得る時間などを予め考慮した上で決めねばなりません。四月開始で一月末を完成目標とすると約三〇〇日が取り組むことのできる日数となります。前期は論文、後期は卒業設計が課せられている場合は、単純にその半分です。しかし、実際は、論文の中で「卒業設計の四行程」のうち「プロセスA〜C」が詳細に検討されていることが多いと思います［卒業設計作業工程チャート、247頁参照］。

「主題」設定とりわけ「問い」の抽出は、「プロセスC」の作業を通じて少しずつ熟成されていくものです。よって、取り掛かりの段階「プロセスA＋B」では、仮の「問い」を立て、それを「プロセスC」でしっかりと検証しましょう。「プロセスA〜C」の作業は行きつ戻りつしながら進められていくのが通常です。その途中でボタンの掛け違えや、とても手に負えそうにないことに気付いたら、ためらわずに別な「問い」に変更すればいいのです。

卒業設計を航海にたとえれば、「問い」を設定することは、到着目標地点を明確に掲げることであり、航海目的にどのような意義があるのかをはっきりさせることです。したがって、「問い」がいい加減であれば、途中（プロセスC）で自分がどこをめざし、今どのあたりに居るのかがつかめなくなります。あげくの果てに、何をやっていいのかわからなくなり、確かな舵取りで日々前進していく同士の姿を横目に、あせりと差し迫った提出期限のプレッシャーからパニックに陥り、後悔します。

また、たとえ目的地がはっきりとしたものであっても、家から最寄りのコンビニエンスストアまでの自明な道のりしかめざされていないような偏狭なプロジェクトでは、卒業設計として意義あるものとはいえません。

「テーマ」から適切な「問い」を設定することは難しい作業です。ここは、指導教官の最初の腕の見せ所です。毎年、相当な労力（地道に研究して十分なバックボーンを備え、新しい問題にも通じ、さらに、卒計生の関心や選んだテーマにいかにうまくリンクさせるか）が要求されます。もし、「問い」を切り出す簡単な方法があるのなら、逆にこちらが教えてほしいくらいです。おそらくそんなものはありません。ただし、コツというか力のいれ具合のようなものはあります。それは、次の二点です。

①「問い」の所在をかぎ分ける

②「問い」の切り出し方、すなわち「問い方」の勘を養う

まず①に関しては、前章で述べたように、目標として望まれる状況と現状とのギャップが大きいほど、「問い」を切り出す可能性も広がります。卒業設計をするということは、少なくとも現状より事態が改善され、ギャップが埋められるということです。逆に、ギャップが少ないということは、すでにほぼ解決済みで自明となった問題か、もしくはそのわずかな隙間がなかなか埋められない難題（熟練者の仕事で卒計生には無理）かという判断ができます。

次に、②に関しては、ル・コルビュジエが「飛行機」を例に実に見事な示唆を与えてくれます。

飛行機

飛行機は、問題が正しく設定されれば解決は見つかることを示している。鳥のように飛びたい。これは問題が適切に設定されていない。アデール（Clement Ader, 1841－1925. 人力飛行機の発明者）のコウモリ型飛行機は地面から飛び上がることがなかった。純粋機械工学とは無縁の諸々一切の思い入れを断ち切って飛ぶための機械を発明すること、つまり、揚力を確保する面と推進力を求めてゆくこと、それが問題の正しい設定であった。一〇年と経たない内に誰でも飛行できるようになっていた。

（ジャック・リュカン監修、加藤邦男監訳『ル・コルビュジエ事典』中央公論美術出版、２００７、50頁）

人間は鳥にはなれません。空を飛びたいという願望と、人間には鳥のような羽が無く飛ぶことができないという現状との間に横たわるギャップ。そこには、「問い」の所在（①）は明らかにされています。そこで、鳥のような羽をつけてばたばた羽ばたいてみようとするのか、人間は鳥のようには飛べないことを自覚して、飛行機という機械を浮上させ前進させるための動力を開発しようとするのか、問い方（②）の差は歴然です。

本書（新版）では、この「問い」の抽出も、「主題＝切り口」の設定を基盤とし、そこに「HOW？（どのような？）」をつければ「問い」となるように「ひな型」を構成し直しました。

では、続いて卒業設計において具体的に、「問い」を切り出す過程を見ていきましょう。

## 卒業設計の「問い」は「HOW？（どのような？）」だ！

「5W1H」を習ったことがあるでしょう。「だれが（WHO）、いつ（WHEN）、どこで（WHERE）、なぜ（WHY）、何を（WHAT）、どうした（HOW）」という問いの六パターンです。新聞の記事の場合は、この「5W1H」を押さえて書くことが大原則だそうです。さらに、問いには「賛成（YES）／反対（NO）」で答える二者択一型や「いずれか（WHICH）」を求める選択型など幾つかの型があります。

卒業設計は、卒業研究です。各自の立てた「問い」に対して「答え」を示すことが求められます。それも、意義のある「問い」に対して、未だだれも答えたことがない世界でただ一つの「答え」を出さねばなりません。つくる人が異なればできてくる作品も違うので、そもそも何をつくってもオンリーワンだという言い訳は通用しません。

卒業設計の場合、「答え」は、図面や模型やCGなどのはずです。それらは、「だれが（WHO）、いつ（WHEN）、どこで（WHERE）、なぜ（WHY）、何を（WHAT）」で答える類のものではありません。「このように」なりましたという結論をプレゼンテーションするものです。したがって、卒業設計での「問い」の形は、「このように」という「答え」に相応する「どのような（HOW）」となります。かなり斬新な発想で、物は一切つくらずダンス／舞踏によって身体が瞬時に空間を切り裂くというような「答え」であったとしても同様に、「問い」は「どのような（HOW）」です。

「梗概フォーム」の「問い」の欄は、すべて「どのようなものか？」とか「どうすればよいか？」といった形（問いであることを明確にするために「？」マーク付き）になっています。そして、「結論」の欄には、その「問い」に一対一に応答する「答え」を書きます。フィールドワーク・レポートの「ひな型」では、「主題＝切り口」のカタ（「①着目する場所・箇所」における「②着目する点・機能・役割」）にHOW?をつけて、『①着目する場所・箇所』における『②着目する点・機能・役割』はどのようなものか？」とすることで、自動的に「問い」が形成される仕組みになっています。

ここで、卒計生がどのように「問い」を導き出したか、その一例（Aさん）を紹介しましょう。

Aさんのテーマは、「歪みと黙祷――大阪市西成区『あいりん地区』萩之茶屋、日雇労働者無縁仏墓地公園計画」です。

＊＊＊

**Aさん**「ぼく、旅行が大好きで、結構あちこちの国を訪ねているんですよ。安旅行ですけどね」

**教員**「へぇー、どんなところ？」

**Aさん**「いままでで一番のお気に入りはタイの『カオサン通り』です。安宿が集中していて、外国人バックパッカーのたまり場になってます」

**教員**「そういえば最近、大阪の『アイリン地区』の木賃宿が若い外国人観光客に人気なんだってね」

**Aさん**「そうらしいですね」

**教員**「一度行って見てきたら？」

＊＊＊　一週間後のゼミで　＊＊＊

**Aさん**「先生、きつかったっす。現状は、カオサン通りとは全く違いました。たまたまホームレス支援のボランティア活動をしている人と出会って話を聞くことができたんです。そしたら、この地区では、身よりのない日雇い労働者の人たちがたくさん路上で孤独死をしているそうなんです。人間として一人一人幸せな生があるべきなんじゃないかとショックを受けました」

教員「確かにそれは深刻な問題だね。それで、Aさんは建築という立場でどうしようと考えたの?」

Aさん「その現状を簡単には改善できないと思うんです。でも、身寄りのない日雇い労働者の人たちがせめて心に安らぎを抱きながら生きていけるようにしたい。そして多くの人々にこの現状を知ってほしいと思うんです」

教員「それは、一つの『主題』ですね。その場合『テーマ』はどうなりますか?」

Aさん「『テーマ』は『主題』とは違うんですか?」

教員「同じ類なんだけれど、『テーマ』はその『主題』に取り組む意義のようなものと考えています。『主題』がリンクし得るより大きな、そして人間の根源に触れるような」

Aさん「そうすると『テーマ』は『生きる』ですか?」

教員「『もののけ姫』みたいだね。『テーマ』は『生きろ』のようなキャッチコピーやスローガンというよりは、答えのない問題の広がりのようなものを想定しています。そう考えると、ある一面だけ見るのではなく、それが成立する背景のようなものまで意識が行くのではないかという期待もあります」

Aさん「難しいので、具体的に言うとどういうことですか?」

教員「今、問題になっている『生』の場合。それだけで成立するのではなくて『死』があってはじめて意味を帯びてくる。『死』という限定がなければ『生』も成り立たないということです。そして、そのあいだにというか、関わり方に建築の可能性もあるのではないかと」

**Aさん**『生と死』という「テーマ」は重いですね。何か参考になる文献はありますか？」

**教員**「フィリップ・アリエス、福井憲彦訳『図説 死の文化史――人は死をどのように生きたか』(日本エディタースクール出版部、1990) はぜひ読んでください」

**Aさん**「その本には何か、建築のデザインのヒントがありますか？」

**教員**「もちろん。でも、形に直結するような何かを安直に期待しても無駄ですよ。こうした、文献を読むことが、作品に広がりや思慮深さを滋養として与えてくれるはずです。しかも、今は問題意識が強いので、得るものも大きいと思うよ。きっと、センスなんていうのは、そうした積み重ねがモノをいうんだろうね」

**Aさん**「そう言われると、ずいぶん出遅れている気がしますが、今からでも間に合いますか？」

**教員**「たぶん……。そうした勉強と平行しながら、敷地調査は丁寧にしてください」

**Aさん**「了解です。アウトドアは得意です」

その後Aさんは、現地を何度も訪れるとともに、大阪市による無縁仏の埋葬の手続きや現状を調査しました。

＊＊＊

**教員**「何か収穫はありましたか？」

**Aさん**「はい！　まず、無縁仏は、のど仏だけを残して共同慰霊することがわかりました」（無縁仏の埋葬手順を詳細に図示しながら）

**教員**「ところで、前回は、生きている間に感じる安らぎというものを一つの『主題』としていましたね。それってどのようなことを考えているのですか？」

**Aさん**「同じような境遇の労働者が路上死したのを見たら、身寄りのない人は自分もそうなる運命なんだと悲観するはずです。だから、そういう無縁の労働者の方々の共同墓地をつくって、死んだ後はきっちり祀られるんですよというメッセージを伝えてはどうかと」

**教員**「なるほど。では、もう一点『主題化』されていた、現状を多くの人に知らせたいという問題はどうするの？」

**Aさん**「外国人旅行客とか外部の人も結構いますが、問題は、墓地にはなかなか人は寄りつかないのではないかと……」

**教員**「『墓地』という具体的な施設［本書では、これを『仮説』と呼んでいます。3章1

図Ａ･1　完成模型（「三角公園」慰霊空間）

節を参照」を出す前に、まず、いままでの所を整理して、これから考える点を『問い』の形で示してください」

**Aさん**「『問い』は『どのような？（HOW？）』と問うんですね」

**教員**「そうです。『路上で孤独死する労働者をこのままにしておいていいのか？』なんていう、『YES／NO』で価値基準を尋ねるような質問にはしないでくださいね」

**Aさん**「問い一『日雇い労働者の人々があいりん地区で生きながらにして、心に平穏と安らぎを抱ける空間とはどのようなものか？』。問い二『あいりん地区以外の人々がこの地区や日雇い労働者の実情を認識できる空間とはどのようなものか？』でどうでしょう」

**教員**「まあ、いいでしょう。これからのプロセスでうまくいかなければ、また『問い』を設定し直せばいいのです。最終的には、『問い』に一対一で対応するように『結論』（＝このようになりました）を回答してください」

＊＊＊

こうして、何とか「問い」は切り出すことができました。「問い」がうまく立

図A・2　完成模型（「三角公園」慰霊空間から延びる茶屋の通り）

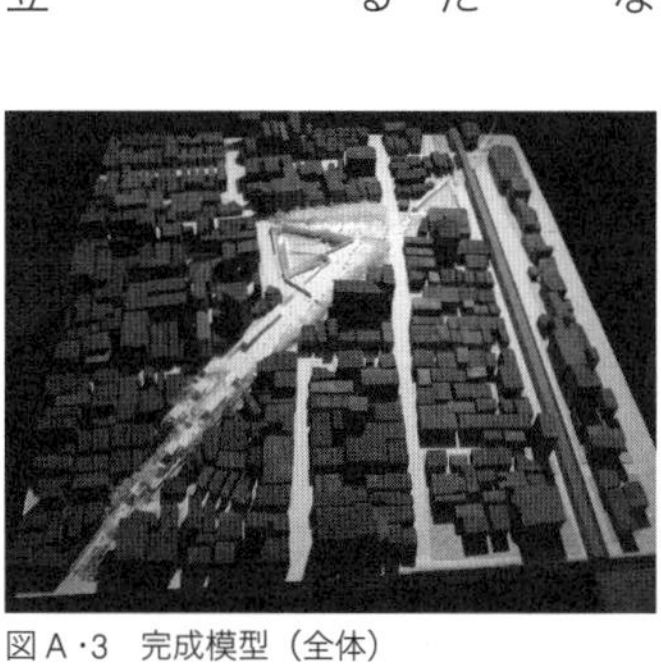

図A・3　完成模型（全体）

てば、研究はできたも同然だという人もいます。しかし、実際の卒業設計では、ここでようやくスタートラインに立ったことになります。料理に喩えれば、食材選びと仕入れが済んで、調理道具を用意して、どんな料理をつくっておもてなしをしようかというゴールのイメージが見えて来た段階です。ここから、レシピを確認し、仕込み、下ごしらえ、調理、おもてなしと続きます。せっかくの新鮮な素材を無駄にしないよう次々と作業を進めていかなければなりません。卒業設計では、「問い」に回答すべく、アイデアの模索と展開（プロセスC）、スタディ・プレゼンテーション（プロセスD）という長く険しい、しかし進み甲斐のある航海が待っています。時には振り出しに戻って「主題＝切り口」からやり直す必要も出てきます。

一気に「答え／結論」にたどり着くことはできません。かといって闇雲に前進するのは危険すぎます。「問い」ができれば、まずは仮の結論、すなわち「仮説」を建て、それを検証しながらゴールをめざしていくことになります（↓第4章）。

## 3 「問い」の検証――「主題＝切り口」に沿った「フィールドワーク」の3プロセスを通じて

（＊建築系・都市系のリサーチの論理性・客観性はフィールドワークによって担保される）

3－1　フィールドワーク〈1〉現場検証
3－2　フィールドワーク〈2〉資料・データ検証
3－3　フィールドワーク〈3〉比較検証

## フィールドワークにおける3つの論証過程

このように、ある対象・テーマに対して、「主題＝切り口」を設定して、論理的な分析・回答を示していく作業がフィールドワークです。

レポートや論文は、「問い」に対して論理的に「回答」するものです。その論理性を導き出す重要な作業が調査・リサーチです。専門性に応じて異なるアプローチやスキルが検証され適用されます。卒業設計やデザイン分野では、専門的な調査・リサーチ方法の一つがフィールドワークということになります。

独自の「主題＝切り口」に沿ってフィールドワークを行うことで、オリジナリティーのある成果を得ることができます。フィールドワークはインタラクティブ（相互作用的）な作業であることを述べました。ある対象に対する「主題＝切り口」から浮かび上がる構造に論理性をもたらすために、本書新版では、フィールドワークの三つの過程を提案しています。（＊「ひな型」の（D）フィールドワーク内容）

(1)現地調査
(2)文献・一次資料分析
(3)既往研究・既往作品との比較

これらは、すべて「主題＝切り口」について検証されることになります。そのカタに従えば、課題・対象の「①着目する場所・箇所における②着目する点・機能・役割」について、フィールドワークのこの三つの論証過程を実施していきます。

(1)現地調査では、実際に敷地を訪れ、「主題＝切り口」がどのようになっているかを調査・分析します。

(2)「主題＝切り口」に関連する文献の記述、地図、写真、データといった一次資料を収集・分析します。いずれも一次資料にあたる必要があります。関連文献からは対象の背景や全体的な流れを把握することが目的です。それにより「主題＝切り口」の位置づけが可能となり、その有効性が検証できます。古地図や古写真などは、現状との比較において有効な情報を提供してくれます。データについては、近年官公庁のＨＰ等で詳細な一次データを得ることができます。さらには、自分自身でインタビューや定点観測などを行うことで固有なデータを得ることができます。

(3)既往研究・既往作品との比較においては、通常の論文のような既往研究分析とはアプローチが異なります。あくまで「主題＝切り口」に対しての既往研究との比較になります。独自の「主題＝切り口」のつもりであっても、同じようなアプローチをしている事例は多数存在します。それらとの比較をすることで、自分の「主題＝切り口」を相対的に位置づけて客観性をもたせるという作業になります。

特に、この比較においては、「主題＝切り口」が明快でないと、似たような事例をサンプル的に列挙しておしまいということになりかねません。そこで、この(3)既往研究・既往作品との比較については、次の二つの型に則った作業をすることで、「主題＝切り口」の相対的な位置づけと論理的な検証が可能となります。

〈その1〉「主題＝切り口」の型のうち、「①着目する場所・箇所」を固定して、「②着目する点・機能・役割」を別のものにして比較する

〈その2〉「主題＝切り口」の型のうち、「②着目する点・機能・役割」を固定して、「①着目する場所・箇所」を別のものにして比較する

［＊実際の適用方法については、フィールドワーク・レポートの事例参照］

本書の読者の関心は、リサーチ・調査をフィールドワークという形で実施して得られた成果を、

何らかの形で新しい提案であるとか具体的な設計やデザインにつなげたいという強い欲求があると思います。そのためには、得られた成果をそのまま展開するという短絡なことはできません。そのためには、フィールドワークを通じて得られたリサーチの成果である「回答」を、新たな次元である「建築的・空間的アイデア」へ展開していくためのプロセスが不可避です。それが、コンセプトメイキングということになります。

# 第3章

アイデア

# アイデアの模索と展開

## 1 「問い」に対する「仮説」を「建て」る

抽象度の高い大きなテーマを「どのような？（HOW?）」という具体的な「問い」にまで絞りこみました。卒業設計は、この「問い」に答えを提示することです。「仮説」とは、「問い」を立てた段階での仮の「答え／結論」です。「どのような?」に対する答えとは、「このように」です。卒業設計で求められる答えはあえて一般化して言えば「建築物・構築物」です。したがって、「仮説」も「建築物・構築物」です。わざわざ「仮説」を「建てる」と書いたのはそういう意味です。

「仮説」というと難しく考えがちですが、あくまでも仮なのでさっくりと行きましょう。複雑で多様な現代社会を背景とした卒業設計が、機能やタイプごとの分類に無難に収まるなどということはあり得ないことは承知しています。その上で、あえて「仮説」は、たとえば、体育館や美術館や小学校やメディアセンターなど、何がしたいか瞬時にイメージしやすいものにしておきます。せいぜい、それらの複合施設程度に押さえておきます。「そんな思考停止でステレオタイプなものでいいのか」と言う無かれ。安心してください。「仮説」はこれから検証をして練り直して行かなければなりません。どのみち当初の設定から変更になるのが常です。それに、それほど単純には「答え」は出ません。「プロセスB＋C」で敷地調査や既往研究分析を進める中で、もっと複雑な条件を整理して行かねばならず、「問い」も「仮説」も修正を余儀なくされ、最終的に「問い」が的確で今日的意義のあるものになれば、「結論」も決してステレオタイプには収まりきらないはずです。先のAさんの場合、

＊＊＊

**教員**「ところで、導かれた二つの『問い』に答えるための『仮説』は何ですか？」

**Aさん**「えっと、今のところ無縁仏を慰霊するので『墓地』で考えています」

**教員**「路上死という現状がある。すなわち『墓地』。これでは安直すぎるよね。『死』があって初めて『生』が意味を持ち実感できるという、そういうふうに『死』を肯定的に捉えることで身寄りのない労働者の人々にも安心を与えるようなアプローチができるといいね。決して死んだ後に祀られる場所が暗い感じにならない方がいいんじゃないかな。花があふれてその近くを通り過ぎる人々も安らげる公園のような」

**Aさん**「では、それらをくっつけて『墓地＋公園』でどうですか？」

**教員**「二つをくっつけるだけという発想はさておき、『墓地公園』というのは、今のところ「問い」に答えていて、いい線行ってますね」

こうしてAさんは、「仮説」として「墓地公園」に取り組むことになりました。多くの人に開かれた公園として安らげる空間であると同時に、そこに眠る無縁仏に手をあわせながら、自分がもし路上で孤独死することになっても、ここにこうして祀ってもらえ、人々が祈ってくれるのだという安心を与える場所となることを願いながら。

＊＊＊

卒業設計の最終段階になり、「答え／結論」が出て「梗概フォーム」を作成する際に、「仮説と結論は何が違うのですか？」という少し高度な質問を受けることがあります。たとえば、「仮説」の段階では、ある街の海辺にたたずむ美術館という程度であったのが、「結論」の段階では、その配置は海に一部張り出す形で建ち、海に面する屋外展示スペースが設けられ、そこがエントランスも兼ねているとか、三階建てで屋上テラスがあるとか、柱間はいくらで、RCラーメン構造でコンクリート打放しの外観で、総面積はいくらでというようにその細部が明らかになるということです。こうした詳細は、「梗概フォーム」の「計画施設の概要」の欄に面積などの具体的な数値を伴って記載します。

卒業設計の場合は、「問い」が同じなのに、「仮説」とは全く異なる「答え／結論」になることはあり得ません。たとえば、「国会議事堂」を「仮説」として設計していていつのまにか「刑務所」になっていたり、「大学」を「仮説」として設計をしていって最終的に「遊園地」ができあがったなんていうのはシャレがきつすぎます。そんな場合には「仮説」も検証され、変更になっているはずです。エドガー・アラン・ポー（1809－1849）の『モルグ街の殺人』のように「結論」でのどんでん返しはあり得ません。余談ですが、『モルグ街の殺人』の導入部で展開される「問題解決の能力」に関する記述は、卒業設計を進める上でも実に示唆に富んでいます。

「仮説」を建てることの別のメリットは、具体的な「結論」を想定することで、アクションすなわち検証作業に一応の目途が立ち、取りかかりやすくなる点です。

「仮説」を建てるアプローチには、主に二通りあります。一つは、どのような料理にしようか決め、それに合わせて素材を選び仕込んでいくやり方。もう一つは、市場で品定めしていくうちにそこで見つけた素材からインスピレーションを受けて料理を決めるやり方です。後者は、卒業設計であれば、ある具体的な敷地に惹かれ、場所の固有性に耳を傾けながらどのような計画がそこに相応しいかを検証していくやり方です。

## 2 「建築的・空間的アイデア」が勝負の決め手

「テーマ」から「主題」を探り当て、適切な「問い（HOW?）」に切り出し、仮の結論として「仮説」を建てました。この章では、「仮説」を検証しながら、ここまで設定した「テーマ」「主題」「問い」を確定していきます。その際に、決め手となるのが「建築的・空間的アイデア」です。

「アイデア」とは、「着眼点」とそれを実現するためのしかるべき「方法」の双方が備わったもののことです。そして、その段階にまできっちりと練り上げられた筋道が「コンセプト」になります。つまり、具体策を欠いた「ああしたい、こうしたい」といった「わたし」の単なる思いつきは「アイデア」でも「コンセプト」でもないということです。

「アイデア」の差が作品の違いにつながります。同じ「テーマ」、「主題」を扱っても、音楽家と画家と舞踏家と彫刻家と書家と詩人と創作料理家と建築家とでは、それぞれできてくる作品が異なります。それは、「アイデア」が独自の技術や専門性に裏付けされているからです。もちろん、芸術は既成の枠組みや専門性を超えて自由であるべきです。しかし、卒業設計においては、建築的かつ空間的なアイデアがまずは基本として要求されることには変わりありません。

また、建築には向き不向きがあることもわきまえておいたほうがいいでしょう。「テーマ」や「主題」によっては、建築とは異なる表現手段の方がはるかに適している場合があります。第1章では、わかりやすいように「テーマ」とはたとえば、「愛」といったものだといいました。ところが、「愛」という「テーマ」を「主題」、「問い」へと絞り、実際に作品にすることを考えてみてください。自由度の高い音楽は、さまざまな「愛」を奏でることができます。しかし、建築では「愛」の建築をダイレクトに表現することはなかなか困難です。

もう少し身近な例を見てみましょう。たとえば、「カフェ」という空間を考えたいとします。この場合、「おいしいコーヒーを出すカフェ」は「建築的・空間的アイデア」ではありません。場を和ますために、試問会でコーヒーを振舞うことはあっても（実際にありました。作品も良かったので相乗効果を感じました）、設計作品を味覚で勝負することはできません。研究の「結論」である模型や図面をコーヒー味にするわけにはいかないのですから。「コーヒーがおいしくいただける、これこれしかじかの雰囲気的仕掛けを持ったカフェ」なら「建築的・空間的アイデア」の体裁をなしています。

では、この「建築的・空間的アイデア」とはどのようなもので、いかに導いていけばよいのかを見ていきましょう。

## 3 「アイデア」と「オリジナリティー」

アイデアには、オリジナリティーが必要です。オリジナリティーのないものは卒業研究ではありません。そういうと、革新的で特別に目新しいものでないといけないというプレッシャーを感じ、作業が進まなくなる人がいます。「アイデアが全く浮かびません」とか「センスがないので」といった泣き言もしばしば聞かれます。

確かに、こうした人の案は、「なぜ、そんなありきたりなアイデアしかでてこないの？」と嘆きたくなるようなステレオタイプです。何よりもイメージが貧困です。たとえば、「海」のイメージを尋ねられて、「青い」、「広い」、「きれい」程度しか出てきません。「海」に、「恐れ」や「暗さ」を見い出したり、「軽やかさ」や「リズム」を感じることもできると思います。目につきやすい表面的な状態ばかりでなく、より実体的なところを見ようと意識するだけでずいぶん違ったイメージが出てくるはずです。その時、海が人間に「詩」をよびおこさせるのだと言えるかもしれません。

こうした状態を、フランスの詩人であり批評家のポール・ヴァレリーは「詩的状態」と呼んでいます。同じくフランスの哲学者のガストン・バシュラールは、「物質的想像力」と名付け、「もの」と「人間」の出会いの場としてイメージを位置づけています。また、文学者の丸谷才一氏は、次のように詩的な想像力の重要性を説いています。

> 人間がものを考えるときには、詩が付きまとう。ユーモア、アイロニー、軽み、あるいはさらに極端に言えば、滑稽感さえ付きまとう。そういう風情を見落としてしまったとき、人間の考え方は堅苦しくなって、運動神経の楽しさを失い、ぎこちなくなるんですね。つまり、遊び心がなくちゃいけない。でも、これは当たり前ですよね、人間にとっての最高の遊びは、ものを考えることなんですから。
>
> （丸谷才一『思考のレッスン』文藝春秋、２００２、219頁）

壁に海の絵を描いたり、タイルで波の模様をつくるというような安直な発想は論外です。それは、カラオケボックスの画一的な部屋の壁に世界各地の観光写真を貼って、「富士の間」「パリのサロン」「アラスカのロッジア」「モンゴル部屋」「サハラ砂漠の楼閣」などと称して喜んでいるのと同じレベルです。

また、こうした平凡なアイデアよりは派手な分、若干見栄えはするかもしれませんが、わざわざ奇をてらうのも、かえってその凡庸さが際だって、聞いている方が恥ずかしくなります。

建築家の香山壽夫氏は次のような苦言を呈しています。

小さい時から、自然の中で、また町の通りで元気に遊び、沢山本を読み、スポーツや様々な活動に参加してきた者には、卒業設計のテーマはあふれるほどある。ゲーム・マシンやパソコンの前に坐って、試験勉強だけに力を使ってきた者は急にはどうしようもない。他の道を選ぶか最初からやり直すしかない。卒業設計とは、そういうきびしいものである。

（香山壽夫『人はなぜ建てるのか』王国社、2007、92頁）

この戒めは、「テーマ」や「主題」に関しての言及ですが、「アイデア」についても同様のことが言えると思います。「才能」や「センス」のなさを逃げ道に使う前に、生まれてから今までに、日々いかに人や物事と接してきたかを反省しなければならないということです。

「アイデア」を生む素養・「センス」は、「他者」との「ダイアローグ（対話）」を通じて育まれるのだと思います。とりわけ、自分と価値観の異なる他者との交流によってセンスは磨かれていくと思います。逆に、自分の価値観と近いものやお気に入りばかりと交わることは確かに楽かも知れません。しかし、そのためには、異質なものを排除したり、場合によっては差別のような構造を生み出し、どんどん閉鎖的にならざるを得なくなります。他方、価値観の異なる他者との交流は、どんどん外へと開かれますので、多様な関係性へと展開していくことが可能となります。それにより、自分が思ってもみなかった世界が拓けると同時に、自分の価値観も相対化され、より客観的にとらえることができるようになります。そうした状態が人のセンスをアップさせるのだと思います。自分と価値観の異なる他者と交わるために、最も効果的なの活動は何か？ 私の経験上、それは海外旅行です。

いきなり海外旅行はハードルが高いかもしれません。その前に身近なところからフィールドワークを始めてみましょう。卒業設計を契機に、自分なりの問題意識を持って、街に出て、遊び、人と語りあい、本を読み、美術館を訪れ、音楽を聴く、また自然に触れるということを続けていけば、卒業設計のみならず人生もきっと豊かになることでしょう。

実際に映画を見たり、小説を読んだり、演劇を鑑賞したりすると、それぞれの分野で試みられている様々な特徴ある空間的アイデア（映画的、小説的、演劇的など）は、卒業設計にとっても示唆に富んでいます。本章では、卒業設計において、勝負の決め手となる「建築的・空間的アイデア」を模索し展開していくための一つのプロセスを紹介していきます。

まずは、アイデアは天から降臨し、オリジナリティーが賦与されるという夢想から覚めましょう。また、「才能」や「センス」がないという思いこみをとりあえず捨てましょう。

広告業界をはじめ各界のコンサルティングを手がけたジェームス・W・ヤングは、アイデアとは、「既存の要素の新しい組み合わせ以外の何ものでもない」と定義し、そうした「関係の特殊性」だと述べています。(ジェームス・W・ヤング、今井茂雄訳『アイデアのつくり方』TBSブリタニカ、1998、28頁、36頁)。

すなわち、既存の要素の今までにない関係性を見い出すことが「アイデア」の模索であり、その展開プロセスの独自性にこそオリジナリティーが宿るのだと私は考えます。

では、具体的にどうすればここに定義した「アイデア」を導き出すことができるのでしょうか？

卒業設計では、これからお話しする次のようなプロセスに沿って「建築的・空間的アイデア」を模索し展開していきます。

①「空間の質」をねらう(3章4節)

②資料収集・データ収集、文献調査(3章5節)

③既往作品・参照作品分析（3章6節）
④敷地調査（3章7節）
⑤スタディを通じた「建築的・空間的アイデア」の検証と具体化（4章）

ちなみに、W・ヤングは、アイデアが出てくる一般的な全過程ないしは方法を次の五つにまとめています（ジェームス・W・ヤング、前掲書、54－55頁、71－72頁を参照）。あくまで一般的な「ひらめき」の過程が取り扱われており、具体例に沿ってそのプロセスがどうかという点はあまり明確には示されていません。しかし、資料集めとアイデアの生成を関連づけているところなどは、本書での提案とも同様の見解を示しており、興味深いところです。

①データ（資料）集め
②データの咀嚼（集めたデータをさまざまな角度から眺めたり、異なる文脈で組み合わせたり、かみ砕いたりしてその意味をいろいろに見い出す）
③データの組み合わせ（②で咀嚼したデータを消化する段階。一旦、意識から遠ざけながら、静かに孵化を促したり、醸成する）
④アイデアの実際上の誕生、ユーレカ（発見した！）の瞬間
⑤現実の有用性に合致させるためのアイデアのチェック

## 4 「建築的・空間的アイデア」は「空間の質」をねらおう

この章の冒頭に、アイデアは単なる「ああしたい、こうしたい」という思いつきとは異なると書きました。しかし、アイデアの模索はまず卒計生のそうした熱い思いから始まる他なく、結局のところ作品の魅力も卒計生のメッセージの強度（刃物と同じで、最後までただ熱いだけでは使いようがありません。熱いうちにたたき込まれて強くなる必要があります）によるのです。

グッドデザイン賞の審査委員長も務めたインダストリアルデザイナーの川崎和男氏は、「想像力で新しい考え方を形にします。いちばん最初に形を思い浮かべるときというのは自分勝手な発想でしょう」（川崎和男『ドリームデザイナー』ＫＴＣ中央出版、２００２、67‐68頁）と述べています。しかし、肝心なことは最初のわがままな思いを、誰かを想定した「思いやり」へと方向付けしていくことだ、と次のように指摘して言います。

自分を思いっきり発揮するわがままさは必要です。しかし、ただ、自分の勝手な思いつきや自分の中に閉じこもった思い込みだけのわがままさは決して認められません。思いやりを込めたわがままさだけが、夢・希望・期待を実現していくデザインだと、ぼくは思っています。

川崎氏の強調する「わがままさ」とは、既成の枠組みや固定観念を疑って壊していこうとする強い意思表示のことです。「わたしらしさ」などという自己満足ではない点に私は大変感銘を覚えます。（川崎和男、前掲書、2002、205頁「子どもたちへの手紙」）

川崎氏は、こうしたデザインの仕方を「自分のわがままと思いやりの関係を作る」（川崎和男、前掲書、137頁）、そしてそれを「伝える」ことだと説いています。先述のヤング氏のいう「関係の特殊性」を自分と他者との間で見い出していくという考え方は建築を考える上でも同様に最も重要なことです。

この「関係の特殊性」とは、「質」に関わることです。特に、建築的なアイデアを模索する際には、「空間の質」をねらうという意識が大切です。読んで字のごとく「空間」とは「から（空）」の「あいだ（間）」です。「から」であるから、これが「空間」ですといって提示することは不可能です。「空間」とは、「もの（人を含む）」と「もの（人を含む）」との関係において表れ出るものであり、その関係性に他ならないと思います。関係性は多様に展開され得るでしょうから、ねらわれる「空間」は無限の可能性を秘めていると言えます。同じテーマを扱っても作者によって作品がさまざまなのは関係性の多様さ故であって、どんなものをつくろうが人好き好きということでは決してありません。そういう考え方はそれこそ「他者」を欠いた発想です。そのような状態では、「ダイアローグ（対話）」は放棄され、「モノローグ（独白）」によって関係性は拒絶され、「空間」のない閉ざされたプロジェクトになると思うのです。わかりやすいように、多様な関係性の中から便宜的にひとつの関係性を抜き出すと次のようなシェマ（図式）がイメージされています。

もの（人を含む）　←――関係性＝空間――→　もの（人を含む）

「空間の質」をねらうということは、「空間を可能な限り正確にとらえ、できるだけ他者が無理なく理解できるように論理的に構築しよう」という意思の表れだと考えています。それにはまず、第三者が検証可能な資料・データ・調査結果（自分がこう感じる、ああ思うというような感想ではない）にもとづいて空間を構成することが必要です。こうした地味な作業の積み重ねが「現実に真摯に向き合う（超越的な視点や科学的根拠のない因果関係などを持ち込んで矛盾を強引に解決しない）」、「自分の都合のいいように『他者』を解釈しない」といった態度へもつながり、そこにかすかに「わたし」が表れる可能性が開かれるのだと思います。

このように、「空間の質」を関係性としてできるだけ正確に捉えようとする中から導かれる「アイデア」が「空間的アイデア」です。卒業設計で基本として要求されるのが、「建築的・空間的アイデア」であるというのは、こうした考え方に拠ります。その意味で、優れた「建築的・空間的アイデア」は、設計者の強引な力業やトリッキーなものではないだろうと思うのです。

たとえば、「水族館」という事例で考えてみましょう。わかりやすい例として、「白浜海中展望塔」（和歌山、開発主・天山閣、1969、図3・1）と「葛西臨海水族園」（東京、谷口吉生設計、1989、図3・2）を比べてみましょう。主要な「建築的・空間的アイデア」はどちらも「あたかも海の中にあるような水族館」です。

「白浜海中展望塔」（海中展望塔の日本の第一号だそうです）は、実際に海の中に観覧スペース（沖合一〇〇m、高さ一八m、水深六mの全天候型展望塔）が設けられています。一〇〇mのブリッジを渡り、人が実際に海の中に入っていくというきわめてストレートな「建築的・空間的アイデア」です。わざわざ海中に建設するのですから、技術的に困難が多いことは想像に難くありません。ところが、実際にそこを訪れてみると、海に直接面した窓はところどころ藻に覆われてくすみ（さぞかし窓ふきは大変だろう）、また、期待するほどいつも魚が見えるわけでもありません（餌付けしているとはいえ、水槽じゃないので。（図3・3）。建築的には相当な力業ですが、その割に効果が低いように思いました。

他方、「葛西臨海水族園」では、建物を外に表さずに、敷地である公園の自然と一体化させるという考え方が用いられました。当然、公園における自然のうち、最も重要な要素である海とも一体になることがめざされました。その際の「建築的・空間的アイデア」は、白浜の例のように実際に海の中に施設をつくるのではありません。建物上部に広大なプールを設け、そこに張られた水が人間の視線にとっては海とつながって見えるよう構成されました（図3・4）。その視覚的効果により、

図 3·1　白浜海中展望塔

図 3·2　葛西臨海水族園

海のただ中にいるような気分が味わえるという訳です。水のプールと海で視覚的に構成されたその水面の広がりの中には軽やかなエントランスホールだけが設けられ、そこからエスカレーターであたかも海底に降りていくように設計されています。そして、降り立ったホールは、マグロの大群が泳ぐ大型水槽に面していて、まるで海中に降りたったかのような演出が施されています。このように、人間の動線と視線を巧みに利用した「建築的・空間的アイデア」となっています。

谷口氏の設計には重要な原理が用いられているそうです。それは、「建築を表層で捉えるのではなくて、可能な限り空間として捉えたい」ということです。そのための具体的な方法としては三通りあるそうです。その一つは、既成の様式ではなく幾何学形態を道具として使うこと、そして二つめに、空間を形成する一番オリジナルな要素である動線と光線を頼りにすること、三つ目には、建築とそれが建つ場、都市との関係を重要視した設計であることです（『GA DOCUMENT 15 JAPAN』A. D. A. EDITA Tokyo, 1986, pp.154－156)。

谷口氏に拠れば、こうした「建築的・空間的アイデア」は、世界中の水族館を訪れ分析した結果生まれたものだそうです。実際に海の中にわざわざ建設しなくても、建築が建つ場としての臨海という恵まれた敷地の特徴を捉え、それを生かした「建築的・空間的アイデア」が展開できるはずです。それにより、海中になくとも、建築もまた一つの海の風景となり（つまりは関係性を結び）得ることがよくわかると思います。こうした風景の成立に関して、ドイツの哲学者、マルティン・ハイデ

図 3･3　白浜海中展望塔　内部

図 3･4　葛西臨海水族園　プールの水面と海面との視覚的一体化

ツガーは、「橋」の例をあげてわかりやすく説明しています。ハイデッガー曰く、「橋」というのは、川の両岸がまずあってそこに架けられて「橋」になるのではない。それとは逆で、「橋」が架けられることではじめてその両岸が一つの川の「風景」としてそこに集められて現象するのだと。

「建築的・空間的アイデア」を模索していくには「空間の質」をねらう、すなわち、関係性に着目するということを述べました。この関係性は多様ですから、実際の作業では、まずはその質を云々する前に、ともかく量を出すことが大切です。沢山の関係性を見ようとすることで、「アイデア」（使えるかどうかは当面は関係ない）が出てくることがあります。数学の幾何学問題を解く際に引く補助線のように、いろいろ引かれた線の中から、ふと「これだ！（ユーレカ！）」という「アイデア」が浮かび上がってきます。それは後で振り返ると、なぜこんなに簡単なことが見えなかったのかというほどシンプルな「アイデア」になっていることが往々にしてあります。そのようなとき卒業設計は大きく成功に近づくのだと思います。

ただし、量を出すといっても闇雲に線を引くだけでは形あそびに陥ります。「アイデア」は「空間の質」をねらいながら、決して既成概念にとらわれない奔放さも必要です。

卒業設計においては、多様な関係性を見い出すために、一次資料に当たり、既往作品を研究し、敷地調査をすることが不可欠になります。以下、その作業の詳細を順に見ていきます。

## 5 「リサーチ」にもとづくアイデアの展開——資料収集・データ収集、文献調査

　ここでは、卒業設計の行われる計画内容や敷地に関する地理的、歴史的、社会的、文化的背景を明らかにします。自分勝手なプロジェクトにならないためには、このプロセスを丁寧に行うことが大切です。こうした地道な作業を通じて、「アイデア」につながるさまざまな関係性が見い出されていきます。

　当然、「仮説」が建っていないと作業が開始できません。「仮説」の検証は、製図室ではなく、現場で行います。ここでいう現場とは、これから説明するように、図書館や資料館、関連する組織、計画敷地などです。実際に活動すればすぐにわかりますが、めったやたらに情報を集めることはできません。ヒアリングやアンケートをするにしても、「仮説」にもとづいて、最も有効なサンプルを選択しなければなりません。そのときに「仮説」の筋の良し悪しが響いてきます。

　実際に資料を調べているうちに、当初の目的からうまくずれて思いがけない発見をすることがあります。Bさんはそうして、「建築的・空間的アイデア」の可能性を確信し、「テーマ」「主題」「問い」「仮説」をすべて設定し直したのでした。

＊＊＊

**教員**「Bさんは、出身地の大阪府泉佐野市の地域再生を『テーマ』にしていたよね。関西国際空港ができたのに地元への還元は少なく、伝統的な繊維産業の地盤沈下と画一的な宅地開発が加速している。だから、産業団地を整備して何とか地域の固有性を維持していこうと」

**Bさん**「そうだったのですが、地域がどのような開発を経てきたかを調べているうちに、面白いものを見つけました」

**教員**「ほほう。関空のコンペ案では、空港敷地内が自然森林のような豊かな緑に覆われているというのが一つの売りだったのに、実際は普通の植樹でおしまいになっている理由とか？」

**Bさん**「そんなの、海中人工島だし予算的にも始めから無理に決まってるじゃないですか」

**教員**「あっさり言うねぇ。今、Bさんは確実に世界的大建築家を敵にまわしたよ。向こうは何とも思ってないけれど……それにしても、コンペ図面にあった豊富な緑が実施では実現されなかったのは、期待してただけに残念」

**Bさん**「消えたのは村なんです！」

**教員**「関空案には村まであったの？」

**Bさん**「違いますよ。第二次世界大戦中に、飛行機を敵から隠すための防空飛行場用地として泉佐野のある村がまるごと接収されたらしいのです。そしてその村の記憶を残す住民が制作した絵地図に関する記事がたまたま新聞に載っているのを見つけ、すごくショックを受けました」

**教員**「道路開設のための土地収用というのはよくあるけれど、村ごとなくなるってすごいことだね」

**Bさん**「戦争のなせる技なのですが、そのために多くの豊かな農地やため池が失われ、鎮守の杜であった神社も移転させられました。戦後になって土地は返還されましたが、そのときの断絶の傷跡を引きずっています。村のことを記憶する人々も少なくなっています。そこで、この事実をふまえて、『テーマ』は『土地の記憶の継承』に変更したいと思うのですが……」

**教員**「最初考えていた、漠然とした地域の衰退を扱うよりも、はるかに具体的で対象も限定でき、ずっといいと思うよ」

**Bさん**「『問い』としては、そのようにして土地をむりやり接収された村の人々の記憶を継承するにはどのようにすればよいか？ そして、『仮説』は、接収村歴史資料館ではどうでしょうか」

**教員**「一つの記事との出会いから、ぐっと前進した感じだね。でも、それを形にしていくには、『建築的・空間的アイデア』が面白くないと、ありきたりな記念館になってしまうよ」

**Bさん**「そうなんです。接収された村は現在ため池などになっていて、この話さえ知っていれば、このため池を見ればそれで一応、村の歴史的経緯は想い描くことはできるわけです。そうなると建築ではなくても、よく史跡で見かける説明ボードが備え付けてあればいいのではと考え込んでしまい、先に進まなくなるんです」

**教員**「記憶の継承の仕方をもっと考える必要があると思うよ。たとえば、説明文を読んで過去に思いを馳せただけでは記憶が継承されたことにはならないだろう。そこを訪れた人が、何らかの形でその村の風景や戦争で被った接収の痛手のようなものを追体験することができるといいね」

**Bさん**「ツ・イ・タ・イ・ケ・ン？」

**教員**「私の先生から聞いた話だけれど、アウシュビッツの強制収容所の記念館を設計するコンペがあったそうなんだ。ある案には、収容された人々が殺されるためにガス室へ向かうときに歩かされたのと同じような、ただただ細くて暗く長い廊下が設計されていた。そして、実際に訪れた人にそこを歩かせる。そうすることで、収容者たちが味わった死への恐怖をせめて少しでも追体験してもらおうというアイデアだったそうだ。その話を聞いただけでも背筋が寒くなったのを覚えているよ」

**Bさん**「すごくわかります。単に写真や遺品を展示ケースに陳列するだけではその空間体験はないですよね」

**教員**「そうなんだよ。そこが大切だと思うんだ。『空間の質』をねらうというのはまさにそういうことなんだ。そうしたら、その一番大事な通路を明々と照らしたり、ミース風のトラバーチンで豪畚に仕上げたり、腰壁程度の高さにして視線に開放感を持たせたりなんて絶対しないよね」

**Bさん**「今流行のシースルーでとか、RC打放しでシックでおしゃれにしてみました、なんていったら、そいつの頭はスケルトンかコンクリートですよね」

**教員**「そう。むしろ『コンクリートやりっぱなし』ぐらいでないといけないはずなんだ」

**Bさん**「さすが先生。うまいこと言いますね！」

**教員**「その感覚を忘れずに、これからの調査では、戦争時の接収村について、もっと史実を押さえて具体化すること、実際にその対象とする村がどう変化したのかを明確にすること、敷地調査をして現状を把握し、どのような設計の可能性があるかを見い出すこと、できれば村の記憶を留めるお年寄りや新聞記事に関わった人々に会って直接話をきくこと、既往作品として記念館や博物館、資料館などをいくつか分析することが必要だね。そして、私からのお願いだけど、建築は人を幸せにするものであってほしいから、未来へつながるアイデア、つまりBさんの案なら、その計画が地域を蘇生し活性化していくきっかけになるよう工夫をしてほしいな」

**Bさん**「わかりました。すごくやる気になってきました！　がんばります！」

＊＊＊　次のゼミにて　＊＊＊

**Bさん**「まず、大阪には七一カ所の戦争遺跡があり、そのうち防空飛行場は三カ所あることが判明

しました」（大阪府の地図に関連施設がプロットされているのをスクリーンに映しながら）

**教員**「いいねぇ。きっちり調べた人は、具体的な数字が正確に出てくる。この人の言うことは信用できそうだと感じるよね。『いろいろ』なんてお茶を濁すようなことを言わない。それに、自分で作成したオリジナルの図で論拠を示そうとする。それで、計画敷地の現状はどのようになっていますか？」

**Bさん**「はっ。（現場写真を数枚と、現在の都市計画地図と過去の防空飛行場敷地とを重ねた合わせた自作の図をポインターで示しながら）泉佐野市の旧『陸軍明野飛行学校・佐野分教所・陸軍佐野飛行場』跡地は、現在、関西空港自動車道とＪＲ西日本の高架によりほぼ全面的に占拠されており、飛行場の面影は完全に消え、現在は水田として利用されている模様。目下、地図上には周辺の住宅地との明らかな分断が認められます」（軍隊の戦況報告みたいになりながら）

**教員**「では、その跡地自体に計画することは不可能ということですか？」

**Bさん**「その通りであります」

**教員**「そういう状況なら、そこに無理に設計するとかえってイメージが損なわれるね。記憶の継承ということは、必ずしもその場所でなくてはならないということはないと思うよ。Bさんが見せてくれた、防空飛行場の航空写真や配置図にいくつかの情報が読み取れるね。そうした作業を『場所のコンテクストを読む』というのだけれど、たとえば、滑走路の軸線を別の仕方で視覚化するとか、防空壕の形態を接収村資料館のモチーフとして利用するとか、敷地の特徴であるため池という要素を活用するとか」

**Bさん**「なるほどであります」

**教員**「他に何か読み取ることのできる要素はありますか？」

**Bさん**「防空壕というのは、隠れるための洞窟であります。その雰囲気を追体験願うという作戦はいかがでしょうか？」

**教員**「防空壕というのは、一番重要な要素だね。よく気付いたね。どのような『建築的・空間的アイデア』で具体化しますか」

**Bさん**「はっ。敷地全体を緑でカムフラージュし、基地をその中に埋め込みます。空間を大地と一体化させることで、自然の新陳代謝のイメージに接収村の栄枯盛衰の過程を重ね合わせるのであります」

**教員**「面白いね。そうして全体の大きな構成が見えてくると、作品のオーラのようなものがおぼろげに見えてきます。他の要素もその全体が醸し出す『空間の質』をねらいながら取り込んでいくことができるでしょう。自然で自由な形を出さないといけないので、粘土模型でスタディすると造形の制約が減って可能性が広がると思うよ。期待しています。がんばって！」

＊＊＊

Bさんは、その後、防空壕の入り口の形（サイクロイド曲線）をメインモチーフにし、その形を使って入り口や開口部を設け、人や光を出入りさせました。滑走路の軸線は、それと同じ方向性を保って施設上部に水路として視覚化されました。その水路はメイン・エントランスの上部から入り口のスクリーンを演出する滝となって流れ落ち、その水は、施設周辺に配された棚田へと流れ込み、ため池と水田を蘇生させていくよう計画しました。また、移転された鎮守の杜的存在であった「蟻《あり》通《とおし》神社」の記憶は、施設中央に巨大なヴォイド（爆弾投下によって穿たれた穴のメタファーとして）を設け、そこを屋根のないメイン広場にすることで表現されました。そこに、神社のもっていた中心性と結界性、さらには戦争の傷跡といった要素を象徴的に演出させたのでした［Bさんのスタディ案（第4章118頁）と梗概（233頁）を参照］。

## 6　先人に学ぼう——既往作品・参照作品分析

卒業設計展や卒業設計作品集などを見ると、「またこのパターンか！」とか「これは、レム・クールハディッドじゃないか！」とか、時には巨匠や有名建築家の作品じゃなくて「これは教師受けした優秀な先輩の作品の焼き直しじゃないのか？」などと、どこかでお見かけしたような作品が散見されると思います。たしかに同じような計画内容の実作品をあたり、そのプログラム（敷地条件や建築的・空間的アイデアや構成内容など）を分析し、各自の卒業設計に反映させることは大切です。この節でも、既往作品を分析して、各自の卒業設計におけるそうしたプログラムを作成することが目標です。しかし、この作業をするのは、人の作品を見て、ＲＣの打放しであるとかルーバーであるとかいったデザインやプランの形を模倣するためでは、決してありません。そこに至った思考のプロセスを見ずに形だけを真似れば、それは分析ではなく盗作です。また、既存のプログラムをそのまま鵜呑みにするようでは創造活動とはいえません。そうした既成の枠組みを疑って検証しながら自分のプログラムを組み立てなければなりません。

「梗概フォーム」では、「計画施設の概要」の欄に計画諸施設（最終的には計画面積㎡付にする）を埋めながら、各自の「建築的・空間的アイデア」を模索していきます。

こうした作業を進めるにあたっては、『建築設計資料』シリーズ（建築思潮研究所・編）のように施設別にまとめた本や『新建築』などの建築雑誌のデータベースで同内容の計画を検索すれば、過去の雑誌等から関連する作品を容易に見つけることができます。

このようにして、可能な限り（私のゼミでは最低二〇作品以上を義務化）、すべての実作品にあたりそのプログラムを分析し、必要な諸施設や機能、所要面積等を割り出していきます。さらには、その作品における「建築的・空間的アイデア」（デザインされた形ではない）と思考のプロセスを分析します。その際には、プラン（平面図）を同スケール（一／三〇〇）に合わせてコピーし、部屋別、機能別に色を塗り分類すると、必要諸施設が把握できる上に、動線や機能的なつながりも身体で理解することができます。もちろん実際の作品を見学すればより理解が深まることは言うまでもありません。

参照作品のうち、卒業設計を扱ったものとしては、『近代建築五月号、別冊、卒業制作』（近代建築社）、『全国修士設計作品集』『卒業設計日本一決定戦』（建築資料研究社）などがあります。これらに掲載された事例は、実施が前提ではないのでそのプランや形や機能などの分析をしても、自由度が高すぎてあまり役に立ちません。しかし、同じ立場からどのような「コンセプト」で取り組まれて、「テーマ」「主題」「問い」「建築的・空間的アイデア」が展開されているか、またそのトレンドの推移を把握するには有効です。

なお、得られたデータはどのような小さなものであっても、どこから得たのかという知的所有権を明らかにするのが礼儀です。参照したデータと卒計生自身の考えとの区別が明確になるようにしなければなりません。その際の参照資料や引用文献の書き方は、数多出版されている論文の書き方本などを参照してください。よく使われるパターンを「梗概フォーム」作成例の参考文献欄に意識して入れてあります［231頁参照］。また、「ひな型」の参考文献の頁にも解説していますので、そちらを参照してまねて書けばいいでしょう。

こうした文献・参考資料・ホームページは、「梗概フォーム」の参考文献の欄にどんどん書き込んでおきます。よく、卒業設計の提出間際の修羅場に、使った図や引用文の出典があいまいで、記憶も頼りにならず、調べ直すのに思いの外時間がかかることがあります。調べたその都度、書き留めておき、最後にあわてないようにしましょう。また、検索し閲覧したデータは図も含めてデジタルデータとしてデータベース化しておくと後で思わぬ役に立つことがあります。

## 7　敷地の声なき声を聞く——敷地調査

先の二つのプロセス「資料収集・データ収集・文献調査」と「既往作品・参照作品分析」が、現場での文献相手のデスクワークなのに対して、ここでは自分の身体を使った作業が中心となります。なお、これらの作業は、並列的に同時進行で行われるものです。

敷地調査の目的は、いくつかの候補敷地から最終的な敷地を絞り込み、決定することです。この際、ついついまわりの景色が美しいからとか、個人的に気に入ったというような感覚的な理由で敷地を選ばないように気を付けてほしいと思います。あくまでこれまで進めてきたプロセスに則って、各自が立てた「問い」に答え「建築的・空間的アイデア」を展開するために敷地も選定しなければなりません。

もちろん、敷地からインスピレーションを受けて、そこから「テーマ」「主題」「問い」を導くことも十分あり得ます。敷地と「仮説」が計画の初期段階から決まっている実際の設計では、それがむしろ通常でしょう。先に敷地が決まっている場合でも、第1章で述べたように、その敷地に求める理想と現状とのギャップとして「問い」が見い出されることには変わりありません。学部の設計演習などでは、この方向で、本書の方法を適応することができます。つまり、課題として、「敷地」と「仮説」が与えられたところから、「テーマ」、「主題」、「問い」、「建築的・空間的アイデア」を模索し、スタディを通じて展開していくのです。

また、私自身は勧めないのですが、コンセプチュアルなアイデアが主題となっている案では特に敷地を設定しない場合もあります。たとえば、自己と向き合きあう精神的な空間や、「水」などの物質的可能性の探究のように、あえて場所を限定しない場合などです。また、移動式の美術館やテントハウス、高架下といった都市インフラの再利用など、あらゆるシチュエーションで対応が想定されている場合などもそうでしょう。たとえそのようなある種のシステムを提案するような計画でも、具体的な敷地に適応した場合のケーススタディは是非示して欲しいと思います。そうすることで、そのシステムの有効性が検証できると思うからです。システムとは、基本的にひとつの閉じた系を前提としていますから、現実の環境におかれて開かれたとたんに、破綻をきたすようでは、単なる「モノローグ（独白）」であったということになります。

卒業設計の場合、多くは、敷地調査を繰り返すうちに、「建築的・空間的アイデア」が見い出され、「テーマ」から「仮説」にいたる設定が練られていきます。

その過程を、ゼミ生Tさんの卒業設計を例に見てみましょう。Tさんは、講義でのフィールドワーク・レポートの段階から、安易にウェブ情報に頼らず、独自に収集した一次資料をもとに、オリジナリティーの高いリサーチをしていました。卒業設計に際しても、夏休みを費やして、対象地域である大東市に所在するすべての神社を現地調査し提案へとつなげました。

＊＊＊

**Tさん**「私は、アンチ・コンパクトです」

**教員**「大きく出ましたね！」

**Tさん**「地元の富山県は、「コンパクトシティ」の成功例としてよく取り上げられます。しかし、それは富山市の話であって、祖父母のすむ周辺の市では、その影響で人口も減り、むしろ悪影響を受けているように感じます。もともと財力のある大都市や中心地に人・もの・かねが集中し、地域格差につながっていると考えます。私は少しあまのじゃくなところがあるので、つい陽に対する陰の部分が気になって……」

**教員**「実に素直でいいですね！　自分は天然という人ほど不自然ですからね。ところでコンパクトシティは「立地適正化計画」にもとづく誘導エリア計画です。「りっちてきせいか……」と入力すると変換候補に「リッチ適正化」とかでてきたりして皮肉ですね」

**Tさん**「様々な住宅補助のインセンティブを与えて富山市中心市街地への居住促進をしています。一方、祖父母の住む高岡市では、高岡駅周辺のシャッター商店街化や公共交通の廃線が進むという具合です」

**教員**「現状の問題点をとらえ、かつ実感のこもった良い卒研になりそうですね」

**Tさん**「陰に光を当てていいんですね！　地元を出る前からもやもやしていた疑問点でした。卒研にはテーマに対する各自の問題意識とそこに根差した「主題＝切り口」が必要という話をきき、ピンときました」

**教員**「一時期、少子高齢化対策の切り札のようにもてはやされたコンパクトシティ構想も検証・見直しの時期に入っているかもしれませんね。日本全体がシュリンクしている中で、市町村間のミクロなレベルで、子育て世代というさらに小さなパイの奪い合いになっていますね。日本全体での暮らしの向上につながっているのかどうか、重要な課題だと思います」

**Tさん**「「アンチ・コンパクトシティ」をテーマに掲げ、コンパクトシティ構想から漏れたエリアへ焦点をあてる研究をしたいと考えています。早速、高岡市のリサーチに入ります」

**教員**「楽しみです。高岡市のリサーチの前に、まずはコンパクトシティの現状を把握する必要がありますね。たしか富山県は、日本初のＬＲＴ（Light Rail Transit）本格導入による、コンパクトシティの成功例でしたね。ＬＲＴによって中心市街に限らず、その周辺エリアも串刺しにしていくという構想になっていて、コア部分だけでなく周辺部にも配慮されている点はＴさんの問題意識にもつながりますね（富山市事業構想研究会［編］『富山型コンパクトシティの構想と実践』、事業構想大学院大学出版部、２０２０）。その関連でいうと、フランスのパリでも、車を市外に追い出し、自転車や歩行者中心の街づくりが進められています。大規模な都市再開発を行い、パリ外周部を巡回していたＰＣと呼ばれるバスに代わり、ＬＲＴがいち早く導入されました。脱二酸化炭素を標榜し、ＬＲＴ軌道上には芝生が敷かれ（その上を車が疾走してすぐに台無しにしてましたが）、エコ・シティやエコ・カルティエへの変貌が目指されています」（図３・５）

図3･5　パリに導入されたLRT

**Tさん**「さすがですね。日本のお手本になりそうですね」

**教員**「大きくマクロに見ればね。ミクロに見ればどの都市も問題があって、海外の事例がそのまま日本でうまくいくというのは幻想だと思います。その意味でも先入観や偏見は捨てて現状を丁寧に見ていくリサーチが必要ですね」

**Tさん**「『どこそこのXXXでは……』(特に海外事例を挙げて)というのは、「出羽守」(ではのかみ)と揶揄されるんですよね?」

**教員**「その通りです。私も気を付けないと。で、パリの街では……、あちこち大渋滞で、バスはほとんど時間通り来ないし、やっと到着したと思ったら、二両連結編成の大型バスなのに超満員でパリジャンはいつもイライラしている。車は素人F1レーサーかというぐらい乱暴な運転が多いし、車同士ぶつかりそうになっては手を振りかざしてオララーとわめきあっている。高齢ドライバーもガタガタのいつ車検したのかというマニュアル車でパリの石畳の細街路をぶっ飛ばすという感じでしたが。近年は、コンパクトシティ構想の一環でレンタサイクル(「ヴェリブVelib」)の仕組みも整備され(図3・6)、歩道に自転車優先レーンも設けられ脱車化が進んでいます。自転車レーンは歩道と一体なので、ぼんやりそこを歩いていると、猛スピードの自転車にどやされたことが何度もありました。エコと言いつつ、まったくスローではない」

**Tさん**「優雅なパリのイメージと異なりますね」

教員「「パリ・シンドローム」というやつです」

Tさん「思い込みに気を付けて、富山市と高岡市のリサーチをしてみます」

教員「実際の卒業設計も富山を対象地に考えているのですか？」

Tさん「いいえ。参考にはしますが、現在、下宿している大阪府大東市を候補地に考えています」

教員「実際にフィールドワークを行うことを考えれば、アプローチ可能なところを対象にするのは適切な判断だと思います。大東市でも現在、市内の主要3駅を中心とした立地適正化計画が進められています。マクロに見れば、東京一極集中の日本の中の、大阪という地方大都市の近郊地域の、さらにその内部で起こっているコンパクトシティ化に着目するのは面白いと思います」

Tさん「事前に調べたところでは、大東市のコンパ

図3·6　パリのレンタサイクル（「ヴェリブ Velib」）

クトシティ構想から漏れたエリアでは、富山同様に公共交通の削減と中心市街への移住喚起がなされており、地方都市の中でエリア格差が生じているようです。コンパクトシティ構想から外れるエリアは、ほぼ例外なく少子高齢化や空き家等のシュリンクやスポンジ化現象が加速していると考えられます」

**教員**「大東市の中でどのようにリサーチ、フィールドワークを進めていきますか？」

**Tさん**「大東市も、人口減少や産業構造の変化に対応しきれていない地方都市の一つだと考えます。その中で、傾斜が多い山間部を含む市の周縁部がコンパクトシティ計画から外れています。移動が困難な地形に加えて、インフラや公共交通の合理化により、ますます住みにくくなっていきます」

**教員**「市やバス会社としては、気持ち的には維持したくても、現実的にそうしたエリアにサービスをし続けることが経済的・体力的に難しくなっているというジレンマですね」

**Tさん**「はい。そこで、まずは、実際に大東市内をめぐる主要公共交通であるバスの運行状態の把握からリサーチをしてみます」

＊＊＊

**教員**「リサーチの進捗はいかがですか？」

**Tさん**「まず、大東市内のすべてのバス運行状況を調べてGIS上にプロットしました。バスの種類としては、近鉄バス、大東市コミュニティバス、大東市乗合タクシーになっています（図3・7）」

**教員**「この運行図を見てみると、確かに市の中で網羅されていない部分がかなりあるのが明白ですね」

**Tさん**「はい。コンパクトシティ構想から外れるエリアのうち、山麓の傾斜がきついエリアの一部には、大東市乗合タクシーでフォローする形がとられていますが、市全体としてはバス網が行き届いていない状況です」

**教員**「なるほど。大東市を人間の体に喩えると、体全体に血管が巡っていないように見えますね」

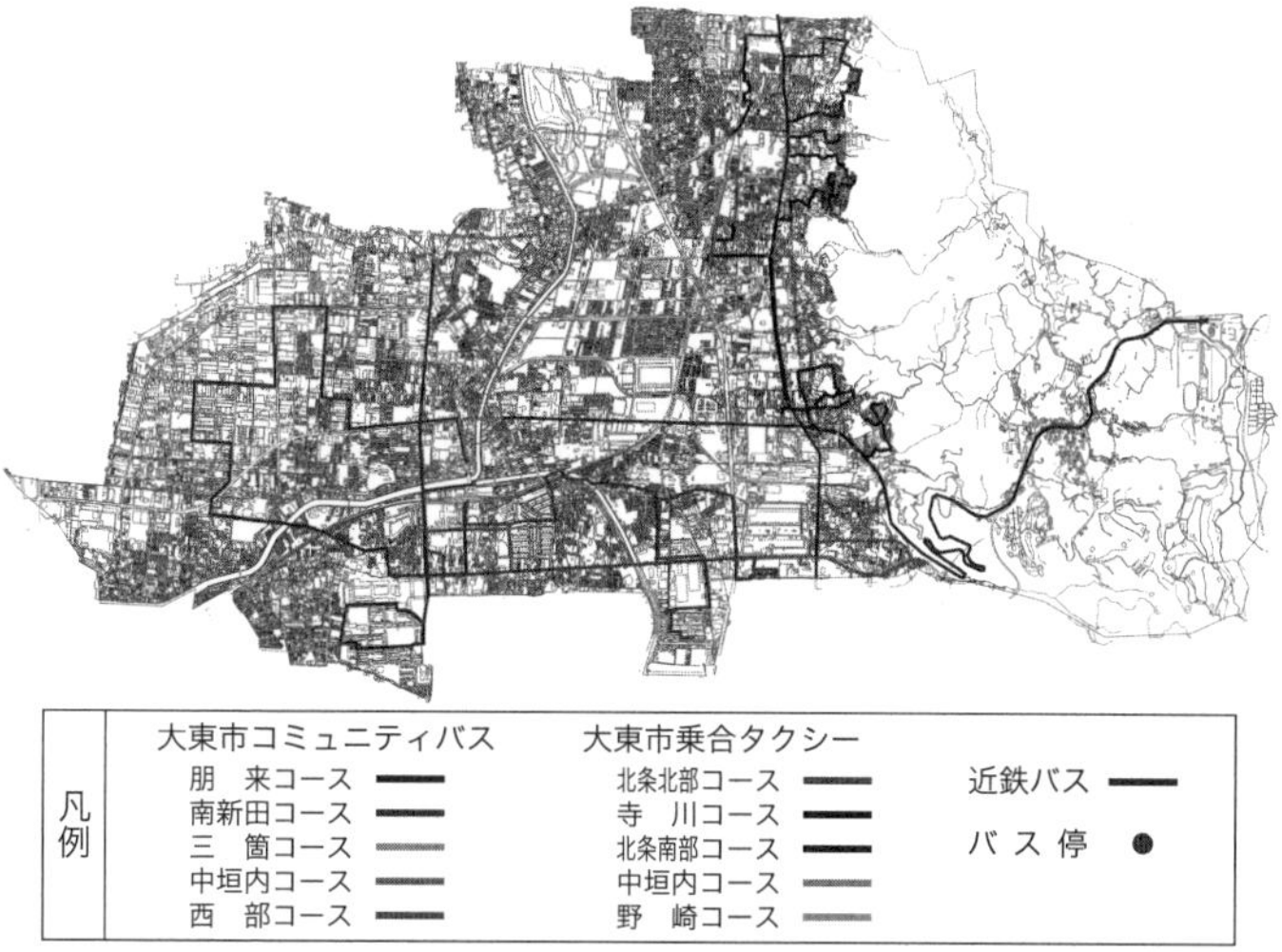


図3·7　大東市内バス運行ルート一覧

Tさん「その通りです。先生が講義の中で、パリの近代都市大改造について、都市と道路の関係性を人間の体と血管に喩えて説明されていたことを実感しています」

教員「パリの近代都市計画における道路開設事業が外科手術と呼ばれるゆえんですね。中世の街並みを細い血管が張り巡らされた状態とみなせば、そこに大動脈となる大通りやバイパス機能を持つ迂回路を編み込んでいくような（図3・8）」

Tさん「バス交通網のリサーチとして、実際に自転車でその全ルートを確認するフィールドワークを行いました」

教員「さすが。リサーチにおける現場主義が徹底されていて迫力があります」

Tさん「実際に巡ることで、運行ルートだけで

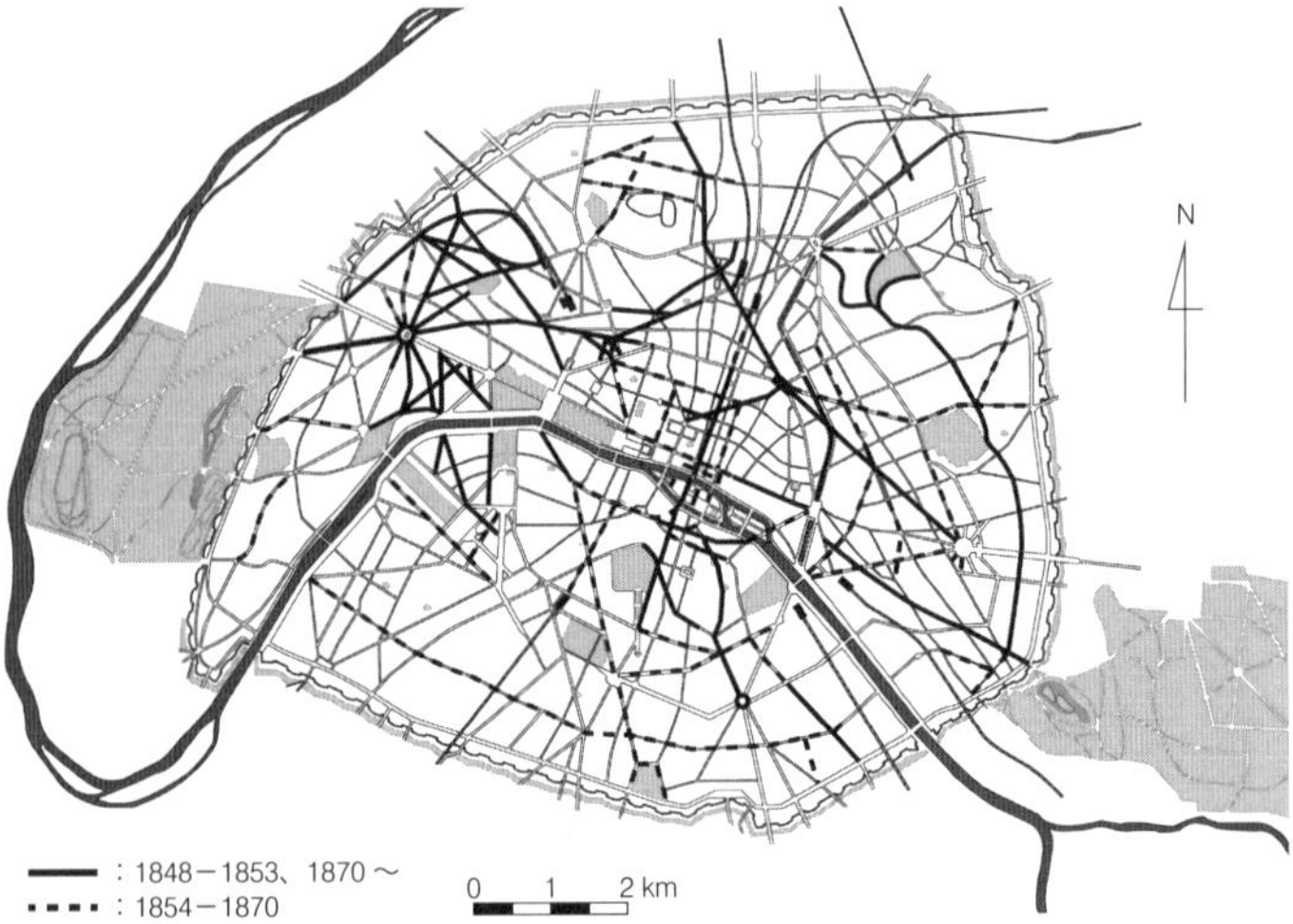


図 3･8　セーヌ県知事バロン・オースマンによる近代都市大改造道路開設事業

なく、バス停や乗り場の未整備という新たな問題も発見しました」

**教員**「素晴らしいです」

**Tさん**「コンパクトシティ化が進む中心部とそこから離れたエリアにおけるバス停の現状や差異として、次のような点が把握されました…

◇中心部では、駅を挟み南北に複数のバス停が設置され、十分な数のベンチと庇が設けられている。バス停付近の道路や歩道も広くとられている。一日の運行本数は六二便（住道駅前〜瓢箪山駅前）、六〇便（住道駅南〜南日下）と頻繁にバスが通っており、バスと電車の間の乗り継ぎにも配慮されている。

◇一方で、周辺部では、庇はおろかベンチのないバス停や、庇はあるものの破損して補修されていないバス停が見られる。十分な道路幅員がなく、ベンチや標柱を設けられず、電信柱にバス停である旨を示している例（北條小学校前）などもある。一日の運行本数が四四便（平野屋）、二一便（大東町）、月、火、金のみ運行、一日の運行本数が六便（十林寺東、北條小学校前）となっている。」

**教員**「詳細で具体的なデータと現地写真のリサーチができましたね。その上で、建築的・空間的アイデアにつながるものはありましたか？」

**Tさん**「はい。まず、バスの運行については、理想的にはコンパクトシティ構想から外れたエリアにバスルートを復活させることです。しかし、運営上の現実問題としてそれは無理な設定だと考えます。現状の乗合タクシーの増便も検討しましたが、結局人手がかかる話なので、利用者数に照らしても経営的には難しいと判断しました。そこで、最近の無人運転技術の進歩をヒントに無人バスの運行はできないか調べてみたところ、「グリーンスローモビリティ」の存在を知りました（図3・9）」

**教員**「たしか大阪万博関連で導入が検討されていますね」

**Tさん**「私が参考にしたのは、福山市の事例です。「グリスロ」の愛称で、鞆の浦や城下町の観光エリアをゆっくりめぐっているようです。これを、大東市の公共交通網の行き届いていない周辺エリアに導入すれば、大東市全域に

図 3·9a　グリーンスローモビリティ運行事例（上／無人運転：福井県永平寺、下／有人運転：福井県高浜町）

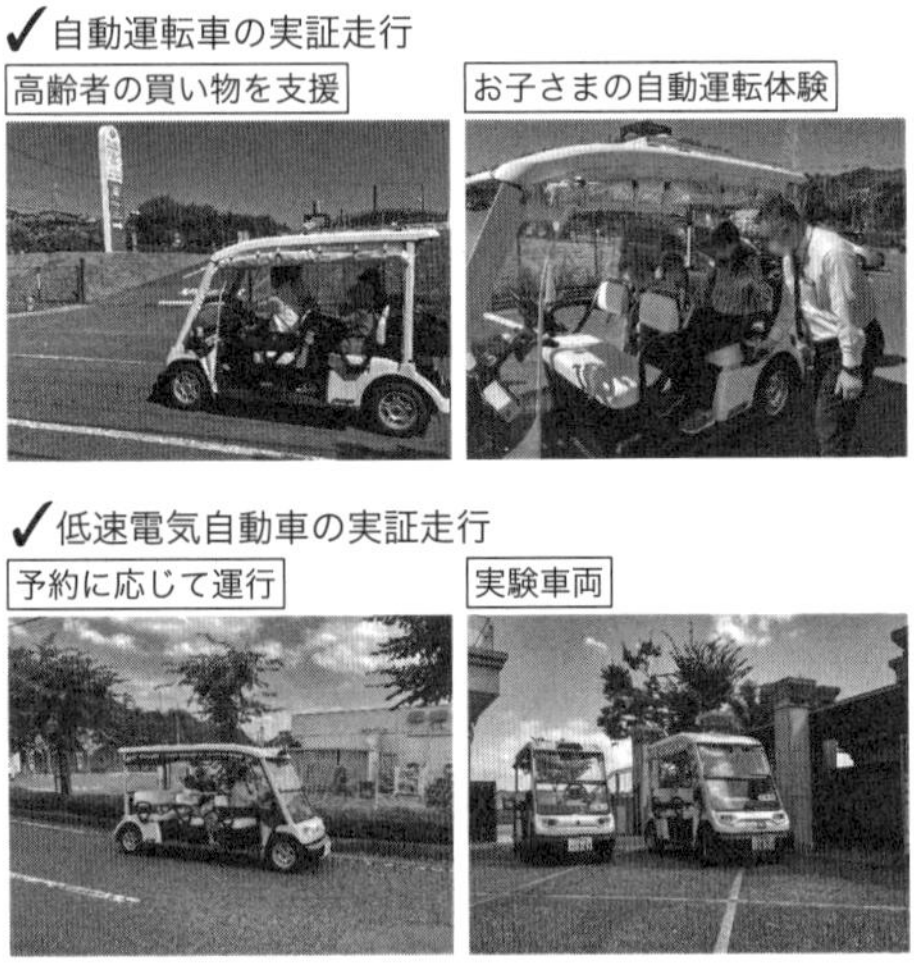


図 3·9b　無人バス「グリーンスローモビリティ」大阪府四條畷市における実証走行　出典:「令和４年度 四條畷市自動運転等実証実験 実証実験成果報告」2023（令和５）年３月、p.38

交通網を張り巡らすことができるのではないかと考えました」

**教員**「なるほど、街に血管を補充していくというアイデアですね。それは、一つの仕組みとして面白いと思いますが、卒業設計としては何を提案することになりますか？」

**Tさん**「はい。バスルートについてのフィールドワークの副産物として浮上したバス停問題を取り上げたいと考えています。「グリーンスローモビリティ」のバスのサービス拠点となる本部をつくり、そこを車両の停留・保管場所とするとともに、近隣の集会場となるような待合所を設計しようかと考えています」

**教員**「具体的な敷地は決めていますか？」

**Tさん**「まだ具体的にはないのですが、フィールドワークで抽出した市内周縁部のバス停のどこかにしようかと考えています」

**教員**「バス停機能だけでなく、地域の核になるような施設も付随するのなら、そういう場所を見極めていくリサーチも必要になりますね」

**Tさん**「バス停だけでは物足りないと？」

**教員**「既存のバス停は、おそらく既存のバスの運行距離から割り出されて適宜配置されていると推察します。その意味で、「グリーンスローモビリティ」の運行ルートとはバス停間の距離感も異なってくでしょうし、何よりも既存ルートにないエリアもめぐるわけですから、停留所の立地も検討しないと、Tさんの目的に沿わないように感じます」

**Tさん**「確かに。そうすると、新しい「グリーンスローモビリティ」の運行ルートとともに、停留所の場所もリサーチを通じて検討する必要があるということですね？」

**教員**「そういうことになりますね。バスルート全部を巡った後でまた再度フィールドワークというのは酷な要求ですが……」

**Tさん**「フィールドワークは全然コンパクトにならないですね……」

**教員**「アンチ・コンパクトをめざすとおっしゃったので……」

**Tさん**「先生も陰ですね。では、「グリーンスローモビリティ」のルートを決めた後、停留所間の距離の基準を設けて均等に割っていけばいいですかね？」

**教員**「机上の理論ではそうなりますが、実際にフィールドワークをしてみて、こうした周縁エリアでは、バス停を新たに設置していくことのコストや維持管理に持続可能性がないことを実感したわけですよね。そうすると、何か新たにバス停を設けるというよりも、それらの地域に既にあって、その界隈の人が拠り所にできるようなところに、「グリーンスローモビリティ」が停車していく方が合理的だし、到着を待っている間も地域の人同士のコミュニケーションがはかれるのではないでしょうか？バス停のフィールドワークの際に、市内を巡っていて、何かそうした拠り所になるような場所はなかったですか？」

Tさん「そういえば、周辺エリアには古い集落があったせいか、神社がたくさんあるなと感じました」

教員「なるほど。神社は地域の方々の拠り所としてはとても良いですね。実際、大東市では、かなりの数の神社仏閣があり、神社の方は、その立地や名称の一覧が作成できておらず、懸案事項になっていると聞いたことがあります。リサーチのし甲斐がありますね」

Tさん「不吉な予感がしますが……」

教員「陰が応報ということですね！　では、「主題＝切り口」に沿って、大東市の神社をすべてリサーチしてみよう!!!」

＊＊＊　こうして、夏休み猛暑の中、フィールドワーク第2弾として、大東市のすべての神社の位置と現状をリサーチすることになりました　＊＊＊

教員「神社調査お疲れさまでした。さぞかし徳が積めたことでしょう」

Tさん「思った以上にたくさんあり、大変でしたが、とにかくすべて現地調査しました。境内を構える神社もあれば、鳥居だけや祠だけが街路沿いにひっそりと佇んでいるなど、意外な発見が多くありました。そのために、どのように神社を分類すればよいか迷っています」

教員「さすがです。講義のフィールドワーク・レポートでも、現地に何日も張り込んで独自の観察データを構築するなど、質量ともに抜きんでたリサーチをしてくれていたので、今回の卒業研究でもその本領が発揮されて素晴らしいです」

**Tさん**「貴重な大学４年生の夏の思い出として嫌でも記憶に残りそうです」

**教員**「脳に陰プットですね！　それは結構なこととして、具体的な建築的・空間的アイデアはブラッシュアップされましたか？」

**Tさん**「神社の立地場所や存続状態のバリエーションが多いことを踏まえて、「グリーンスローモビリティ」の待合所兼地域コミュニティーの拠り所としての神社は、鳥居と境内の両方が備わった場所にすればよいのではないかと考えました」

**教員**「なるほど。神社の中でも境内というスペースの存在は、バス停としても拠り所としても説得力がありますね。フィールドワークを徹底しただけのことがありますね」

**Tさん**「ルートの検討にあたり、次のようにルールを設定しました：

◇大東市における交通の地域格差を解消するため「グリスロ」を既存の公共交通網からもれたエリアに配備する。

◇数多く存在する神社を巡りながらまち全体を回遊し人々を巡回させていく（図3・10）。

◇文化庁の登録した『宗教名鑑』に記載の一八社を経由し、まちを巡るようにする（図3・11）。

各ルートには神社の特性やコンパクトシティ構想から外れた大東市の周縁エリアを東西南北

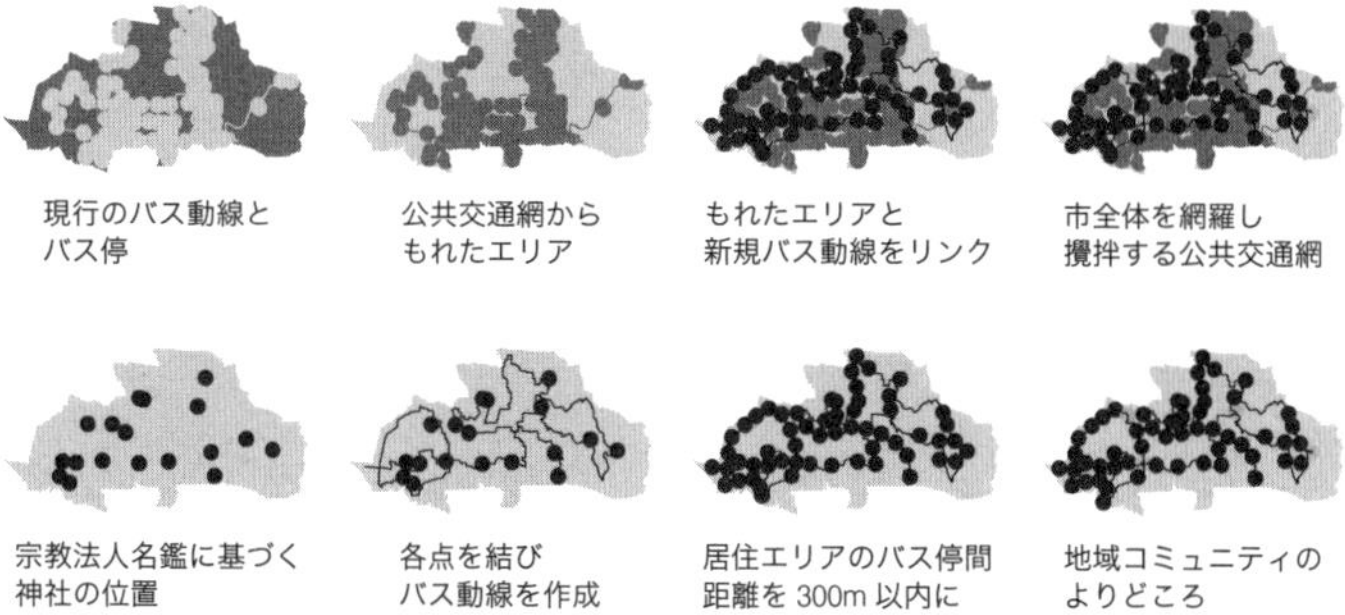


図 3·10 「グリーンスローモビリティ」回遊ルート

| 名称 | 写真 | 周辺のヴォリューム | 配置図 | 道路との相関 | 道路の幅員 | 境内の面積 |
|---|---|---|---|---|---|---|
| 菅原神社（三箇） | | | | | 2m<br>3m | 約 1130 ㎡ |
| 北野神社 | | | | | 3m<br>4m | 約 3550 ㎡ |
| 菅原神社（御領） | | | | | 2m<br>3m | 約 1200 ㎡ |
| 新田山王宮 | | | | | 4m | 約 650 ㎡ |
| 大神社 | | | | | 2m<br>4m<br>5m | 約 870 ㎡ |
| 諸福天満宮 | | | | | 3m | 約 1200 ㎡ |
| 䨺神社 | | | | | 3m<br>6m | 約 360 ㎡ |
| 菅原神社（深野北） | | | | | 2m<br>3m | 約 350 ㎡ |
| 両皇大神社 | | | | | 5m | 約 1020 ㎡ |
| 座摩神社 | | | | | 2m<br>3m | 約 430 ㎡ |
| 産土神社 | | | | | 2m<br>3m | 約 740 ㎡ |
| 大谷神社 | | | | | 5m | 約 480 ㎡ |
| 須波麻神社 | | | | | 2m<br>3m<br>4m | 約 950 ㎡ |
| 住吉神社 | | | | | 3m | 約 120 ㎡ |
| 龍間神社 | | | | | 5m | 約 750 ㎡ |
| 南條神社 | | | | | 3m<br>5m | 約 260 ㎡ |
| 八幡神社 | | | | | 3m<br>4m | 約 510 ㎡ |
| 北條神社 | | | | | 5m | 約 1000 ㎡ |

図 3·11 「グリーンスローモビリティ」回遊ルートの停留所候補としての文化庁登録『宗教名鑑』記載の 18 社境内（＊「道路との相関」で示す図の道路は、グリスロが境内から直接アクセスできるもののみに限定する。道路幅員及び境内の面積の算出は国土地理院を参照）

四つのまとまりに分け、各エリアをめぐる四つのルートを新たに設定する（図3・12）。

◇環境を加味した上で、一か所ずつ地域コミュニティの拠り所となる待合所を配置する。

◇原則として公共交通空白地域の定義とされる「半径五〇〇m以内にバス停がないエリア」を設けないようにすると同時に渋滞や事故を防ぐため、幅員が二m以下の交通量が少ない通りを巡るルートとする」

**教員**「大東市全体の構成についてはよくわかりました。その上で卒業設計の具体的な提案についてはどのように考えていますか？」

**Tさん**「既存の主要交通網に「グリーンスローモビリティ」が接続する場所が停留所兼集会所としてはふさわしいと考えています。いくつかその結節点がありますが、その中で、大東市の観光の名所でもある御領の水路付近で計画しようと考えています」

**教員**「計画趣旨に添う場所で、なおかつ水路沿いというのは、卒業設計のでき上がりの面からも魅力的かと思います。ちょうど御領には、

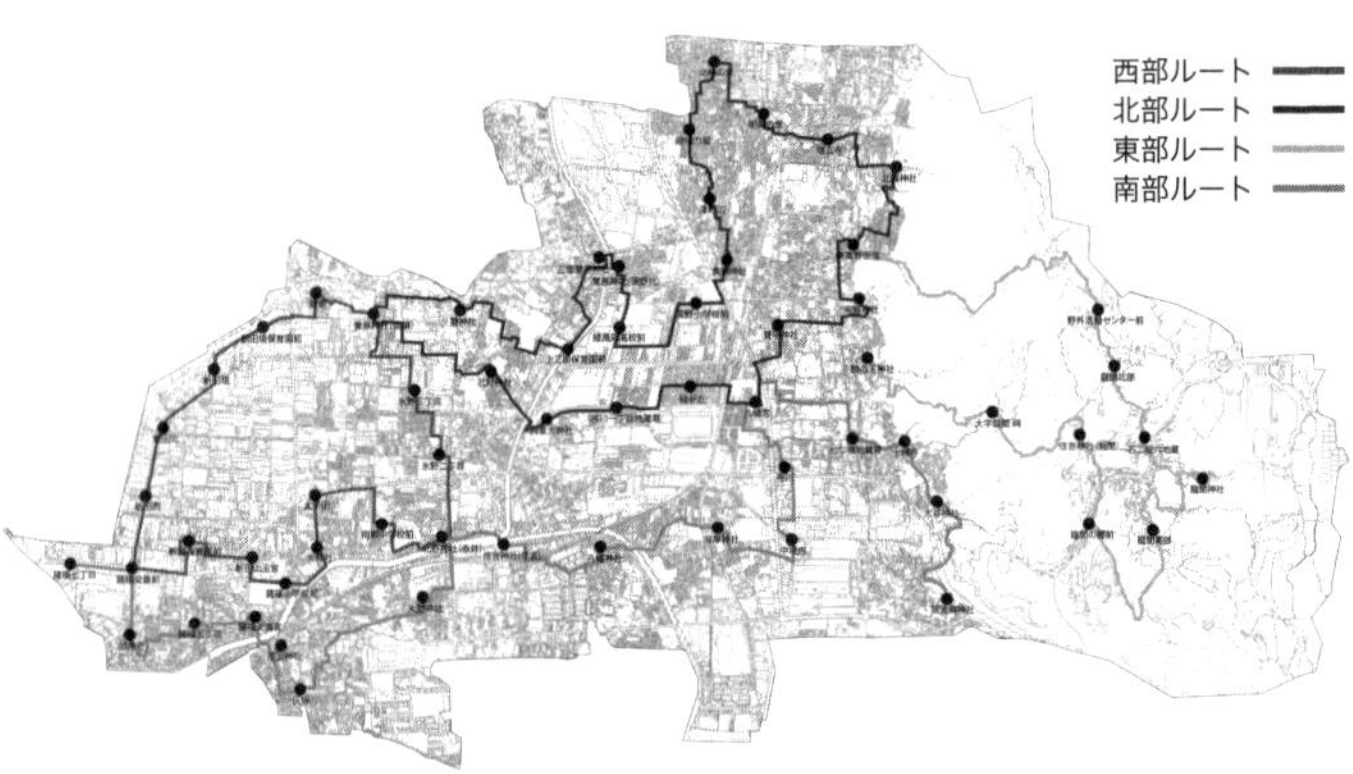


図3・12　コンパクトシティ構想から外れた大東市の周辺エリアをめぐる四つの新ルートの提案

水路を挟んで適切な規模の神社と街区公園／都市公園が隣接している場所があります（図3・13）。そこを敷地にするとTさんの狙いにマッチすると思います。具体的に案のスタディを進めてください」

**Tさん**「ありがとうございます。早速、現地を観に行きます」

### ＊＊＊　建築的・空間的アイデアの展開　＊＊＊

Tさんは、コンパクトシティ構想が推進されるものの、少子高齢化になかなか歯止めがかからない大東市全体を人に喩えて考察することからスタディを始めた。その現状は、血管としての公共交通が整理・縮小されることにより、身体である市域全体に血が行き届かず、末端がマヒしたような状態にあると考えた。こうした症状に対して、「グリーンスローモビリティ」を導入し、その運行ルートが市域の周縁部をめぐることで、末端の毛細血管にまで血を届けることを検討していく。それはマヒした身体機能を回復させるために、末端の手足を動かしてリハビリをするイメージである。少子高齢化とコンパクトシティ化にともなう公共交通の削減により、市という身体の機能が低下している状況に対し、コンパクトシティ構想から外れた末端エリア内を、市民が血のように巡ることで、市域全体のリハビ

図3・13　大東市御領地区水路と公園

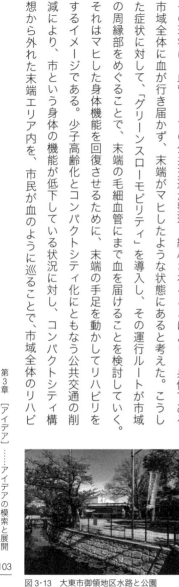

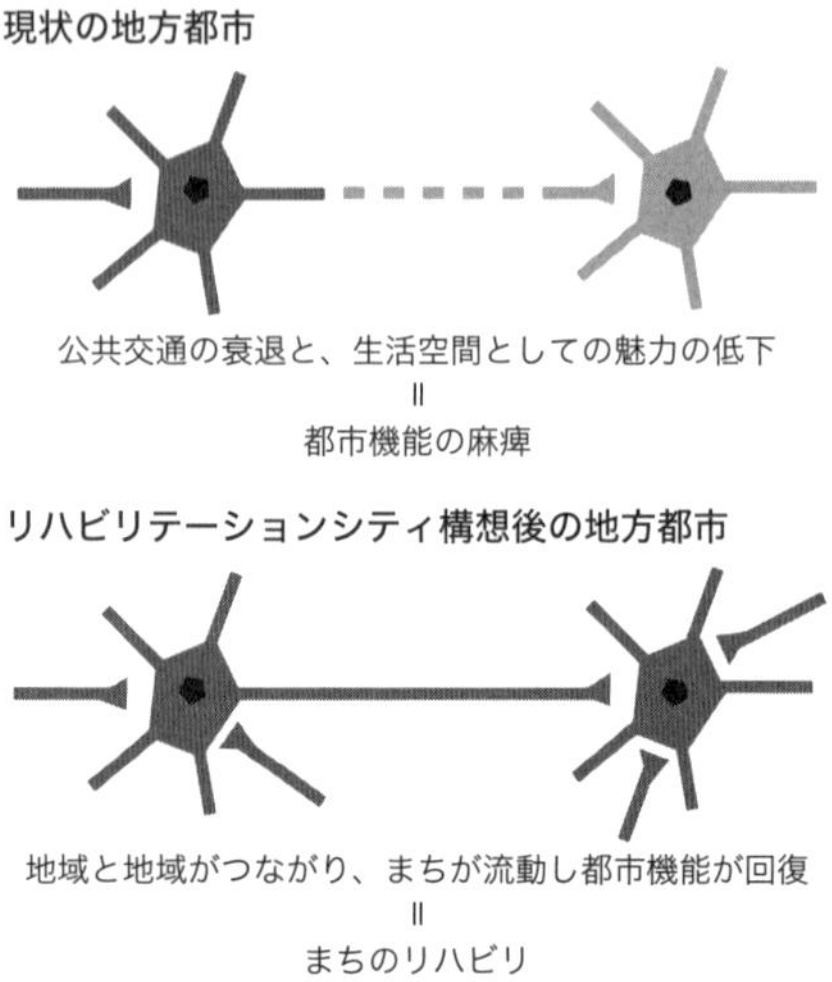
現状の地方都市
公共交通の衰退と、生活空間としての魅力の低下
॥
都市機能の麻痺
リハビリテーションシティ構想後の地方都市
地域と地域がつながり、まちが流動し都市機能が回復
॥
まちのリハビリ

図 3･14　リハビリテーション・シティ構想ダイアグラム

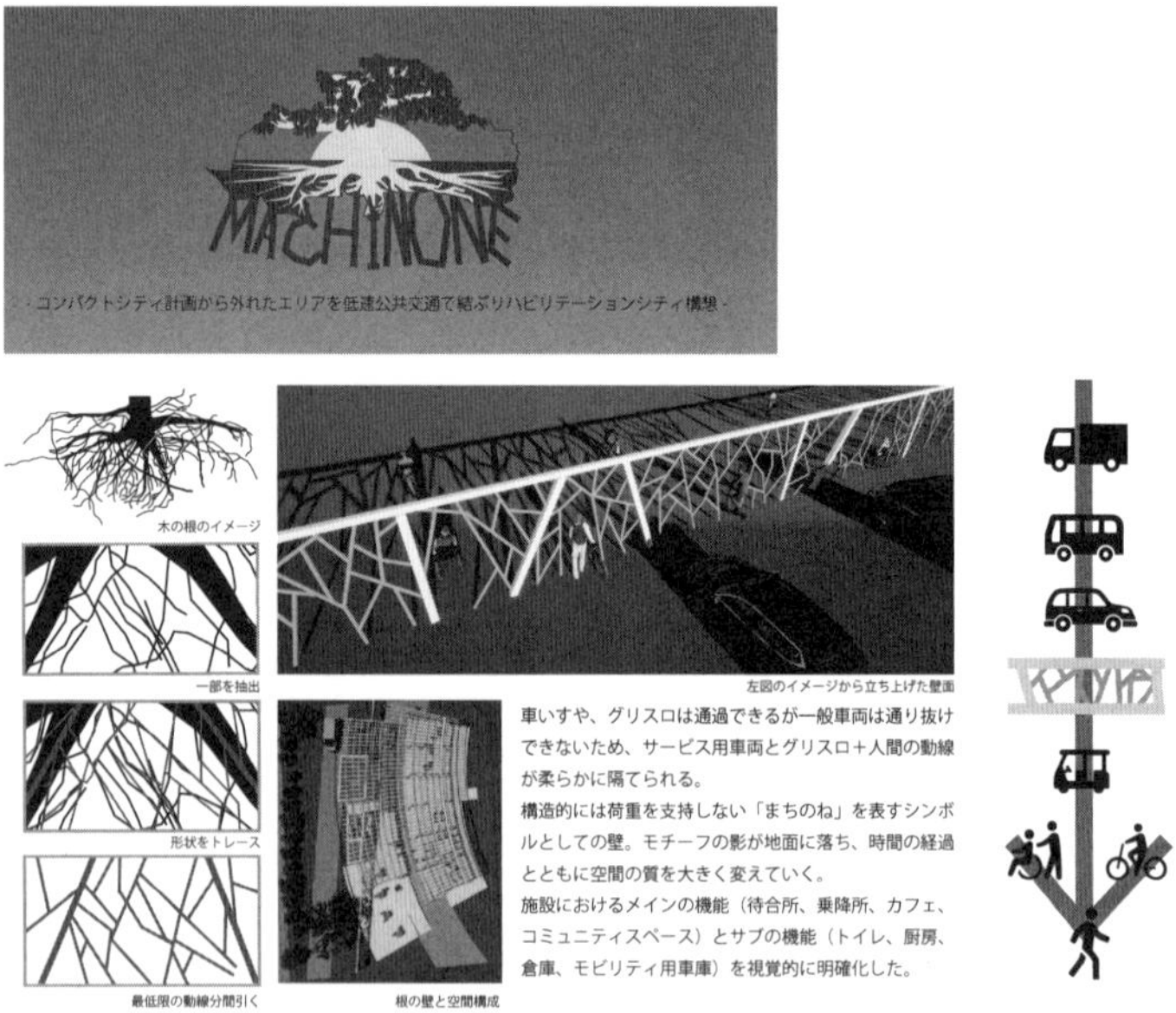
MACHINONE
- コンパクトシティ計画から外れたエリアを低速公共交通で結ぶリハビリテーションシティ構想 -
木の根のイメージ
一部を抽出
形状をトレース
最低限の動線分間引く
左図のイメージから立ち上げた壁面
根の壁と空間構成
車いすや、グリスロは通過できるが一般車両は通り抜けできないため、サービス用車両とグリスロ＋人間の動線が柔らかに隔てられる。
構造的には荷重を支持しない「まちのね」を表すシンボルとしての壁。モチーフの影が地面に落ち、時間の経過とともに空間の質を大きく変えていく。
施設におけるメインの機能（待合所、乗降所、カフェ、コミュニティスペース）とサブの機能（トイレ、厨房、倉庫、モビリティ用車庫）を視覚的に明確化した。

図 3･15　「まちのね」のコンセプトとメインタイトルのロゴ

リになっていくというアイデアへと展開されていった（図3・14）。

こうしたアイデアは、「アンチ・コンパクトシティによるエリア・リハビリテーション構想」となる。さらに、街の中に毛細血管が木の根のように張り巡らされて幹を支えるという想いを込めてメインタイトルが「まちのね」と名付けられ、そのイメージをロゴとしてデザインした（図3・15）。

スタディ案として、

①中間審査段階で、大規模なガラス張りの現代建築風バス停を提案する（図3・16）。しかし、コンパクトシティ構想から漏れるエリアに「グリーンスローモビリティ」のための拠り所を神社の境内を利用してつくるコンセプトに対して、完全にスケールアウトしてしまった。デザインのみからの提案になり、せっかくのリサーチ、フィールドワークの成果が生かせていないとの考えに至り、案の再検討を試みていく。

②修正案として、「グリーンスローモビリティ」のバス停部分と、既存の御領水路、神社境内を関係づける案として、バス停の屋上階を神社や水路を眺める屋上デッキテラスとして利用する案に変更（図3・17）。「グリーンスローモビリティ」の停留やエリアの集会のための小規模なスペースが、アンチ・コンパクトシティ

図3・16　中間審査時のスタディ案

構想の基本であるが、屋上テラスを利用する案にしたことで、その上に屋根を設ける必要や上階への階段等のアクセスの確保などで、案が肥大化しスケールアウトしコンパクトさが欠けていった。

③何度もスタディを繰り返す中、うまく建築的・空間的アイデアの展開ができず、最終試問会まで一か月を切って、極度のハムスター錯乱状態に陥る。ここで、今一度、フィールドワークの際に得た情報に素直に立ち返って、コンパクトシティから漏れたエリアにおけるささやかな地域の拠り所となるという観点から、「グリーンスローモビリティ」の停留スペースを主役に据える案に大胆な変更を試みた。敷地内を「グリーンスローモビリティ」が通り向ける軌道と、それに沿った場所を縁側のような座って待てるプラットフォームにし、その待合も平屋の低層建築として、ガラス越しに水路や神社境内と繋がる案として完成させた。西側には、夕日を浴びて街の根のイメージをかたどった壁から西日が敷地に満ち溢れるという構想も展開した。こうして、フィールドワークで見せた、粘りと執念が設計のスタディでも見事に生かされ、学科の優秀作品に選出されました（図3・18）。

図3・17　スタディ案：屋上テラスのある「グリーンスローモビリティ」の停留所

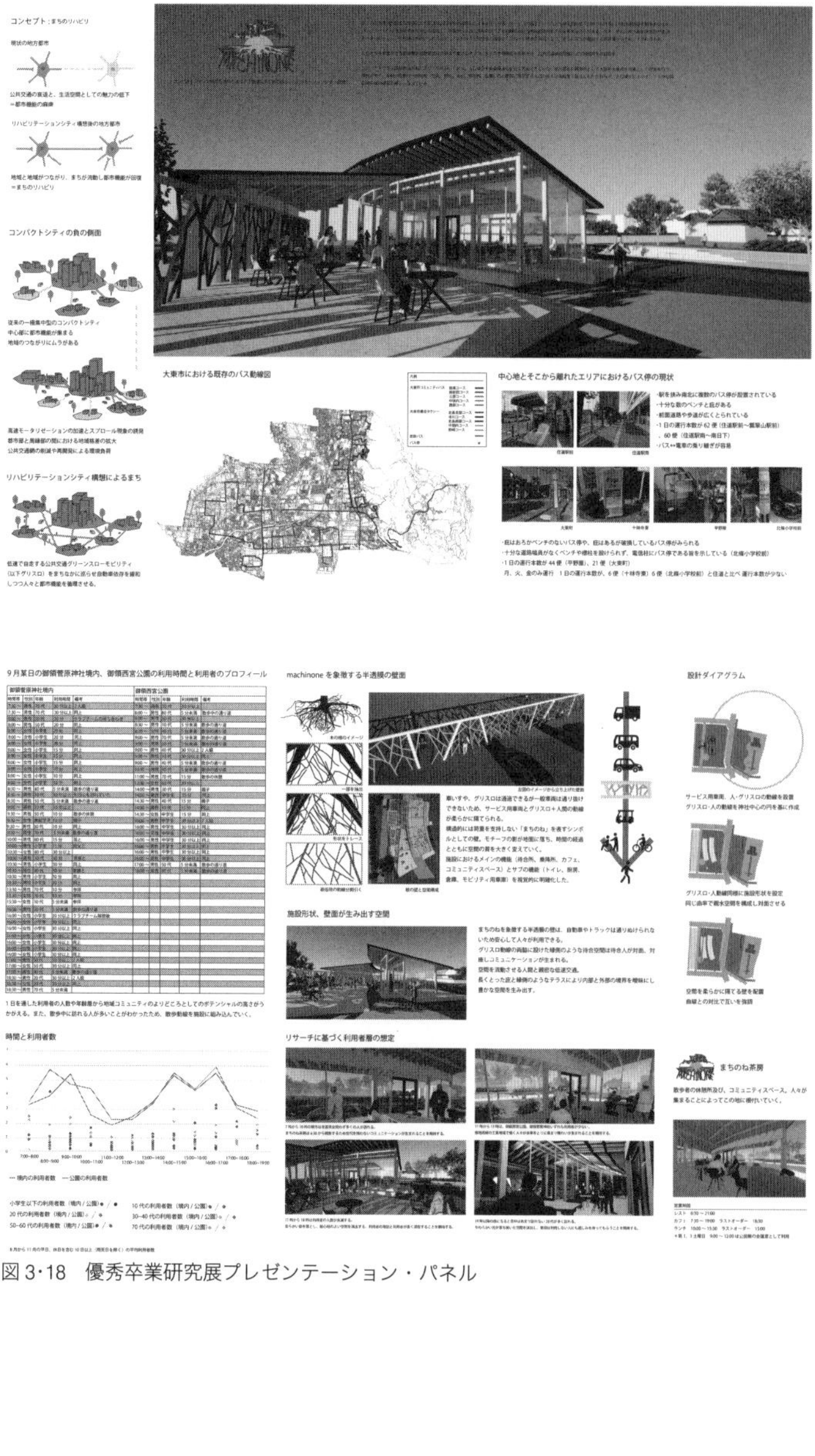


図 3･18　優秀卒業研究展プレゼンテーション・パネル

## 8 物語性をもたせよ——クライマックスの演出

「建築的・空間的アイデア」は、作品の決め手となるだけに簡単には決まりません。面白そうなものが出ても、第4章で扱うスタディの段階でどうにも形にならないということが頻繁に起こります。そのたびに、また立ち戻って新しい「建築的・空間的アイデア」を模索しなければなりません。

何度もスケッチや模型をつくってアイデアを形にしていこうとしても、なかなか思うようにならず、指導教員からも「ダメ出し」が続き、周りはどんどん進んでいくように見え、焦りだけが膨らんでいくことがあります。そのような状態を私は、「ハムスター状態」（別名「公太郎状態」→「ハム太郎状態」）（図3・19）、と名付けています。本人は必死でもがいて動いてはいるのに、周りから見ると、回転車の同じ場所で走り続けて全く前に進まないような状況です。

図3・19　「ハムスター状態」もがけどもがけど先へは進まない

どんな「建築的・空間的アイデア」がいいのか。その評価は難しいと思います。最低限、第3章で述べたように「オリジナル」でなければなりません。その上で、「建築的・空間的アイデア」として素晴らしいと言えるのは、それが物語性を持ち、展開にクライマックスを与えてくれるようなものだと考えています。

では、作品に物語性を与えるには、具体的には、どうすればいいのでしょう。

＊＊＊

**教員**「Eさんは、戦後の大規模公害問題に関心を示していましたね。今日は、関連する事実を調査した結果とその分析にもとづく『建築的・空間的アイデア』を発表してくれるんだね」

**Eさん**「はい。戦後の数々の公害の中で、西淀川区は『公害健康被害補償法施行令（一九七四年／昭和四九年交付）』の第一号の適用を受けています。そして、日本最大の原告を数えたのが『大阪西淀川大気汚染公害訴訟』だとわかりました。一七年間の裁判を経て一九九五年に和解、二〇〇〇年になって、ようやく『矢倉緑地公園』という大気汚染対策緑地が整備されるに至りました」

**教員**「そういえば子どもの頃、よく光化学スモッグ警報が出て外で遊べなくなったぁ。それにしても、Eさんの幼少期には公害問題は沈静化の方向に向かっていたと思うけれど、どうしてまたこうした問題に関心を持ったの？」

Eさん「最初はこの河川敷という立地に関心を持ちました。その後、そこが先のような壮絶な公害との闘いの場であったと知り、そちらに興味が移ったのです」

教員「その興味の中身について詳しく教えてください」

Eさん「現在、この矢倉地区には、河川公園が整備され、何事もなかったかのような日常の風景になっています。そのことに疑問を持ちました」

教員「というと？」

Eさん「この場所には、元通りの自然な河川敷に戻してほしいと頼む権利があると思うのです。ところが、現状はそうした原状復帰が果たされていません。公園整備は人々の悲願だったそうです。しかし公害の悲惨な歴史を封印することにもなっています。それでいいのかという疑念です」

教員「なるほど。鋭い意見ですね。ところで、卒業設計の対象としてみた場合、どのように考えていますか？」

Eさん「卒業設計としての『テーマ』は地域再生、『主題』は、公害により一度汚されてしまったこの矢倉地区における真の再生ということになろうかと思います。『問い』は、矢倉地区の再生にかけた人々の切実な想いを刻み、反公害というメッセージを発信するにはどのような空間が必要か？　そして、その問いに答えるための『仮説』はいまのところ公害記念館としています」

教員「緻密に調査しただけあって、よくまとまっていますね。それで、その『仮説』としての公害記念館を設計する上での『建築的・空間的アイデア』はどのようなものですか？」

**Eさん**「ただ、『仮説』を設定するにあたっては、迷いもあります。つまり、元通りの自然を取り戻すということは、公害の記憶や痕跡は隠されてしまうということです」

**教員**「確かに、ジレンマは残るよね。それを自分の中ではどのように整理していますか？」

**Eさん**「まさにジレンマです。しかし、一度汚されてしまった歴史は消せない。逆に、そのことを通じて、人々の再生にむけた闘いという新しい歴史も生まれた。だから、この場所は、二度とこうした公害被害を繰り返さないために、何らかのメッセージを伝える使命も負った。そして人々の活動の記録はぜひとも伝えなければいけない。そのように考えて、計画に移ろうと思っています」

**教員**「歴史は未来へ開かれているべきとする考え方には全く賛成です。では、具体的な『建築的・空間的アイデア』について聞かせてください」

**Eさん**「はい。それは、公害のマイナスのイメージが刻印された煙突を、再生へのシンボルというプラスのイメージで建築化することです」

**教員**「そのこころは？」

**Eさん**「西淀川区が公害からの再生をめざして掲げたスローガンがあります。『手渡したいのは青い空』というのがそれです。かつては有毒な煙を吐いたこの煙突に、私の案では、今度は、この再生のスローガンである青い空へと人々をいざなう役目を与えようというのが骨子です」

**教員**「明快です。煙突に物語が生まれています。具体的にはどのように煙突を利用しますか？」

**Eさん**「まず施設は、地上階と地下階に低く配置します。その中央に、煙突状の円柱を配置し、これらの円柱の中に、空を覗いたり、空に向かって階段を上昇したりと、空とかかわるさまざまな空間を演出しようと考えています。そうすることで、ここを訪れた人々が、公害の事実を正しく知ると同時に、天高く空を仰ぎ見て、公害と向き合い闘った人々に想いを馳せ、地球環境や自分たちの町の未来を真摯に見つめる契機となってほしいと考えています」

＊＊＊

最終的に、Eさんが出した一つの結論は、この記念館は、公害の記録を単に陳列して啓蒙を促す類のハコではなく、その記念館自体が地域再生の一部となり得るようなリアルなものでなければならず、青い空を取り戻さんとする人々の決意を表すものでなければならないというものでした。その「建築的・空間的アイデア」が煙突というマイナスイメージのプラス転換だったのです。そしてその煙突を空という遥かな存在へと結びつけたことで、物語に広がりを与えることができたと思います。また、敷地内には、かつてこの地区の生命源であった矢倉新田が復活されるとともに、淀川との親水空間がさらに積極的に展開され、水や土を通じても着実な地域の再生を肌で感じ取ることができるような計画も施されました［Eさんのスタディ案（第4章132頁）と梗概（235頁）を参照］。

# 第4章

## 提案

# 作品を練り上げる

## 1　「建築的・空間的アイデア」は魅力的な形になってはじめて生きる

いよいよ、「建築的・空間的アイデア」を形ある作品に仕上げていきます。そのプロセスは、

①スタディ
②プレゼンテーション

の二つです。これらは、卒業設計のメインコースです。第1章、第2章での「テーマ」から「主題＝切り口」そして「問い」へ（食材選び・仕込み）、第3章での「建築的・空間的アイデア」の模索と展開（下ごしらえ）を受けていよいよ調理をします。ここが、もっとも時間と労力を費やすプロセスになります。旬な素材のもつ良さが台無しにならないように、飾りすぎず、最大限に可能性を引き出したいものです。残酷な言い方ですが、いくら「テーマ」や「問い」、「建築的・空間的アイデア」が面白くても、形になったものが魅力的でなければすべて台無しです。卒計生は、その覚悟で臨まないといけません。

ただ、これまで述べてきたように、作品は展開された思考のプロセスを素直に形にすることが大切です。きれいなレイアウトや面白い形、大きな模型を上手につくること、またCGで巧みに描く

ことなどが第一に重要なのでは決してありません。

## 2 スタディ

このプロセスでは、さまざまな条件や困難にぶつかり、それらをクリアしながら作品と呼べるレベルにまで高めていかなければなりません。そのためには、第1章、第2章で投げかけた「問い」に答えるべく、第3章で導き出した「建築的・空間的アイデア」に則って解決策を粘り強く探求することが重要です。苦し紛れの妥協は作品に必ず反映され、見苦しいものとなります。また、実際に手を動かしながら、その時々に訪れる「ひらめき」にも敏感に反応しなければなりません。スタディではそうした局面にしばしば出くわします。ただし、この「ひらめき」は、何もないところから突如降って湧いてくるのではありません。寝ても覚めても卒計のことを考え、スタディを繰り返している過程で、脳裏に刻まれたさまざまの複雑に絡み合った情報が、ふっとほどけてシンプルな形になって浮かび上がってくるようなものだと思います。そのことを肝に銘じて、そしてその到来を信じて地道にスタディに励みましょう。

この過程でも、よほど自信のある人以外は形から入らない方が良いと思います。柱や壁を流行の「デコンストラクティヴ」調に傾けてみたり、有名建築家のモチーフ（形や構成単位）を真似てみても、それだけでは全く意味がありません。しかもそれが稚拙な形態だったりすると目も当てられません。卒計生は、そのハウツーを真似る要領の良さではなく、自分が卒業設計を通じて何をメッセージとして表現したいのか、その強度で勝負して欲しいと願います。狙うのはあくまで「空間の質」であり、その空間を得るために筋道を立てて構築していくことが必要です。

その筋道には、いろいろな可能性と選択肢があるでしょう。ファサードの構成から入る人、ヴォリュームの検討から入る人、抽象的な概念を空間システムに転換することから入る人など、さまざまです。ちなみに、ル・コルビュジエは、外部空間も含めた配置計画と平面計画を重要と考え、次のように述べています。

> プラン（ここでは建築の平面［図］を指す）とは生成を促す力である（……）。プランが基盤である。プランを欠くと意図と表現の壮大さはない、リズムもヴォリュームも全体の一貫性もない。プランを欠くと、人間にとって耐え難いあの感情、無定形、貧弱、無秩序、恣意性などの感情が残る。
>
> プラン構成には最も活発な想像力が必要である。また最も厳格な規律が必要である。プランとはあらゆるものを決定することだ。つまり決定的瞬間だ。プランとはマドンナの顔を描くような綺麗なものではない。それは峻厳な抽象化作用である。それを見る目にとっては貧

弱な代数的数値への置換にすぎない。ところが、この数学者の仕事は人間精神のなかでも最高の活動のひとつとされているのだ。

（ジャック・リュカン監修、加藤邦男監訳『ル・コルビュジエ事典』中央公論美術出版、1997、384頁）

ル・コルビュジエが提唱した有名な「近代建築の五原則」の一つに「自由な平面」があります。その意図するところは、「建築的プロムナード（遊歩）」の豊かさです（コーリン・ロウ、松永安光監訳『コーロン・ロウは語る 回顧録と著作選』鹿島出版会、7－17頁、2001参照）。必要な諸室を機能的に並べていくだけでは退屈な計画にしかなりません。そのような静的なスタディではなく、実際に平面図の中に入り込んで、その中をどのように遊歩するか、想像力を働かせて計画してください。具体的には、自分がそのなかでどのような「空間の質」を狙っているのか、またそこを訪れた人々に、どのように過ごして欲しいのかなどに思いを致せば、スタディ図面や模型を展開していくことができるはずです。その際には、建物内部だけではなく、周辺敷地と内部をいかに関連づけるか、すなわち建築空間と場所との関係性を見い出すように意識して欲しいと思います。そうすることで、より開かれた深みのある案に向けてスタディできると思います。

以下では、具体的な作業と注意点を列挙していきます。特に、本書の主旨であるリサーチ、コンセプトメイキングと実際の作業との関連性に主眼をおいて説明をしたいと思います。

# Bさんの場合

**教員**「Bさんは、最初、地元である大阪府泉佐野市における『地域再生』を『テーマ』として調査を進めていましたね」

**Bさん**「そうです。地域の衰退をくいとめるために、繊維を中心とした地場産業を再生させる必要があると考えました」

**教員**「泉佐野と言えば、特にタオル産業が有名だね。ところが、地元に関する地誌的な資料を調べていくうちに、思いもかけなかった事実に出会って衝撃を受けた。それが、第二次世界大戦の際、防空飛行場用地として接収された村のことだった」

**Bさん**「はい。ある新聞記事に偶然目がとまったのです。そこに書かれていたのは、強制的に消されてしまった村の記憶を今にとどめる人たちが、当時の絵地図（図B・1、図B・2）を作成しているという話でした」

**教員**「それで、テーマを『土地の記憶の継承』に変更し、まずは『仮説』を『歴史資料館』とした訳だ」

**卒計タイトル**
「地図から消えた村——大阪府泉佐野防空飛行場用地（第二次世界大戦）接収村歴史資料館計画」

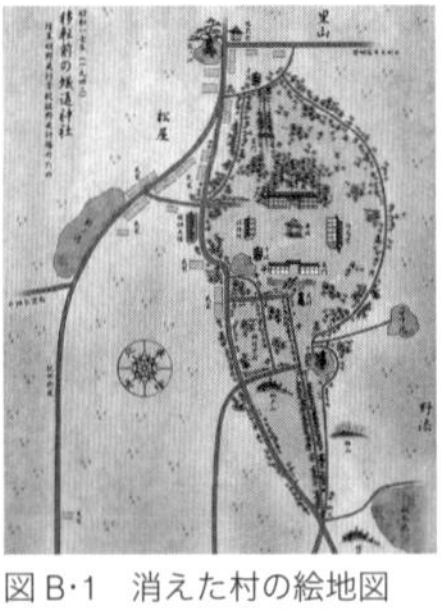

図B・1　消えた村の絵地図

**Bさん**「ええ。地場産業の再生に向けたソフト面（経営効率とか日本産高品質維持など）からのアプローチは、たとえば、経済学部や経営学部の論文としては興味深いと思います。しかし、そうした問題解決策からは、機能的な建築計画はできたとしても、それだけでは魅力的な提案にはほど遠いなと感じていたところでした」

**教員**「そうですね。卒業設計の場合は、地場産業の質そのものを云々するより、そうしたソフト面ともおおいに関わりを持つような、地元に固有な『空間の質』を問題にしないといけない」

**Bさん**「先生がよくおっしゃるように、『おいしいコーヒーを出すカフェ』ではカフェの『建築的・空間的アイデア』にはならない、というのと同じですね」

**教員**「その通り。具体的な形につながる『建築的・空間的アイデア』をうまく出せないと、作業が進まなくなり、『ハムスター状態』に陥るからね」

**Bさん**「わかってます。そうした意識がずっとあったから、記事を見たとき、『これならいけそう！』とピンと来たのかも知れません」

**教員**「それにしても、こうした絵地図や名勝図会などは、人々にとってその場所がどのような意味をもっているのかがよく示されていてとても興味深いね」

図B･2　消えた村の絵地図

絵地図出典：
〈作成〉塩谷幸雄、塩谷良運、家治好秋
〈協力〉木戸政幸、戸野茂、樋野修司、北山理、矢倉徳幸
〈作図〉村田准一（ダン・デザイン・ワークス）

Bさん「新たに『テーマ』に掲げた『土地の記憶の継承』というのは、そうした『生きられた空間』こそが問題だと思います。いわゆる『均質空間』的なものではなく」

教員「そうだね。ただし、抽象的になりすぎると独りよがりで観念的な案になってしまうから要注意だ。具体的な設計を進めるにあたっては、この場合、まず正確な現状把握が必要だね。その村が接収される前後でどのような変化が起こったのですか？」

Bさん「図B・3は、旧敷地図です（1934年頃）。線で囲われたところが村です。ため池が多いという特徴があります。中心には、鎮守の杜として蟻通神社がありました。次に図B・4は、防空飛行場を示す地図です（1947年頃）。図B・5は、その航空写真です。そして、飛行場の敷地範囲と滑走路を現状の地図に重ね合わせた図が図B・6です（2000年）。また飛行場跡地ツアーのための地図（図B・7）を見つけました。そこには、接収により、どのような史跡が残り、また移転されたのかが簡潔にまとめられており参考になりました。それを見ると、蟻通神社は村の中心から飛行場外へと移転されています」

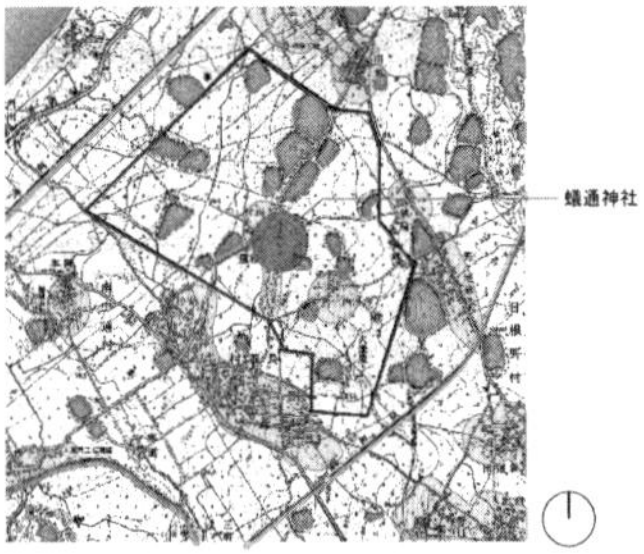

図B·3　接収前の敷地図（1934年頃）

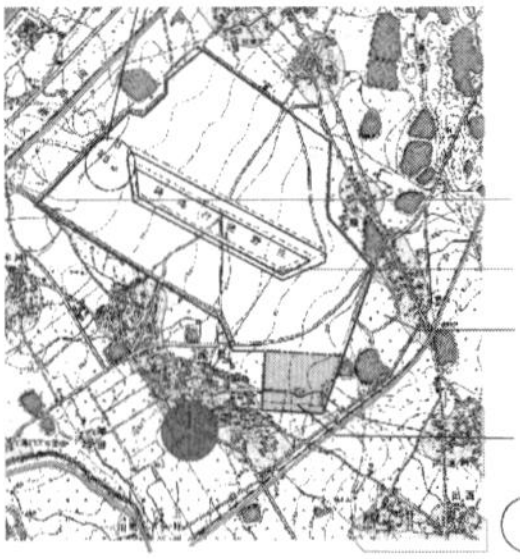
図B·4　接収後の防空飛行場の敷地図（1947年頃）

**教員**「古地図、航空写真、郷土関連文献など、幅広く資料にあたって村の変遷を跡づけてくれたおかげで、敷地の概要をとてもわかりやすく理解することができました」

**Bさん**「はじめは、大変だなと思ったのですが、やり出すと次々資料が出てきて結構はまりますね。ついついコンプリートしたくなります」

**教員**「いい感じだね。最初は、膨大な資料やデータを前に躊躇し、暗中模索な感じになるけれど、それらを眺めたり、読んだりしているうちに、どのように進めればよいか筋道が見えてきます。そうなると、面白いよね。また、その間に、今回のような思いもかけなかった発見があったりすると、本当にうれしい。まさに研究のよろこびですね」

**Bさん**「ただ、頑張って集めた割には使える資料は少ないです。かといって、どこまでやってもキリがないし……」

**教員**「それは、資料収集の常ですよ。そうした地道な労働と多くの資料にあたったという自信が研究の質を高めてくれます。その反面、『問い』と『仮説』の筋が良くないと、膨大な資料から有効なデータを抽出することができず、資料集めという手段が目的化してしまうので気をつけてください」

図 B・5　防空飛行場航空写真

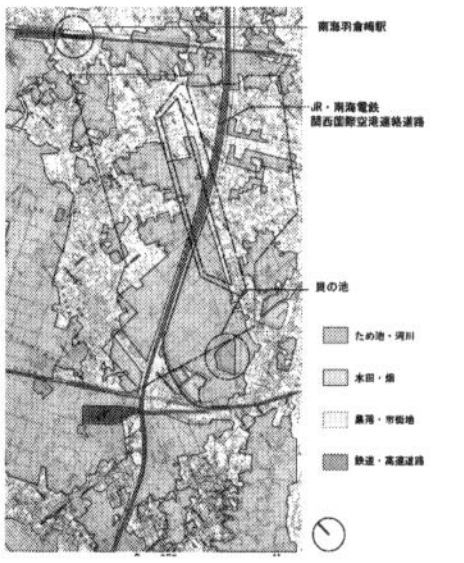


図 B・6　現況敷地図（2000 年）に防空飛行場の敷地範囲と滑走路跡を重ねた図

Bさん「はい。気をつけます。そして、できるだけ一次資料にあたること、ですね！」

教員「その通りです。では、今、説明してくれたような資料にもとづき、Bさんはどのように設計を進めていきますか？　その『建築的・空間的アイデア』を教えてください」

Bさん「消えた村、つまり飛行場跡地は現在、ＪＲ鉄道や高速道路の高架が通っています。その高架下（図B・8）を利用できないか考え、そこを滑走路のようなまっすぐな空地に見立てようと試みました（図B・9）。しかし、どうもしっくりきません」

教員「現状の都市インフラに、かつての飛行場の滑走路を重ねるという発想は面白いね。暴力的な感じも相通ずるものがあるし」

Bさん「ただ、巨大なコンクリートの柱が林立し、窮屈で陰気な感じがするので飛行場の空虚な開放感や消えた村ののどかさとはほど遠いと思いました。また、現状、すでにいろいろな物が整備されています。そこに、再度、飛行場の名残を無理矢理にかぶせてしまうというのは、地域を再生したいという問題意識や『テーマ』に反するのではないかと懸念します」

教員「大都市の高架下と異なり、探せば空き地はいくらでもあるしね。そうす

出典：平和のための大阪の戦争展実行委員会『大阪戦争遺跡歴史ガイドマップ①』日本機関紙出版センター、2001、75頁より

図B・7　防空飛行場跡散策マップ

図B・8　旧飛行場跡地に設けられたJR西日本鉄道と関西空港自動車道の高架

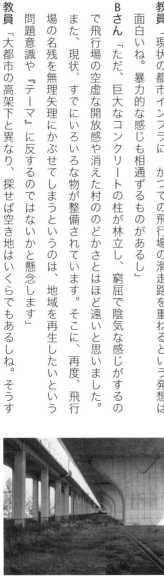

ると跡地自体に計画することは適切ではないと判断したのですね」

**Bさん**「そうです。同時に、そこで行き詰まりました」

**教員**「確かにそうだね。遺跡発掘ではないのだし、土地の記憶というその象徴性に着目するのであれば、必ずしも同じ敷地でなくてもいいわけだ。別の敷地であっても、そうした土地の記憶をいかに人々に追体験させるかが『建築的・空間的アイデア』として勝負になってくるね。先ほど示してくれた地図資料の中に何かそのための情報が読み取れるのでは？」

**Bさん**「たとえば？」

**教員**「Bさんが着目した滑走路だけれど、その軸線を別の形で視覚化するとか。飛行用防空壕やため池といった独自の要素を利用できないか、一度考えてみてください」

**Bさん**「なるほどであります」

＊＊＊

**教員**「敷地選びは進みましたか？」

**Bさん**「はい。旧滑走路の軸線という要素は計画に取り込みたかったので、軸

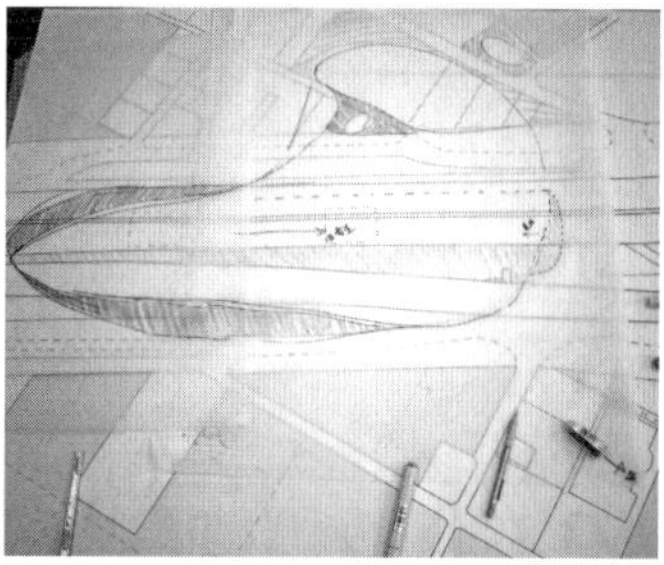

図B·9　旧飛行場跡地での初期スタディ案とスケッチ

の延長線上を調べてみました。すると偶然ですがとても面白い敷地が見つかりました（図B・10）。大阪府水道局泉佐野ポンプ場です」（図B・11、図B・12）

**教員**「地域の人々が利用する『歴史資料館』という『仮説』を考えると、軸線上にあるという点だけでなく、立地面でも駅や住宅街に近いことはメリットだね。規模的にも、大きすぎず小さすぎずいい感じだ」

**Bさん**「はい。防空飛行場となった大阪の三つの村の中で、泉佐野だけは水田の水を川から引いておらず、ため池が灌漑設備だったそうです。そのため、村と一緒にため池も無くなって、その復興にはとても困難が多かったそうです。こうした経緯もふまえて、この場所にかつての豊かな田園風景も再生したいと考えました」

**教員**「なるほど。単に空地だからとか、軸線上だからというのではなく、そうした背景にもテーマである『土地の記憶の継承』を見ようとしたのだね。さすがエース級のBさんだ」

**Bさん**「いやぁ、先生の指導が良いからですよ！」

**教員**「おいおい、よし、Bさんは合格決定だ！」

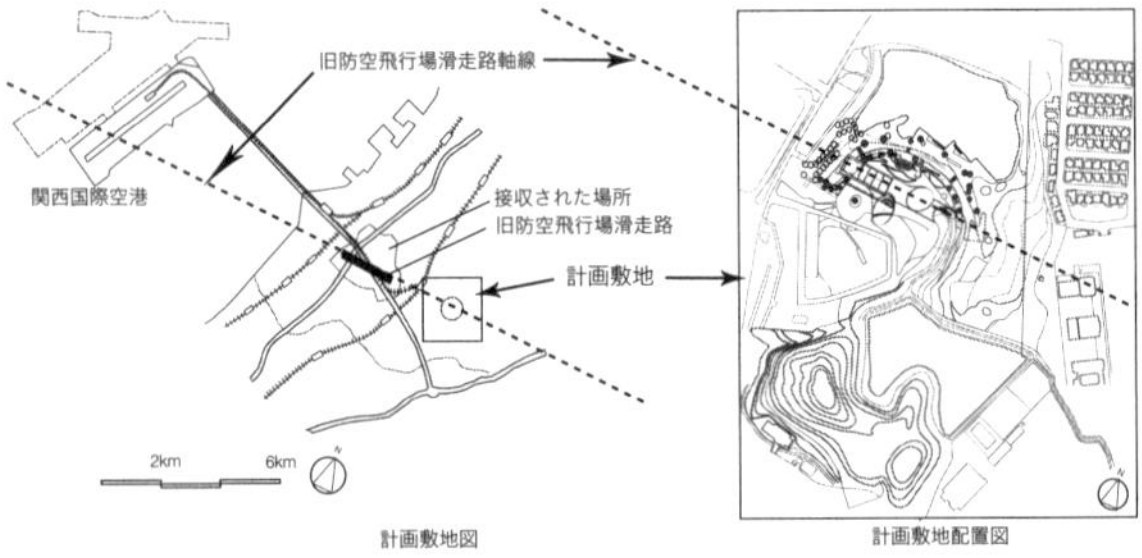


図B・10　旧飛行場滑走路軸線上に位置する計画敷地

＊＊＊

教員「では、改めてこの敷地では、どのような『建築的・空間的アイデア』が展開されていますか？」

Bさん「水田、ため池、ポンプ場というように水が一つのキーワードとして浮上してきました。そこで、まず、取り込むことに決めていた滑走路の軸線は水路として視覚化することにしました」（図B・13〜図B・15）

教員「無理やり接収された村に設けられた戦闘機用滑走路、その暴力的な記憶を、ここでは逆に、清らかな水の流れに重ね、消えた村の豊かな自然が土地の記憶と共に蘇ることを望んだわけですね」

Bさん「そうです。また、先生がおっしゃっていたように、防空壕という隠れるための洞窟を追体験してもらおうと考えました」

教員「軸線とおなじくらい、それは重要な要素だね。具体的にはどう利用するのですか？」

Bさん「残存する戦闘機用の防空壕（図B・16）の形を援用しました」

教員「おもしろいね。そのままの形というわけにはいかないから、サイクロイ

図B・11　計画敷地航空写真

図B・12　計画敷地の状況

ド曲線を用いて形態化したらどうだろう」

**Bさん**「サイクロイド？」

**教員**「そう。数学で習ったでしょ。円が一直線上を転がる際に、円周上のある固定点が描く曲線のことです」（図B・17）

**Bさん**「それだと、感覚的にならずに形を設計できそうですね」

**教員**「ところで、戦闘機用防空壕はどのような利用を考えていたの？」

**Bさん**「この計画では、再生された自然と施設をできるだけ一体的に見せたいと思いました。そこで、図B・16のような形を、施設の入り口や開口部のモチーフとして利用し、自然の中に隠れている感じにしたいと考えました」

**教員**「なるほど。逆に洞窟のような内部からは、外の光や再生された緑や水がまぶしく見えるだ

図B・13　旧滑走路軸線上の水路計画粘土模型

図B・14　旧滑走路軸線上の水路計画CG

図B・15　水路から滝となって水が流れ落ちる

図B・16　戦闘機用防空壕跡

ろうね」

**Bさん**「それらの開口部を、サイクロイド曲線を用いて建築化してみます」（図B・18）

＊＊＊

**教員**「立面の表情が豊かになったね。それと、水路が流れ落ちるところにもサイクロイド曲線を用いて、メインエントランスのキャノピー（庇）をつくったんだね」

**Bさん**「そうです。そこから滝が流れて、メインエントランスが水のスクリーンで隠されている格好です」

**教員**「流れ落ちる水はどうなりますか？」

**Bさん**「水は、滑走路の軸線を象徴する水路を流れ、飛行機用防空壕の逆形をしたキャノピーから落ちます（図B・19）。そして、資料館周辺に設けた水田や棚田に水をもたらします。そして、敷地全体に、飛行場建設によって失われた田園風景を彷彿とさせる豊かな自然が蘇生していくという計画です」（図B・20）

**教員**「よく自然との一体と簡単に言われるけれど、『土地の記憶の継承』を掲げたこの計画では、それはどのように考慮されているのですか？」

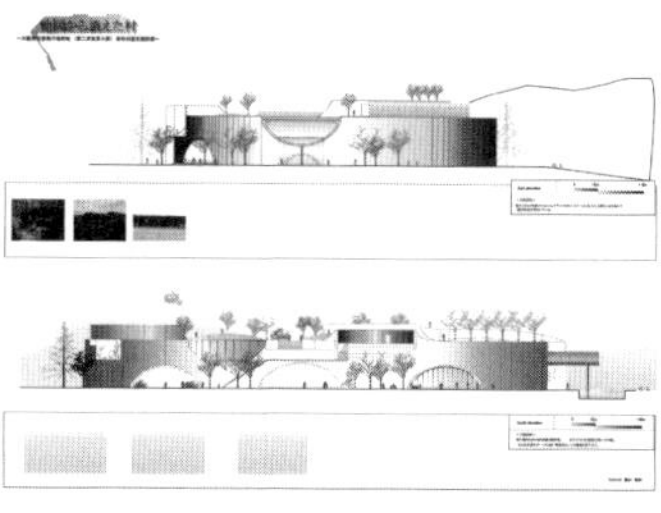

図B･18　立面図　サイクロイド曲線を用いて防空壕の形態を開口部として援用

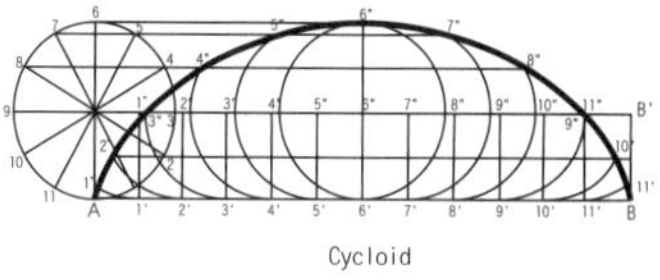


図B･17　サイクロイド曲線

**Bさん**「はい。敷地全体を緑でカムフラージュして、施設を地中に埋めることを考えています。そうして施設を大地と一体化させることで、自然の新陳代謝のイメージと接収された村の栄枯盛衰の経緯を重ねようと考えました」（図B・21）

**教員**「確かに、緑と水の豊かな田園風景の中でたたずむのは気持ちいいね。そこで、その場所の記憶に想いを馳せることができれば、遙かなる気分になれそうだ」

**Bさん**「また、建築する際に掘削した土を再利用し、山として再生するエコロジーな計画にもなっています」

**教員**「なるほど。でも、あまり無邪気に『エコ』を強調しすぎると、足下をすくわれるので、その点は十分に意識しておいてください」

**Bさん**「わかりました。気をつけます」

**教員**「配置計画にもテーマが十分配慮されていることはわかりました。平面計画では、どのような『土地の記憶の継承』がなされていますか？」

**Bさん**「はい。内部空間にも周辺の緑が浸透してくるように計画しています（図B・22）。そして、何よりも重要視したのは、鎮守の杜であった蟻通神社の存在です」

図B・19　メインエントランスキャノピーから流れ落ちる滝

図B・20　流れ落ちた水が周囲を蘇生させる

教員「まさか、神社を復活させるの？」

Bさん「違います。すでに神社は移設されています。滑走路の軸線の扱いと同じ発想で、その『空間の質』を考えてみました。そのとき、蟻通神社は村の中心としての象徴性を持っていたと思います」

教員「具体的にはどのように建築化しましたか？」

Bさん「施設の中心に、天井の無い広場を設けました」（図B・23、図B・24）

教員「そのこころは？」

Bさん「爆弾によって穿たれたヴォイドです」

教員「戦争を想起させる爆弾による穴と鎮守の杜との関係やいかに？」

Bさん「穿たれた穴からは、樹木に囲まれたほの暗いサンクンガーデンに光が差し込み、そこに神聖な空間が演出されることを期待しています。

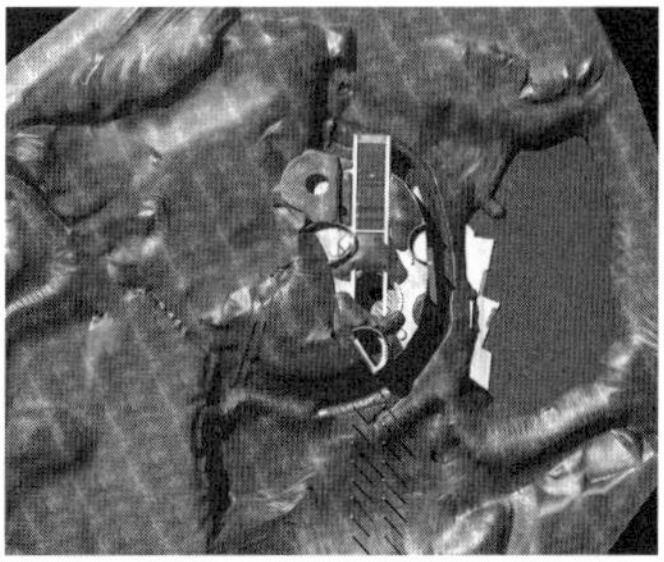

図B･21　配置図

図B･22　緑が浸透した内部空間

図B･23　施設の鎮守の杜としての広場

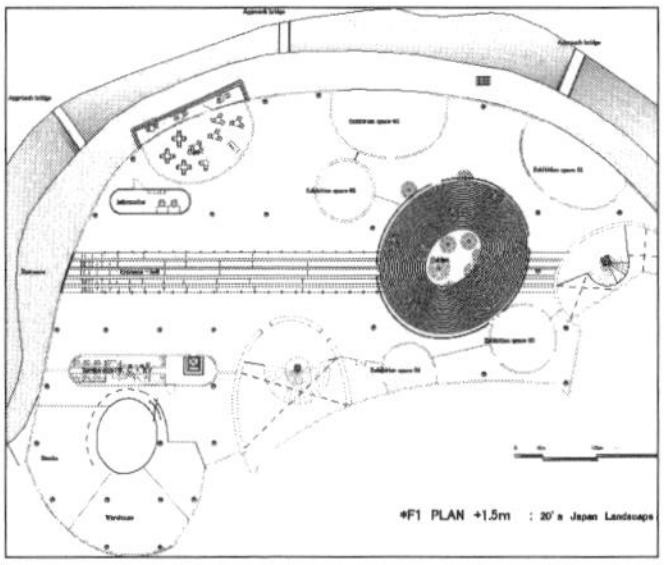


図B･24　1F平面図

サンクンガーデンは、多くの人々に親しまれた蟻通神社をイメージさせ、資料館ならびに計画敷地にとっての鎮守の杜となることを願っています」

＊＊＊

**教員**「大地と施設を一体的に計画するため、粘土模型でスタディをしたのは大正解だったね（図B・25）。何度もつくり直している間に、粘土での建築模型が本当に上手になりました。最終模型も粘土でまた一からつくり直したのですね。手作業風にならず、凜とした表情のある味わい深い模型に仕上がりましたね（図B・26、図B・27）。最近は敬遠されがちな粘土模型だけれど、CG（図B・28）との相乗効果で、Bさんのやりたいことが、とてもよく伝わってきます」

**Bさん**「ありがとうございます！　毎日、こつこつと粘り強く作業した甲斐がありました！」

＊＊＊

Bさんの案は学科優秀作並びに学長賞（全学優秀卒業研究発表会）に選ばれました。

図B・25　粘土模型によるスタディ

図B・26　完成模型展示風景

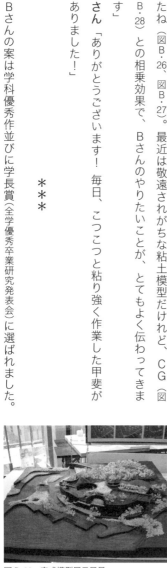

図 B･27　完成模型

図 B･28　全体図 CG

## STUDY 2　Eさんの場合

教員「スタディ・チェック前の儀式です。対話が有効にかみ合って、一つでも新しい成果が得られるように、これまでの流れをまずお互い確認しておきましょう」

Eさん「はい。『テーマ』、『主題』、『問い』、『仮説』を整理して、『建築的・空間的アイデア』をスタディ案（図面、模型、その他資料）に沿って説明する。その過程で、それらすべての内容を検証し修正していくのですね」

教員「そう。行きつ戻りつというよりは、スパイラルを描いて上昇するようにね。とにかく時間が限られているから効率的にやりましょう」

Eさん「『卒業設計コンセプトメイキング』に従って準備しておくと、先生との対話が建設的になります」

教員「素晴らしい！　Eさん、合格決定！」

Eさん「あざまし！」

教員「またＮＯＷいこと言うね！　前置きはさておき。Eさんは、漠然と『水と

卒計タイトル
「手渡したいのはアオイソラ――大阪市西淀川区矢倉地区公害資料館計画」

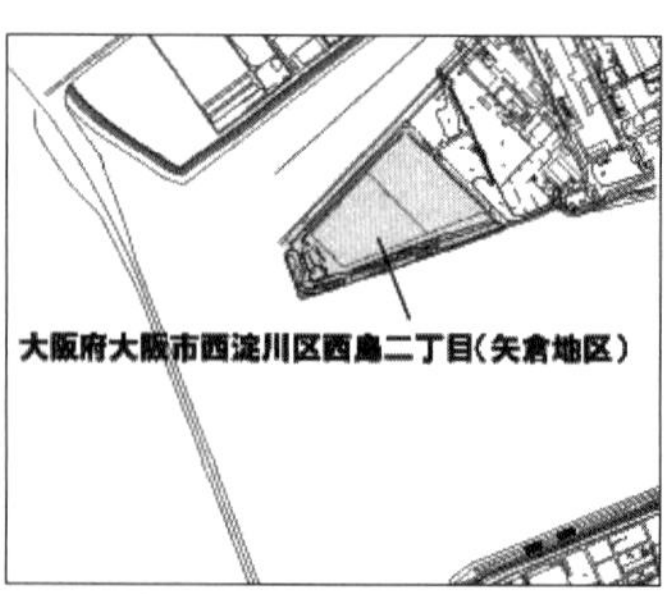


図E·1　矢倉地区敷地図

緑』を『テーマ』に、西淀川地区の河口で何か提案できないかと散策していた。ところが、その場所で起こった悲惨な公害の歴史を知り、テーマを『地域再生』に変更した。ですね？」

**Eさん**「そうです。淀川河川敷の『矢倉地区』には、のどかな風景が今は広がっています。『水と緑』という『テーマ』にはもってこいの敷地だ、なんて無邪気に喜んでいました」（図E・1〜図E・3）

**教員**「阪神臨海部を占める工業地域の中でも、特にそこは大気と水質と土壌の汚染がひどかったようだね」（図E・4）

**Eさん**「はい。大規模な公害訴訟にまで発展しました。この矢倉地区は、現在、大阪府内で唯一、コンクリートではなく自然石で護岸されており、大阪湾の自然生態保護への配慮もなされています。この緑地公園整備は、公害からの環境回復をめざした住民運動の悲願であり、また、周辺環境の浄化にも寄与する大変意義深いものです。しかしそれでも、公害からの地域再生を、こうした公園整備だけで済ませてしまって果たしてそれでいいのだろうか？　そういう疑問がふつふつと湧いてきたのです」

**教員**「公害の傷跡をいやすことは必要だけれど、見えなくしてはいけないと

図E・2　航空写真

図E・3　矢倉地区河川敷

Eさん「ええ」

教員「Eさんはいつも鋭いね。では、たとえば、断層跡を保存した震災復興公園の類でもお考えかな?」

Eさん「いいえ。元通りの自然な河川敷に戻すべきではないかと思うのです」

教員「どうやって? それに、元ってどこまで戻すの?」

Eさん「それは……公害汚染前の……そのもっと前の矢倉新田があった頃の……」

教員「仮に元通りになったとして、それでは公害の傷跡は見えなくなってしまうよ。それなら、Eさんが疑問に感じる公園整備とある意味同じことだよ」

Eさん「そこなのです。問題は……」

教員「ジレンマだね」

Eさん「ジ・レンマ?」

教員「いやいや、そうじゃなくて……。二つのことが矛盾して両立しないこと。また、その板挟みになって悩むことだよ」

Eさん「その通りです。身動きとれないです」

教員「Eさんのそうした問題意識や悩みはとても大切です。それがなかったら

図E·4　西淀川地区の公害　出典:小川仁示『西淀川公害·大気汚染の被害と歴史』東方出版、1988

卒計じゃない。でも完全な答えを求めようとしすぎると、そこから先に進めなくなるよ。正論だけど実効性がないと言われてしまう。だから、おかれた状況を一旦引き受けた上で、そこから何ができるだろうかと前向きに問うてみればいかがですか？　そのためにまず仮の答えとして『仮説』を建てて検証していく訳だから」

**Eさん**「すでに公害で傷ついた地区であるという事実を受け入れる。その上で、いかにすべきか（ＨＯＷ?）を考えるということですか？」

**教員**「そう。すると、壮絶な公害訴訟の舞台となったこの地区の使命というか、ここでしかできない可能性のようなものが見えてくるのではないか」

**Eさん**「被害を受けた方々の強い願いは、公害からの再生と同時に、出来事を風化させずに警鐘を鳴らし続けることだと思います。そう考えると、『仮説』としては、たとえば記念館や資料館のようなものになります。月並みですが……」

**教員**「そうだね。でも、歴史を引き受けて、現在に展示することだけではなく、未来へつながるような計画にすることは可能だと思うよ」

**Eさん**「それでもやはり、先ほどと同じジレンマは残りますね」

**教員**「どこまでもね。でも、じゃあ、何も建築しなければいいという話になってしまうよね。もちろん、国立公園のようにありのままの自然が美しい場所なら建築なんかしない方がずっといい。しかし、この矢倉地区は違う。公害という事実に鑑みて単なる公園整備で終わらせてはいけないという、現状とあるべき姿とのギャップ（＝取り組むべき課題）が見い出されている。だからこそ、当地区の真の再生という『主題』について、Eさんは何かを計画しようとしているのだから。建築することは、Eさんが思い悩んでいるように、何かを犠牲にする。そういう自己矛盾を建築はそもそも孕んでいるのではないかな」

**Eさん**「ジ・コムジュン……ですか……詭弁じゃなくて……」

**教員**「いやいや、そういうじゃなくて……。それにしても、キ・ベンとは、鋭いね、Eさんは」

**Eさん**「では、『問い』は、この地区において、日本最大規模の公害と闘った事実をいかに（HOW?）人々に伝えるか、という方向に転換します」

**教員**「それで考えていきましょう。『仮説』は、Eさんが言ったようにまずは『公害記念館』でいいでしょう。その上で、『建築的・空間的アイデア』を説明してください」

**Eさん**「公害のマイナス・イメージをプラスへと変換する［3章8節参照］ということを考えました。そこで、思いついたのが煙突です」（図E・5）

**教員**「なるほど。煙突というのは公害のシンボルだよね。それをどのようにプラスに転じさせますか？」

**Eさん**「公害復興にかけた人々のスローガンは、『手渡したいのは青い空』でした。そのことをふまえて、汚染ガスを吐き出した煙突を、復興のシンボルである青い空へと人々を誘う装置にするのです」

**教員**「具体的にどのようにするのか、説明してください」

**Eさん**「煙突の中から空を仰ぎ見ることができるようにします。そうすることで、公害からの再生を実感すると同時に、公害と闘った人々に想いを馳せることができると考えます」（図E・6）

**教員**「では煙突をどのように配置するかが勝負になりますね。案を見せてください」

**Eさん**「どうでしょう。一本だけ置いてみました。象徴的に」（図E・7）

**教員**「巨石遺跡の『メンヒル（直立長石）』のように、開けた大地に柱が一つ立つ

図E・5　西淀川地区にそびえる煙突。地域産業と同時に公害のシンボルでもある

だけで、その周りに象徴的な空間が生起するのを感じられます。確かにそのことはよくわかるのだけれど……ここでの煙突について言えば、その中から臨まれる空がより大切なのでしょう？　内部空間から外部である空につなぐ役目を煙突に持たせないとだめなのでは」

＊＊＊

**Eさん**「煙突と内部空間ということで、『ドルメン（卓石型巨石）』のように内部性を胚胎させてみました。先生の授業で習ったことを生かしました」（図E・8）

**教員**「『テキスト建築意匠』（平尾和洋・末包伸吾編著、学芸出版社、2006、66－67頁）を勉強してくれて、どうもありがとう。でも、応用の仕方が違うよ」

**Eさん**「建物の上に煙突が乗って象徴性が増すと思ったのですが……」

**教員**「こうなると象徴的というより、モニュメンタルだよ。ほのぼのしたお風呂屋さんの煙突みたいな。言うことは鋭いのに、実践することはゆるいのね。それに、この計画でめざされているのは、聖なる空間の象徴性ではない。工場の煙突なのだから。そこに公害からの復興という象徴性を帯びさせるよう

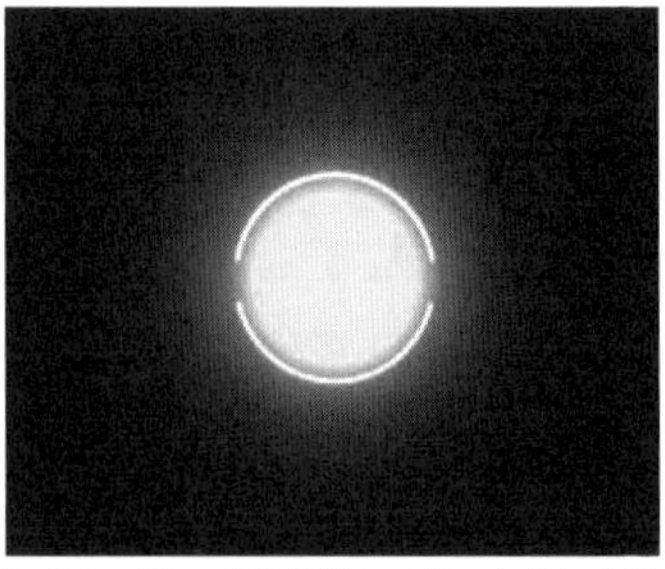

図E･6　CG　煙突内部から蘇った青い空を仰ぎ見る

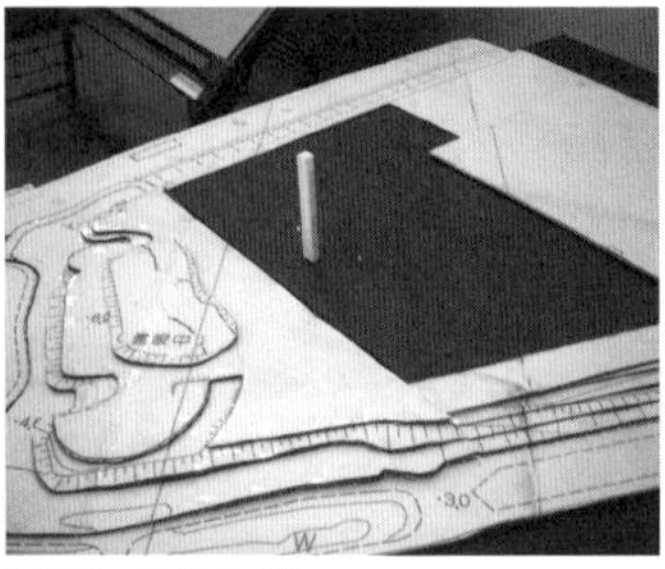

図E･7　スタディ案

にしないとね。もっと煙突を積極的に用いて空間を構成する方向で考え直してください」

＊＊＊

**Eさん**「どうでしょう。煙突にヒエラルキーを与えてみました」（図E・9〜図E・11）

**教員**「ヒ・エラルキーですか？」

**Eさん**「違いますけどそうです。太い煙突を一本中心に据えて、その周辺にそれより細い煙突を配列するパターンをいくつか考えてみました」

**教員**「問題ありだな。卒業設計の初期案に頻出するこういう中心と周縁の関係を単純化した構成は」

**Eさん**「単純じゃない方がいいのですか？」

**教員**「そういう単純な発想がいけない。単純とシンプルは違います。卒業設計の初期段階では、いろいろな情報が未整理に錯綜している。だから、通常は複雑な形になる。そこから、少しずつ余計なものが省かれてシンプルになる。それと同時に『空間の密度』は高くなっていく。ということは、最初にこん

図E･8　スタディ案

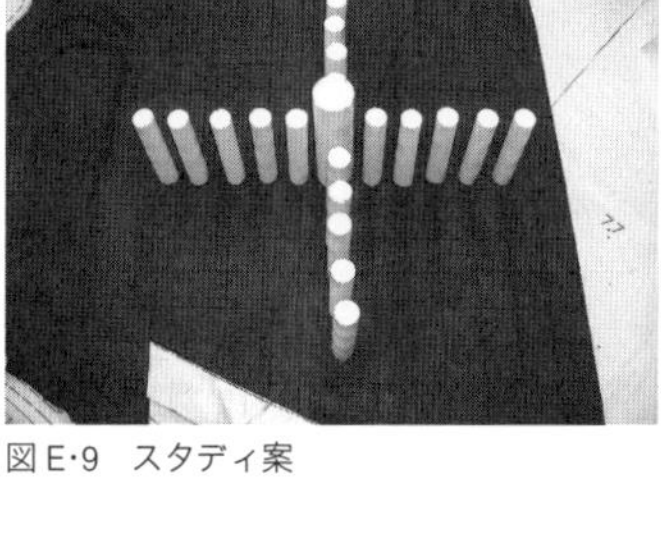

図E･9　スタディ案

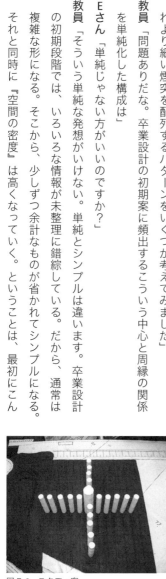

なに単純で稚拙な幾何学形態が出てくるのは、条件を十分にくみ取れておらず、あまり何も考えていないという証拠だね」

**Eさん**「他にもまだ同じようなスタディ案がいくつもあるのですが……どれがいいのやらさっぱりわからなくなって……」

**教員**「『形あそび』ならぬ『柱ならべ』になっている。このパターンに陥ると、Eさんが言うように、いくらでも形は出てくる。けれど、その割にはさっぱり前に進まない」

**Eさん**「ひょっとして、『ハムスター状態』ですか？」

**教員**「That's right!」

**Eさん**「ザ・ツライ と!?」

**教員**「だだっ広い野原に中心性を与えるのが目的ではない。敷地の形状を丁寧に読んで、煙突を配置することで場所の特徴をあらわにしてください。たとえば、伸びやかな河川敷、豊かな親水空間、二つの川に挟まれて海に向かって狭まっていく敷地の方向性、海と接する突端部分など、ざっと見ただけでも特徴が見て取れるよ」

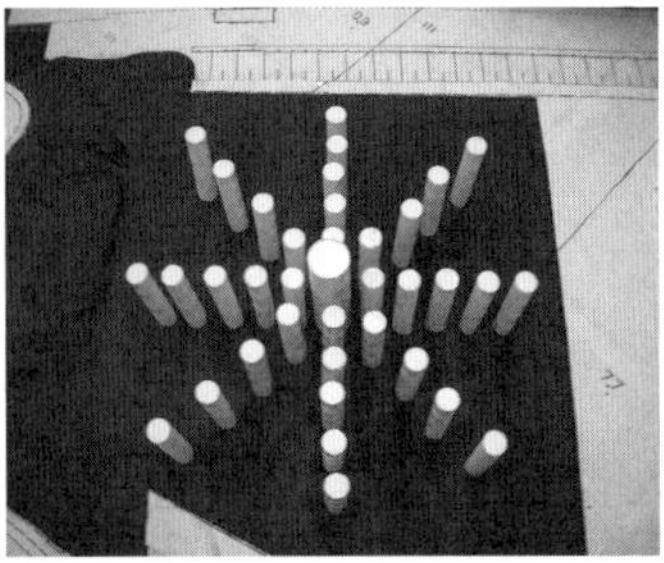

図E·10　スタディ案

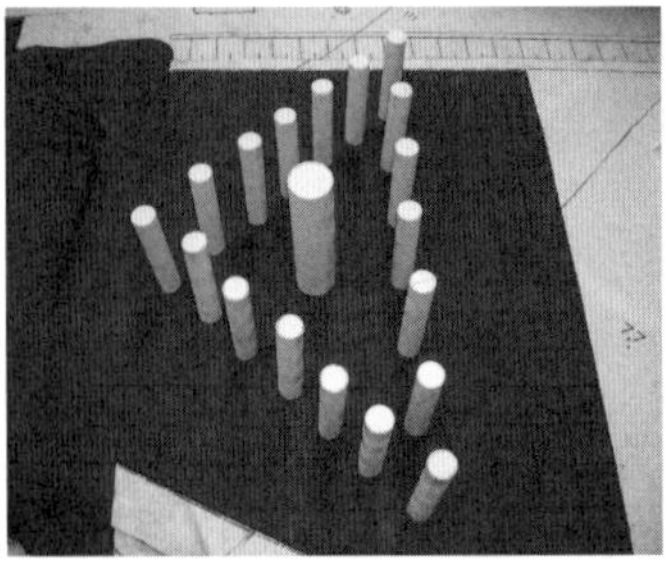

図E·11　スタディ案

＊＊＊

**Eさん**「煙突を分散させ、それ以外の要素も盛り込んでみました」（図E・12、図E・13）

**教員**「先の単純幾何学パターンは、図式的な一つの空間しか見えてこない。それに比べれば、今回の案には、少しは、ワンパターンではない空間が見えてきていると思うよ。でも、それは、円形やら台形やら長方形やらジグザグやら、賑やかなモチーフのせいだ。『空間の密度』が上がっているわけでは決してない。その証拠に、肝心の煙突は、いろいろな形の一つに堕してしまって、その効果は逆に薄れている」

**Eさん**「その『空間の密度』っていうのが難しいです」

**教員**「モチーフは極力シンプルにして、『空間の密度』を上げる、つまりは、『空間＝関係性』が多様に展開されるようにスタディしてほしいということです。それが『空間の質』をねらうことにつながります」

**Eさん**「ほんの少しわかった気がします」

**教員**「簡略化して言うと、『いろいろな形 ⇒ 賑やか』≠『空間／関係性の多様

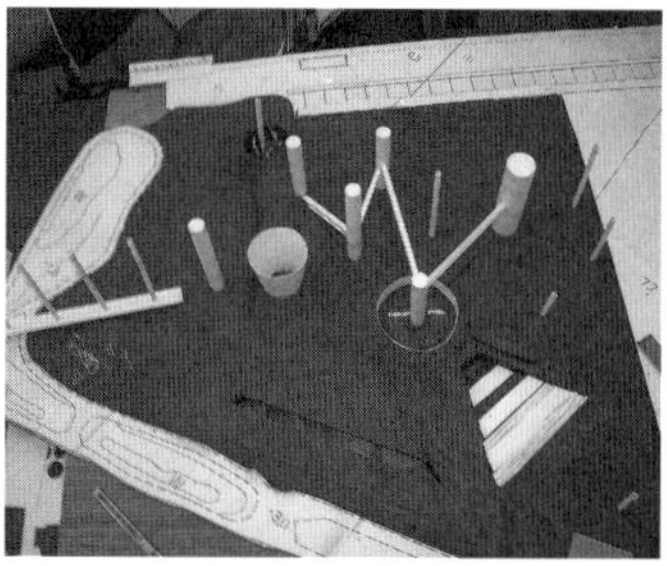
図E・12　スタディ案

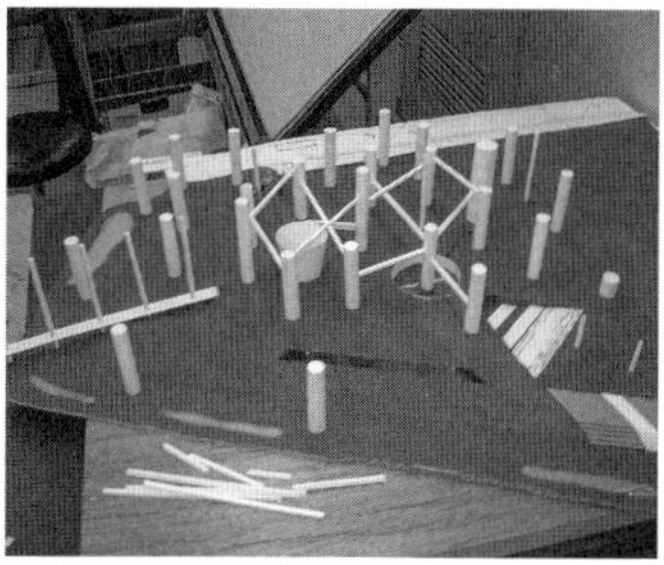
図E・13　スタディ案

さ⇓空間の密度が上がる』です。モチーフをシンプルにするために、一度、同じ太さ・長さの煙突だけで構成してください」

＊＊＊

**Eさん**「煙突を林立させてみました」（図E・14）

**教員**「地中に諸施設が入って、地上部にこれだけ煙突が立ち並んでいるのは壮観で面白いかも知れないね」

**Eさん**「いけそうですか!?」

**教員**「いや、全然。最初に『建築的・空間的アイデア』として導入した煙突の使われ方がまったく考慮されていないのでは？」

**Eさん**「煙突を並べることばかりに気が行ってしまって……」

**教員**「あくまで『空間の質』を狙いながら、スタディ（ここでは煙突の配置）をしていかないといけない」

**Eさん**「『建築的・空間的アイデア』は煙突内部から空を眺めてもらうことでした」

**教員**「そう。するとこれだけ多くの煙突の内部で、どこも異なる空の見せ方を

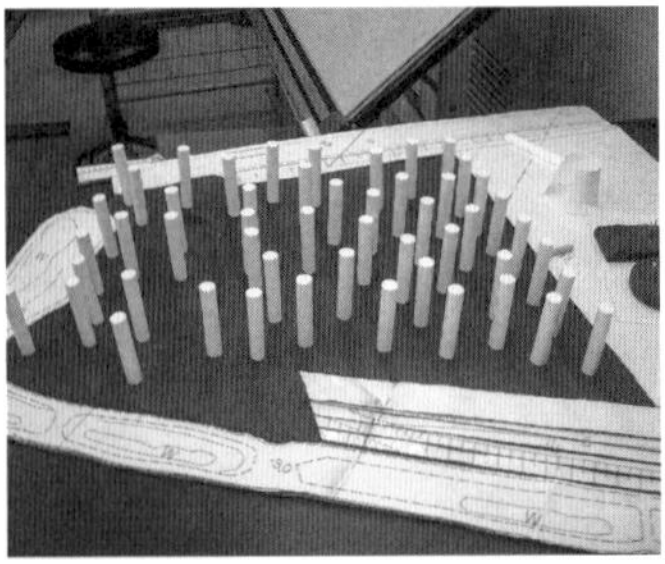

図E・14　スタディ案

演出できますか？　たとえ演出できたとしても、こんなにあると空を眺めることに退屈してしまい逆効果だと思います。もっと、煙突の数を絞ったらどうですか」

＊＊＊

**Eさん**「煙突を中庭に集め、施設の核としました。そして、そこにエントランスや図書室や研究室などの諸要素が関係するように構成したいと思っています」（図E・15）

**教員**「煙突の数を減らし、一か所に集中させたことで、敷地全体にメリハリがつきましたね。煙突は、立ち並ぶ工場のメタファーでもあるし、もっと、整斉と並べた方がうるさくなくていいね。別に川の中に煙突を配置しなくてもいいと思うな。これだけ豊かな親水スペースがあるのだから、わざわざ川の中までブリッジで出て行くのは、力業の割に効果が薄い気がするし」

**Eさん**「わかりました。外観的には、整然と立ち並ぶ高い煙突群がこの地区の復興のシンボルとして映えるように、周辺施設は低層にしようと考えています」

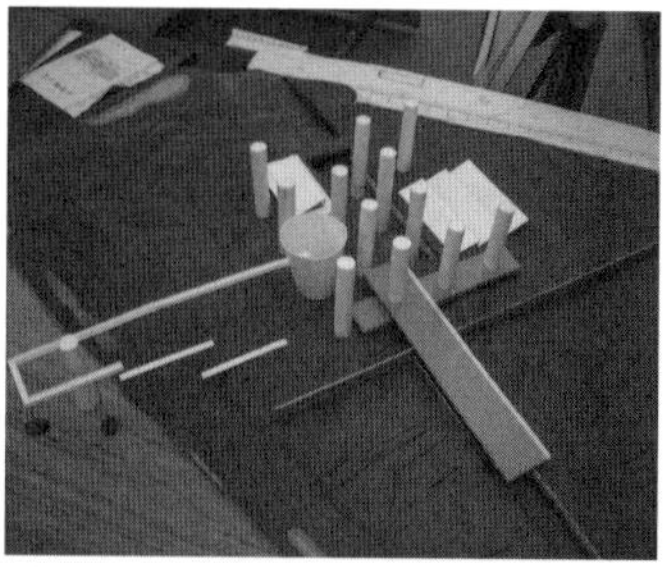

図E・15　スタディ案

**教員**「いいねぇ。同じボリュームの煙突を正方形グリッド上に整然とならべて、そのひとかたまりが施設の核となるようにする。ただし、煙突内部の使われ方は、すべて異なるバリエーションにしましょう。たとえば、内部に光を取り入れるスリットを煙突ごとに変えて、同じヴォリュームの煙突外観に表情を与える。また、そうした煙突内部は、昇降スペースに使ったり、公害の記録展示室にしたり、ただただ空を見上げる空間にしたり、瞑想の場にしたりと、さまざまに異なる演出を施しましょう」

**Eさん**「なるほど。煙突は四列四列の計一六本に絞りました。その程度の数なら、バリエーションも作ることができますし、観る人を退屈させないで済ますこともできると思います」

**教員**「そうすることで、モチーフはシンプルになっても、展開される関係性は多様になり、『空間の密度』は上がっていくはずです」

**Eさん**「その際は、どのような空間にすれば多様な関係性になるか『空間の質』を狙いながら、煙突という『建築的・空間的アイデア』を中心にスタディをしていくのですね」

**教員**「その通りです。模型制作上のハウツーになるけれど、Eさんの計画案のように、全体が幾何学的な構成（初期スタディ案のような稚拙な図式ではなく）になる場合は、模型の樹木も白発泡スチロール球を用いて、その表情が一つのデザインとして計画全体と響きあうようにすると効果的だと思いますよ」

**Eさん**「了解です」

**教員**「ところで、こうしてスタディを進める中で、『地域再生』という『テーマ』で最初に悩んだ点に関しては何か解決の糸口がつかめましたか？　つまり、公害の痕跡を残しながら、しかも元通りに戻していくというジレンマに対して」

**Eさん**「はい。施設周辺には新田（煙突群と同様に正方形グリッドが基盤）を設けます。それにより、資料館が公害の史実を未来へ伝える一方で、この新田では、公害汚染から蘇生された空気と水と土が新しい生命を育くみ、かつての『矢倉新田』をイメージさせます。必ずしも元通りにすることが重要なのではなく、現在において過去へも未来へも開かれていくような可能性を秘めた新しい計画にすることが大切だと思いました。煙突と共に新田はそのような形での地域再生の象徴となり復興へのスローガンであった「青い空」を未来へと手渡してくれると期待しています」

＊＊＊

Eさんは、「仮説」の段階では「公害記念館」としていました。しかし「記念館」という言葉に、「公園整備」と同じような違和感を覚えるということで、最終的には「公害資料館」としました。

こうして完成したEさんの作品（図E・16～図E・18）は、学科の優秀作に選抜され、『近代建築5月号別冊「卒業制作」』に掲載されました。

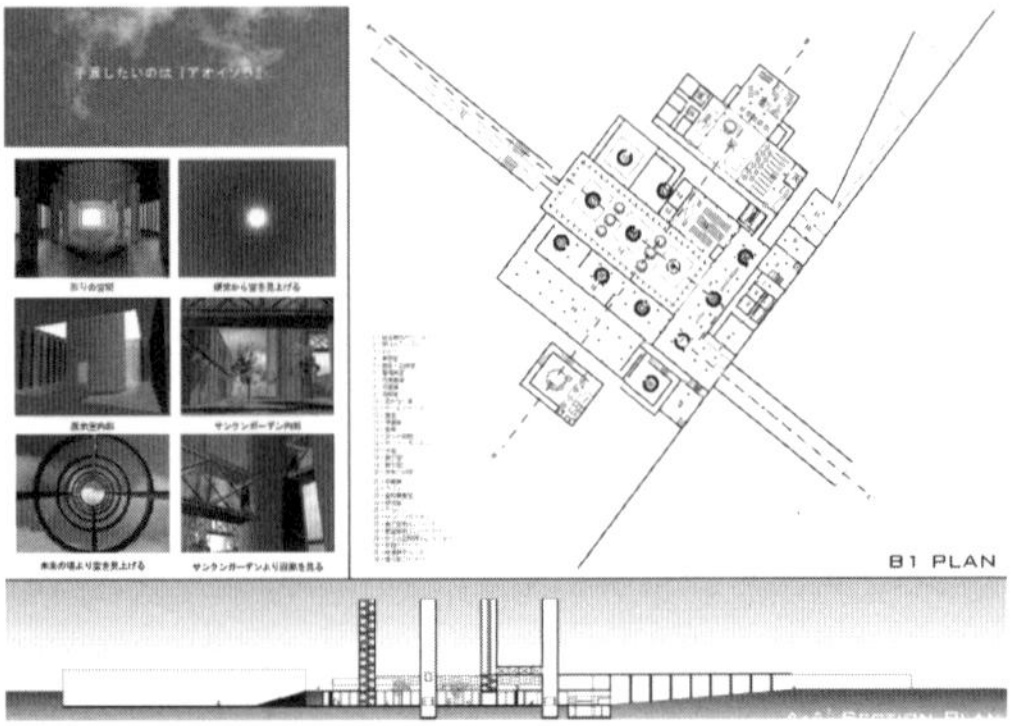


図E・16　平面図（地階）と断面図

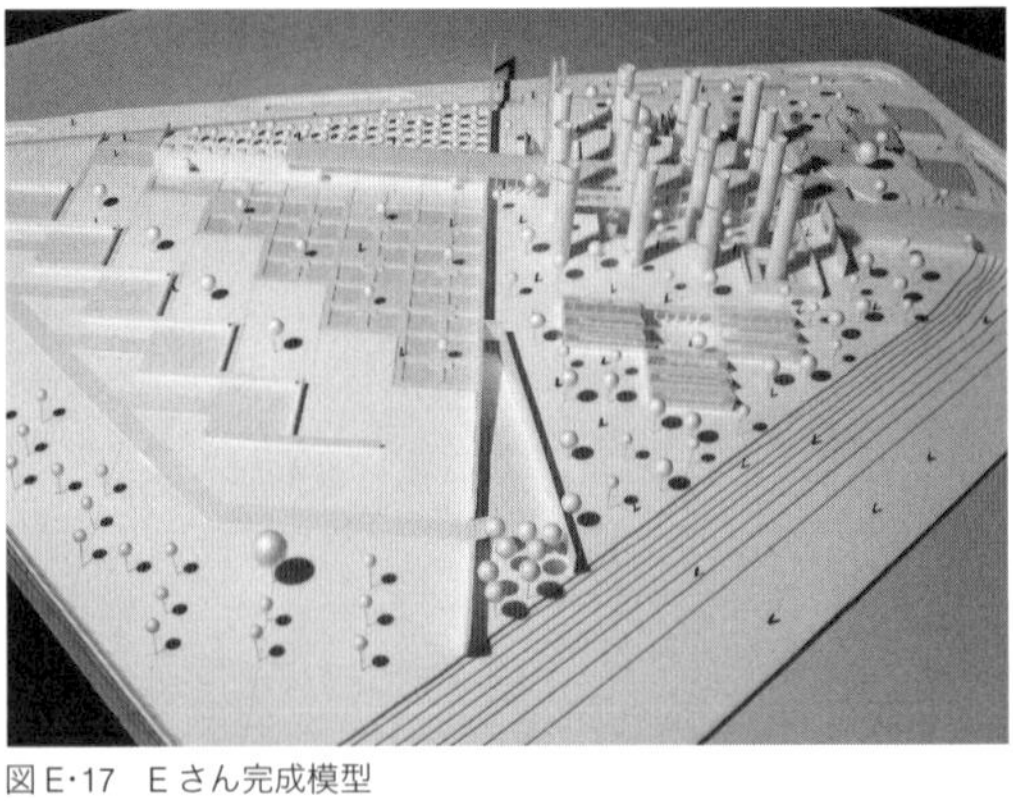

図E・17　Eさん完成模型

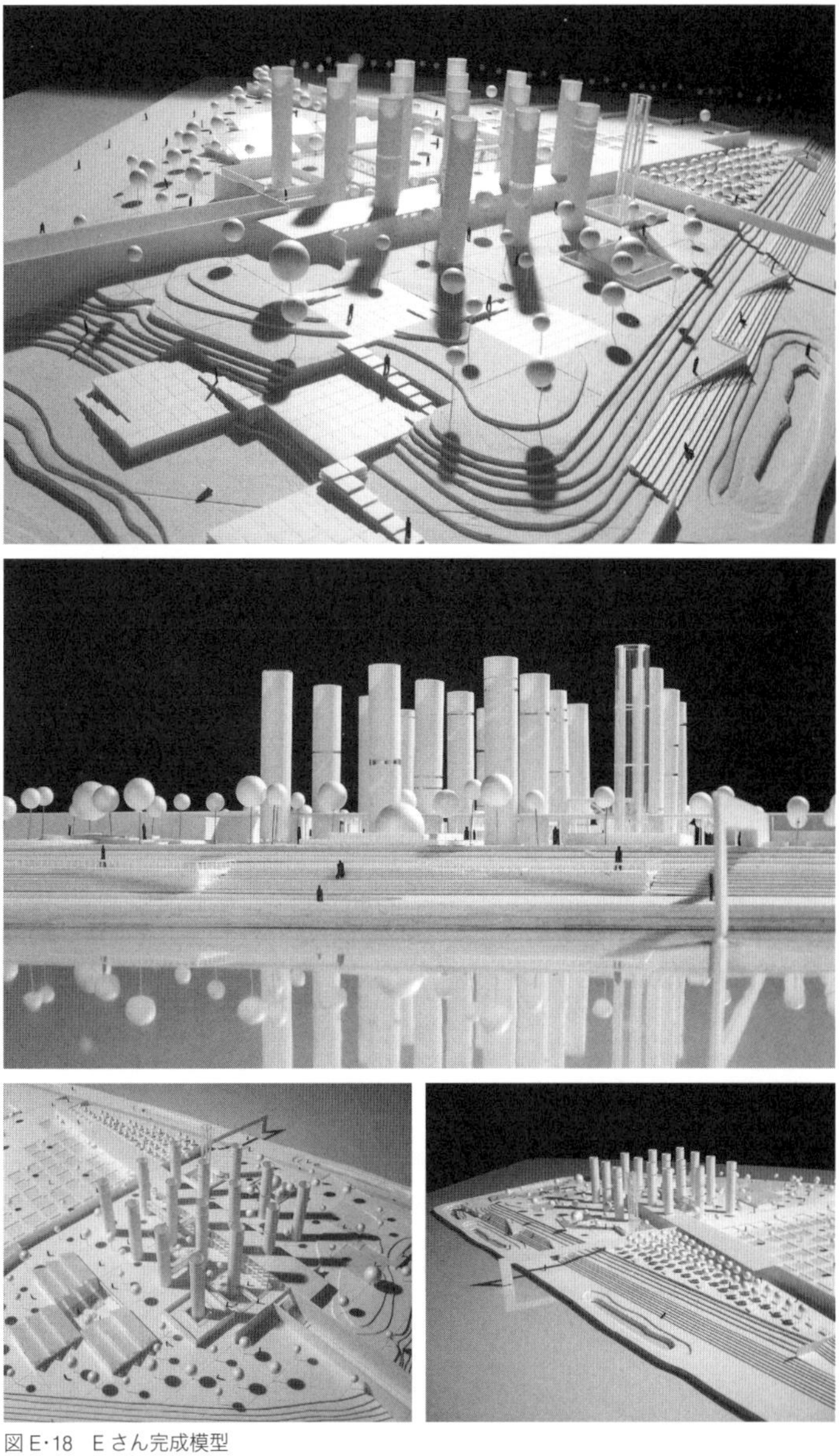

図E･18　Eさん完成模型

# STUDY 3　Fさんの場合

**教員**「網走刑務所帰りのFさん。お疲れ様でした」（図F・1）

**Fさん**「ご無沙汰です。大変貴重な時間を過ごしてきました。これからは、気持ちを新たに、日々卒業設計に精進します。ところで……例の白いブツです」

**教員**「おっ、『白い恋人』ですね！　ありがとう。そんなに、気を遣わなくていいのに。ちなみに、わたしが最近はまっているのは、北海道新名産『ROYCEポテトチップチョコレート』です。サブリミナルにお話しはしておいたつもりだったけれど……」

**Fさん**「あっ！　それが良かったですか！　すいません……『面白い恋人』と迷ったんですが……」

**教員**「いやいや、気にしなくていいんだよ。北海道土産の定番は、この噂の白い恋人だからね。ところで、秋の北海道はさぞかし景色も美しく、食べ物もおいしかったでしょう」

**Fさん**「はい。スタディの時期に、参照作品見学を兼ねた旅をすると有意義だ。

卒計タイトル
「光の射す路——大阪湾埋立地『新島地区』における刑務所の計画」

図F・1　網走刑務所裏門（移築復元）

先生がそう話されていたので、卒業旅行を前倒しにして友達と行ってきました。網走刑務所博物館では、全体の構成や内部の生活の様子など確かめたいことが幾つもあったので、収穫も多く、とても刺激的でした」

**教員**「秋は季節も良いし、学生の特権でオフシーズンに割安で旅行もできるしね。何より、スタディの途中で参照作品に実際に接すると得るものが大きいと思うよ。じゃあ、お土産をもらって早々で恐縮だけれど、スタディの話に移りましょう。せっかく吸収したことが賞味期限切れにならないうちにね」

＊＊＊

**教員**「いつものように、まずこれまでの流れを整理してみましょう。Fさんの計画は、無人の人工島（大阪湾）における刑務所です。敷地調査も参照施設見学も大変に困難な課題です。そうした状況下で、どのように卒業設計を進めていくかが一つのポイントとなっていましたね」

**Fさん**「はい。それでも、『手紙文例』［本書巻末、245頁参照］を下敷きにして、関連機関に施設見学と資料提供のお願いは試みました。また、必要な関連文献をあたり、類似施設を参照しています。今回の北海道旅行もその一環です」

**教員**「研究の端緒は、刑務所内で起こった受刑者暴行死事件のニュースだった。手始めにその背景を調べてみた。すると、日本の刑務所が抱える過剰収容問題に行き当たった」

**Fさん**「その通りです。近年の収容率は一〇〇%を越え、約七〇%の施設で収容定員をオーバーしていることがわかりました（図F・2）。それで、刑務所を『仮説』としたいとゼミで発表しました。しかし、『問い』が無いと先生からダメ出しされました」

**教員**「そうだったね。刑務所が受刑者で一杯だ。それが原因で暴力沙汰も発生しているらしい。だから刑務所をつくって処遇改善を図る。なるほど。しかし、その程度の問題意識では、卒業設計としては全然意義が感じられないと言いましたね」

**Fさん**「そこで、基本文献として、ミシェル・フーコー著『監獄の誕生―監視と処罰―』（1977）を教えていただきました」

**教員**「内容的にはずいぶん難しかったと思います。けれど、そこで扱われている『監視と処罰』（原文ではこちらが主タイトル）そして『矯正』といった権力による管理のあり方と建築との関係がつかめたと思います。その最も象徴的な

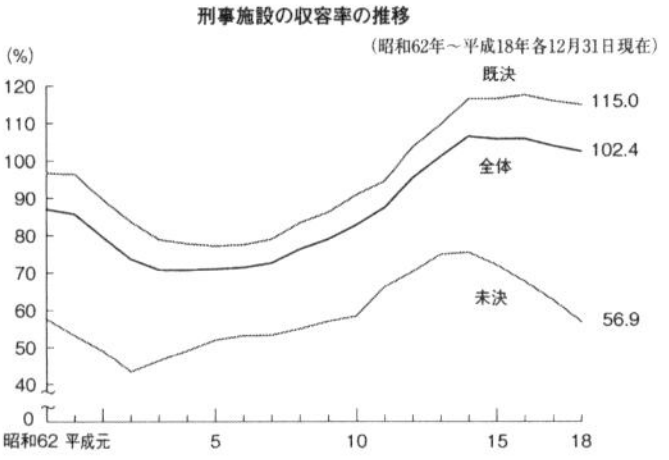


図F·2　刑事施設収容率の推移　法務省法務総合研究所『平成19年版犯罪白書のあらまし』より

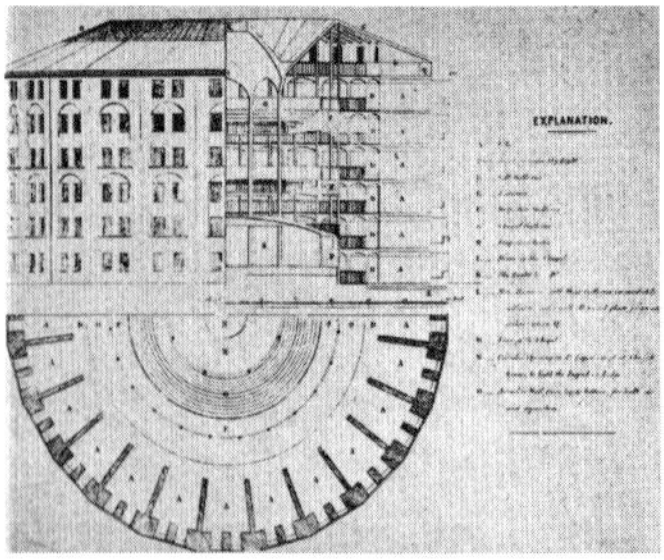


図F·3　ベンサムが考案したパノプティコン　ミッシェル・フーコー、田村俶 訳『監獄の誕生―監視と処罰―』新潮社、1977より

存在が、ベンサム（イギリスの法哲学者、功利主義の提唱者）が考案した『パノプティコン（一望監視施設）』です」（図F・3〜図F・5）

**Fさん**「それは、合理的な管理システムであると同時に、常に監視されているという恐怖が伴います。まさに、今日のネット社会そのものです。そこには、自分たちと異質な者を排斥するために、さまざまな境界設定が行われています。しかし、線引きする側とされる側は決して別々で無関係ではあり得ないということを学びました」

**教員**「それでFさんは、刑務所という存在も自分たちの社会の一部であり、隔離してそれで済ますことはできないのだという問題意識をもった」

**Fさん**「はい。そう考えて、大阪市近郊で敷地探しを始めました。その際、大阪湾に『フェニックス計画』という廃棄物最終処分場構想があることを知りました。それは、人々の出したゴミを埋め立てて人工島を造成する計画です。敷地とした『新島』（図F・6）もその一つです。ゴミを出してしまえばそれで終わりではない。どこまでもわれわれと関係してくるのだということを強く感じました。刑務所も、ゴミでできた人工島も自分たちの社会の一部である、そうした理由から、そこを刑務所の計画敷地に選びました。そして『テー

図F･4　パノプティコン　ステイトヴィル中央監獄（1935、アメリカ合衆国）ミシェル・フーコー、前掲書より

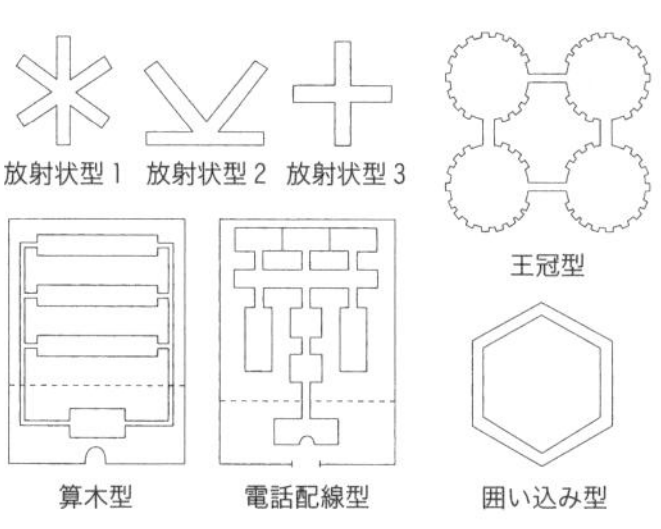


図F･5　監獄建築様式図　重松一義『世界監獄史事典』柏書房、2005より

マ』を『人間と土地の再生』としました」

**教員**「それで、『問い』としては、①罪を犯し、社会から隔離された刑務所に身をおいた人々が社会復帰するための空間とはどのようなものか？②廃棄物という見放されたものであふれた無人の土地を再生し光をもたらすにはどのようにすればよいか？を設定した」

**Fさん**「はい。したがって、『仮説』は『無人の人工島に建つ刑務所』という具合に敷地条件もふまえた形になったのです」

**教員**「同じく大阪湾の人工島を舞台に、先輩のSさんが火葬場を計画しています（図F・7、図F・8）。彼の案は、自分たちが出したゴミでできた人工島の上で、廃棄物処理を通じて変換されたエネルギーを利用して最終的には自分たちも火葬されるという計画でした。その際に彼が行った調査や考え方は参考になったと思います」

**Fさん**「実際には敷地見学は不可能ですが、Sさんの研究から大阪湾の人工島全般に関して多くの情報を得ることができました」

**教員**「ところで、現在の刑務所は、どのような傾向にありますか？」

**Fさん**「結局、刑務所の見学許可は下りませんでした。文献によれば、人権の

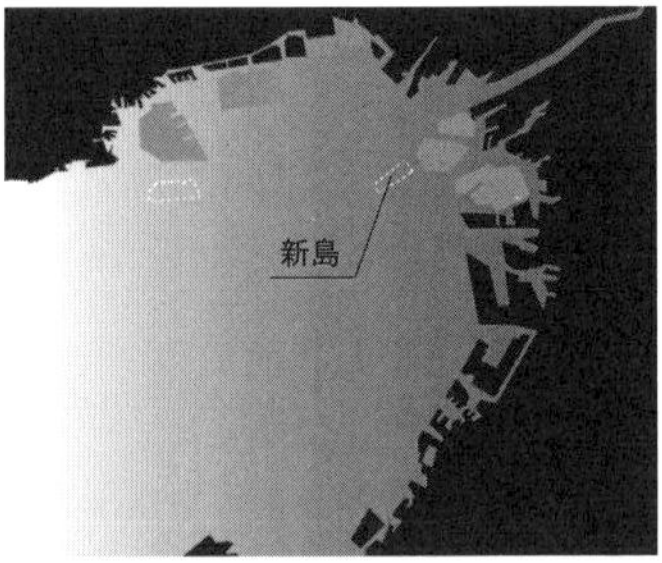


図F·6　大阪湾人工島「新島」の立地

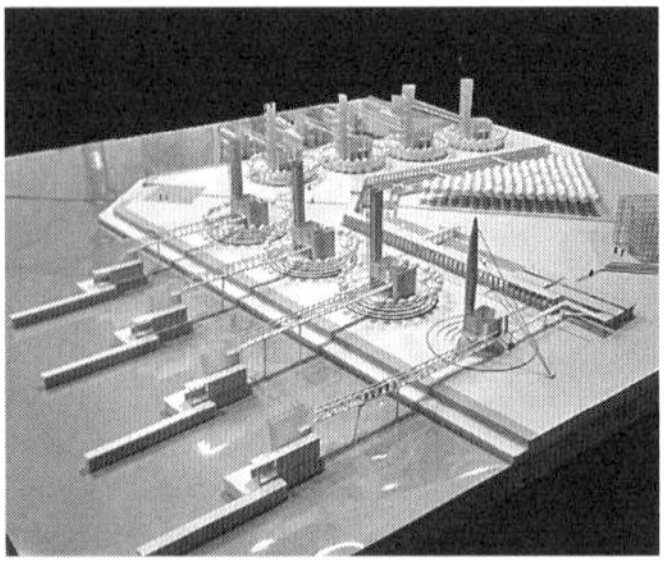

図F·7　Sさん卒業設計（人工島の火葬場）模型

面から、監獄の収容環境の改善は大きな課題のようです。所要諸室などの概要は、いくつか優れた既往研究（たとえば、重松一義氏の一連の研究）があり、そこから把握しました」

**教員**「見学できなかったのは残念でしたね。今回訪れた網走刑務所のように博物館化されていないと難しいかもね。たとえ、見学が叶わなかったとしても、何もアクションを起こさずに見学しなかったのとでは雲泥の差、卒業設計の迫力と説得力が違ってきますから、決して無駄にはなりませんよ」

**Fさん**「それでも刑務所の立地環境に関しては、実際に訪れてその周辺を調査してあります。また、和歌山（女子）刑務所ではバザーのような形で地域との交流が行われている日があり、内部も一部見学することができました。驚いたことに、外観も決して厳ついものではなく、周辺との調和が目指されているようでした」（図F・9）

**教員**「確かにこうした施設に対する考え方はやわらかくなっているように思います。以前、ある少年院の見学に伺ったことがあります。少年院ということで『建築的・空間的アイデア』としては『母のような施設』が提案されていました。実際には、母の乳房をイメージしたという勾配屋根の建物が二棟あ

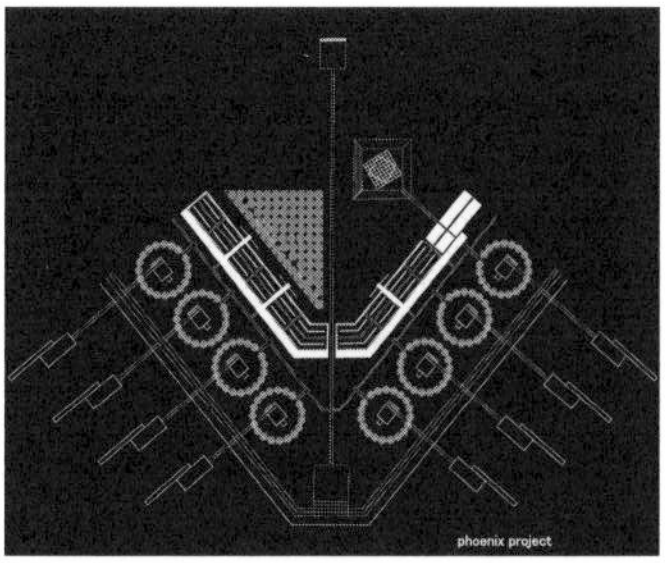

図F・8　Sさん卒業設計（人工島の火葬場）平面図

図F・9　和歌山（女子）刑務所外観

りました。また、施設のゲート部分は、出所時に社会へ出て行く新たな誕生の場所と位置づけられ、子宮のイメージで構成されているとのことでした。そう言われると、その部分は、わざわざY字型道路になっていて、その分離帯部分にはご丁寧に低木で植樹まで施されていました。ある意味すごいなと思いました。しかし、海のイメージの話を思い出して欲しいのだけれど［3章4節70頁参照］、そういう直接的な建築化は残念ながら効果的ではないと思います。もし『母なる家』であれば、その包まれた感じを中庭で表現するとか、Eさんのように空と関連づけて、遙かなる存在に開かれた場所を提案するとか、他にいくらでも表現の仕方があると思います。でも、施設の方々は大変気に入っておられました。きっとわかりやすいからでしょう。そういうことはよくあるよね。しかし、われわれはそういう直接的なやり方をしてはいけません。あくまで『空間の質』を狙ってスタディしましょう。ということで、いよいよFさんのスタディを見せていただきます。まず『建築的・空間的アイデア』はどういうものですか？」

**Fさん**「広大な何も無い人工島です。場所の特徴の無さが特徴と言えるような敷地です。明確な方向性もありません。そこで、人工の陸地と海との関係性だけを頼りに考えました。つまり、海を一般社会との窓口と捉え、人工島の陸側から海側へと向かう方向性を受刑者達の社会復帰の過程と重ねようと考えています」

**教員**「それは確かにアイデアだね。ただ『建築的・空間的アイデア』じゃない」

**Fさん**「早速、ダメ出しですね……」

**教員**「そのアイデアを建築的構成でもって具体的にどう実現するかが提案されていないからね。具体策も含めて始めて『コンセプト』と呼べるのだよ。どうやって敷地に方向性を出すか考えてください」

**Fさん**「では、海へ向かって計画敷地がすぼまっていく形にしてみます。さらに、内陸ほど高く、そこから海岸へ向けて次第に低くなるような高低差も設けます」（図F・10）

**教員**「またわかりやすいね。まぁ、いいです。ともかく、それでスタディを進めていきましょう。その過程で見えてくるものがあると思うので。まずは、スタディの指針となる大きな骨格のようなものを構成しましょう」

＊＊＊

図F･10　スタディ案

**Fさん**「施設を大きく二つの棟に分けました。一つは、重い刑を受ける者が収監される単独室（懲罰室を含む）、他方は、軽い刑や出所間近の者を対象とした共通室からそれぞれなります。『ロの字』型に構成された両棟の間には日常的な運動スペースや中庭を配します。敷地に与えた方向性に照らして、単独室棟が内陸側になり、共通室棟が海側になります。海辺にはエントランス広場も設けます。そうして敷地自体を四分割し、その間は大階段状（陸側が高く海側に低い）の通路で結合します」（図F・11）

**教員**「一応了解しました。しかし、共通施設や作業場が考慮されていないよ」

＊＊＊

**Fさん**「共通施設や作業場は、機能上、単独室棟と共通室棟の中間的な位置に欲しいです。しかし、うまく収まらなかったので、敷地の外にはみ出させて設置し、共通の中庭からアクセスするようにしました」（図F・12）

**教員**「卒業設計は敷地条件が緩く、おまけにここは無人の人工島なので、スペースには十分な余裕がある。しかし、必要なものを必要なだけ敷地を拡張して配置するようなことをやりだすと、そのうち、あらゆる計画がなし崩しに

図F·11　スタディ案

なり、全体構成に全く締まりが無くなっていきますよ。すでに今回の案では、海に向かう方向性が弱くなっている。建物内部の平面計画でも同様のことが言えますが、骨格の中に何としても入れ込むように粘り強くプランニングしないといけません」

**Fさん**「また、ダメ出しですね……」

**教員**「敷地外に出すとしたら、広大な面積を占めるグラウンドと農作業場だね。ただし、卒業設計では、配置図上にそれらの位置を指示しておけば十分だよ。主要施設に集中して、できるだけ大きなスケールでスタディしましょう」

＊＊＊

**Fさん**「共通施設・作業場棟を単独室棟と共通室棟の間におきました」（図F・13）

**教員**「社会復帰していく順に従って、三つのスペースを配置する。どうも図式的すぎるなぁ。共通室棟は海に向かって『コの字』に開けているけれど、中央の共通施設・作業場棟が敷地に対して新たな中心性を持ってしまい、単独室棟から共通室棟へと、海に向かっていく流れが滞っているように感じます。

図F・12　スタディ案

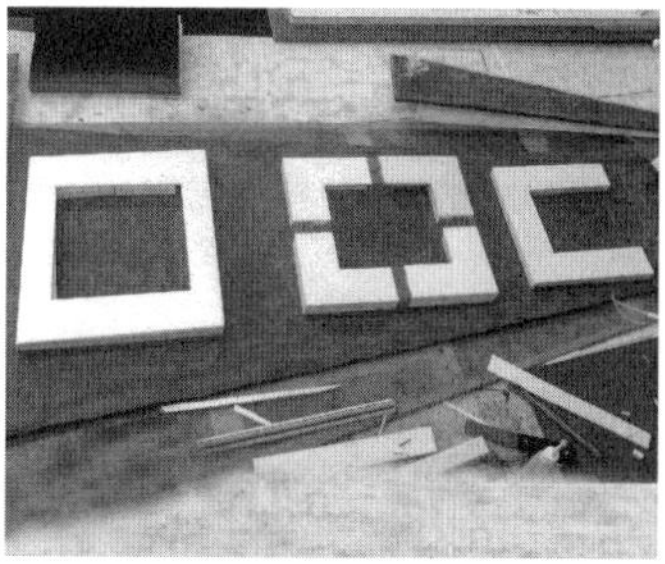

図F・13　スタディ案

まだ、ダメだなぁ」

**Fさん**「……Give up!」（図F・14）

**教員**「自分で自分にダメ出ししたらダメだよ。今一度、内陸から海側へという流れを明確にしてください」

＊＊＊

**Fさん**「円形の大きな広場の周りに、単独室も共通室も一緒に入れ込みました。また、海側には、共通施設・作業場を配します」（図F・15）

**教員**「方形『ロの字』型のプランから円形が出てきた。それで、一気に変化が生じて、何かできたように見えているのかも知れないけれど、海へと、向かう方向性が全くなくなったね。しかも、円形の広場が、ある方向に開かれているから、そちら側にも方向性が生じた。それは、最初に考えた敷地先端への方向性を無視して開かれている。形あそびとまでは言わないけれど、方形にしたから円形にしたからどうこうという問題ではない」

**Fさん**「またまた、ダメ出しなんですね……」

**教員**「でも、悲観的側面ばかりでもないよ。展開の可能性が見受けられるよ」

図F·14　スタディ案破棄

**Fさん**「えっ⁉　持ち上げてまた落とすつもりじゃ？」

**教員**「いやいや。そんな無駄な体力消耗のためにダメ出しをしているんじゃないんだよ。これまでは、施設のヴォリュームの方に関心が行っていた。しかし、二つの棟が一つにまとめられた結果、図らずして、単独室＋共通室棟と共通施設・作業場を接続するS字の通路がクローズアップされて見えます」

**Fさん**「円形の広場を完全に閉じるといかにも閉鎖的だと思い、一部開放したのです。通路も建物をめぐるように配置していくと、初めに設定した先すぼみな敷地に沿ってS字型になりました」

**教員**「それが、図らずしてなんだけれど。完全な円周の通路だと、そこで閉じてしまってまた海へという方向性を出すのが難しくなる。ここでは、先の方形案とは異なり、内陸から海側へというリニアな方向性は無くなった。代わりに、S字型に湾曲しながら海へと向かう新しい方向性が見える。そしてそのS字のくぼみを利用してそこに施設を配しているという風に逆に路をクローズアップすると面白いものが見えてくる」

**Fさん**「そう考えると、S字の路は海へ行くほど縮小して見えます。それは、少しずつ刑期が全うされ、海のところでゼロになるかのようです。何という

図F・15　S字型の通路が、図らずもクローズアップされたスタディ模型

か、マイナスファクター（刑期）がクリアされて行き、入所時に来た道を戻って社会復帰するというように持って行けないでしょうか？」

**教員**「かなり図式的だけれど、今言ったようなことと、その前に偶然クローズアップされたS字の路とを絡め合わせて考えると、たとえば『減衰曲線』のような形態を参照して、もっと意図的にS字の路をつくれないかな？」

**Fさん**「減衰曲線ですか……」

**教員**「そう。その形や波形が減衰して行く感じをうまく形態化してみてください。S字も減衰曲線もともに曲線だけれど、無人の人工島における刑務所というストイックな空間を演出するには、曲線よりも折れ線で減衰ラインを構成してみたらどうでしょう」（図F・16）

**Fさん**「わかりました。まったく予期していなかった形が見えてきて、少しブレークスルーした感じです！」

**教員**「スタディしている中で、何気に引かれた線が、幾何学の問題を解くかのように思わぬ展開を誘導してくれることがあります。それは、図らずしてなのだけれど、決して『ビギナーズラック』のような一回きりの偶然的幸運ではないと思います。それまでにスタディを繰り返している中で、書き込まれ

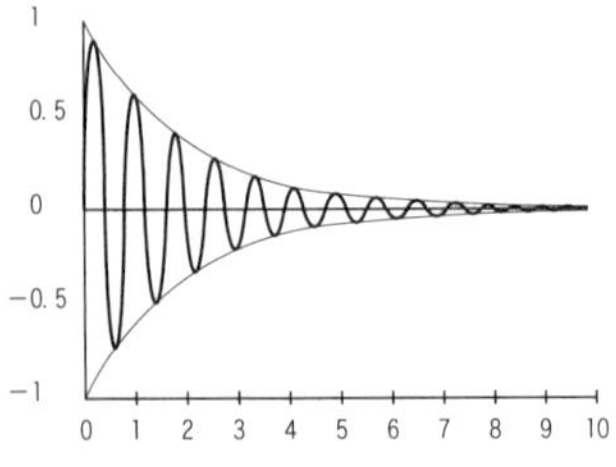


図F・16　減衰曲線

た様々な有益な情報が結びつけられるのだと信じたいです」

＊＊＊

**Fさん**「敷地先端のすぼまった方に向かって減衰していく一続きの折れ線を構成しました。その一本の通路を、減衰曲線のように、海（壁の外の社会への入り口）に向けて収束させます。受刑者がここに送られて来たときも、日常的な移動の際も、復帰して行く道程でも、この減衰折れ線状の路を歩くことになります。その流れに沿って、独立室、共通室、面会施設を配置します。また、それら施設の間に、風呂などの共通施設を挟み込みました」（図F・17）

**教員**「半円のモチーフは、先の案の名残だね」

**Fさん**「丸いのが気に入ってて……」

**教員**「いつまでも自分の過去のスタディやアイデアにこだわり続けるのを『思い出ストーカー』と呼んでいます。そうならないようにしましょう。また、モチーフをシンプルにする意味でも、折れ線という特徴をふまえて、すべて、直線的に構成してみてはいかがですか？」

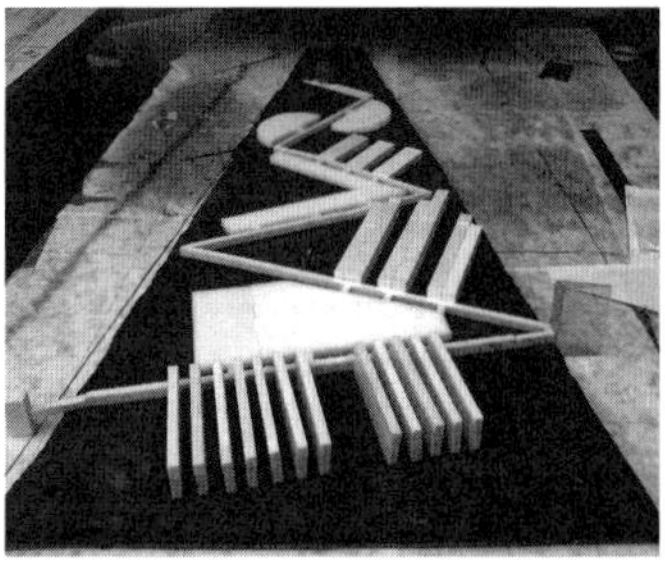

図F・17　スタディ案

Fさん「半円をやめて、すべて線的な要素で構成してみました」（図F・18）

＊＊＊

教員「意図はよくわかります。ただ、ちょっと要素が多くてうるさくないですか？ 若干、形あそびの気配も漂うし。何よりも問題なのは、一番大切な減衰折れ線が埋没してしまっていることだね。もっとスリムにしてください」

＊＊＊

Fさん「要素を絞って折れ線がはっきりするようにしてみました。また、刑務所を取り囲む塀を周囲にめぐらせました」（図F・19）

教員「折れ線沿いの施設は、ずいぶん整理され、肝心の折れ線が目立つようになりました。しかし、その周囲を塀で囲ってしまったので、折れ線のジグザグした形より、その大きな台形の方が目立ってしまっている。そうなると社会復帰と重ねられた減衰しながらゼロ地点（海）へと向かう流れが完全に弱くなってしまった」

Fさん「確かに。でも刑務所に塀はつきものかと」

図F・18　スタディ案

図F・19　スタディ案

教員「もちろんそうなのだけれど。最初に言ったように、必要だから付けましたでは所帯じみてしまって、ダメなんだよ。この減衰折れ線の特徴をうまく生かしながらその塀の構成も考えないといけない」

Fさん「またまたまたダメ出しですね」

教員「これまでのスタディをみてもわかるように、一続きになって、折り返しの線には塀・壁として機能を持たすことができる。だから、一本の真っ直ぐな長い壁を折れ線に挿入するだけで閉じた領域をつくることができるよね」

Fさん「その際、一番奥の単独室棟だけは囲われないですね」

教員「確かにそうだね。他のスペースのように、この単独室棟も折れ線に沿って一つにまとめてしまう手もあるね。でも串刺し状に配置されている方が海へという方向性は出るかもしれない」

Fさん「単独室棟の部分だけ、周りを大きく囲いましょうか？ でもそれをやると、また折れ線の感じが減少しますね」

教員「その通り。単独室棟は最も監視と分離が必要な棟だから、それぞれの棟を一つずつ囲うようにすれば、直線的なイメージが減らなくていいでしょう」（図F・20）

図F・20　スタディ案

**Fさん**「なるほど。わかりました。パノプティコン型とは違いますが、監視スペースは各折れ曲がりの所に配し、二方向の通路を監視するように計画します」

＊＊＊

なお、Fさんは「極刑の場」をどうするか悩みました。結果として、今回の計画では、死刑制度の是非は一旦保留して、現行法に準じその場所を設けました。その「極刑の場」は、施設の中で最も重い刑が執行されるところですから、構成のロジックに従えば、最も内陸部に設けられることになります。しかし、Fさんはその場所を再び海へと出して配置しました。それにより、「船着き場」と「極刑の場」という、減衰する一本の折れ線のその両端が海に開かれることになりました。そうして、「社会復帰の場」と「死に逝く場」という刑務所の両極において、海のもつ遙かなる存在が、互いに異なる「光の射す方向」へと人々を導いていくという「クライマックス」を演出することになったのです（図F・21、図F・22）。

　こうして何度もダメ出しを受けてもくじけなかったFさんの案は、学科の優秀作の一つに選ばれました（図F・23）。

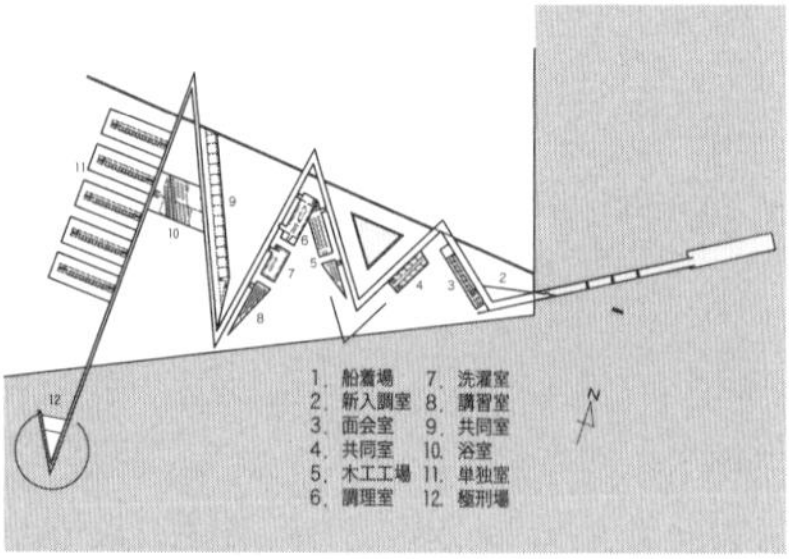

図F・21　平面図

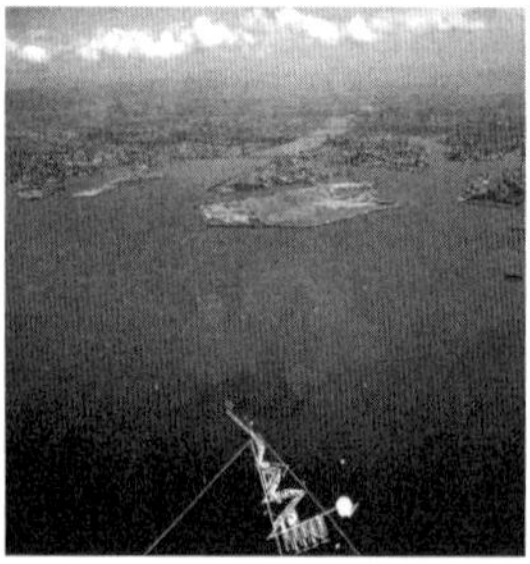
図F・22　航空写真へのコラージュ

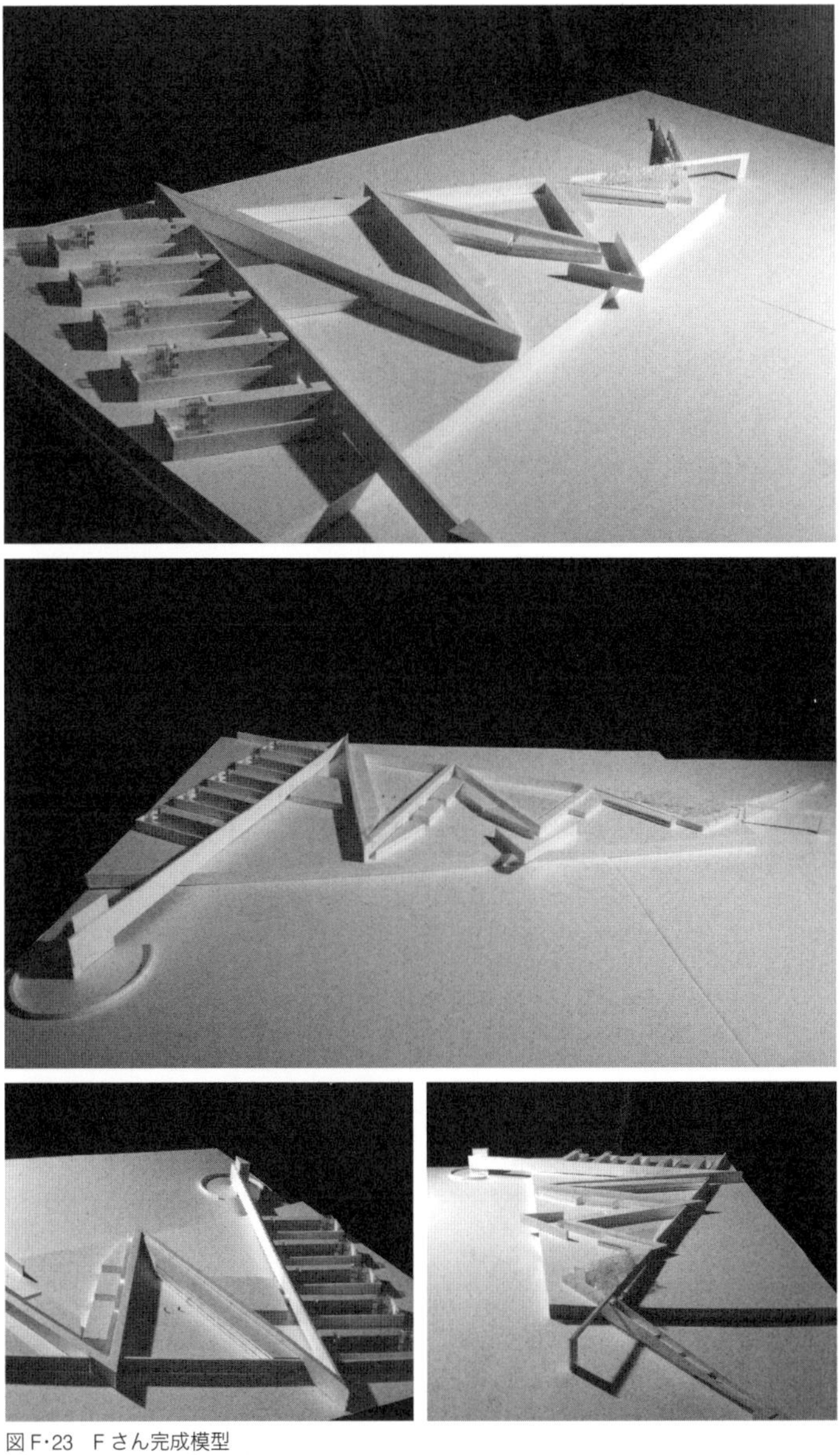

図F·23　Fさん完成模型

STUDY 4　Iさんの場合

教員「いつもクールに淡々と作業してますね」
Iさん「いえ、別に……」
教員「卒研はどうですか?」
Iさん「どうでしょう……」
教員「よろしかったら、テーマなど……お話しいただけたら……」
Iさん「『個のありかた』です」
教員「説得力ありますね。ポツンと一軒家、みたいな……」
Iさん「違います」
教員「失礼。では、こんなところに一軒家? ゴージャス!、みたいな……」
Iさん「……（無言絶句）……。『個と集合』です。余計な干渉なしに、個を大切にしながら共同居住できる場を考えたいです」
教員「良いですね。最近のシェアハウスブームや自分探しの田舎移住に違和感を覚えていたので、とても共感できます。渋いテーマだと思います」

卒計タイトル
「Omnibus ——心斎橋雑居ビル屋上に展開される単身世帯向けシェア街区」

Iさん「ありがとうございます」

教員「シェアハウスって要は寮ですよね。寮住まいの経験ならあるけれど。ドラマのようなラブを期待してたら、出会ったのはトラブルだったとか。また、都会に疲れ、新鮮な空気を求めてやっとの思いで田舎に移ったら、意識高い系が先乗りしていてかえって息苦しくなったとか、なかなかのホラーですよね」

Iさん「寒気がします」

教員「お気持ちシェアさせていただきます。では、どのように具体化していきますか?」

Iさん「決まってないです。(スタディ案を見せながら) 人の少ない地方の街に個人向けの居室をもつ集合住宅を計画するようなイメージしかまだ……」

教員「それだと、普通のシングルユーザー向け集合住宅以上のものがないですね」

Iさん「確かに」

教員「地方や田舎に行けば自分らしさが取り戻せるとか、個が大切にされるというのは幻想だと思います。都会と田舎や、都市と自然など、二項対立的に物事をとらえない方がよいと思います。ステレオタイプを脱するために、そうした先入観や偏見をエポケーすることは、リサーチの重要な意義の一つですね」

**Iさん**「よく音楽を聴きながらポケーとしていると言われます」

**教員**「もっと自分の想いに寄り添ってあれこれ言葉にしてみたら、しっくりくるイメージが湧いてきませんか？」

**Iさん**「そうですね、個と言っても仙人をめざしているわけではなく、そんな崇高孤高の特殊な個ではなく、もっと日常的で、良い意味で平凡な個だからこそ多くの共感を得るような……」

**教員**「なるほど。ミュージシャンのユーミンさんがあるテレビ番組で、超一流と三流の違いについて的確な指摘をされていて、さすが、まっとうやなと感心したことがあります。三流は個別であろうとして無理に気をてらうので、かえって既視感のある陳腐な曲になってしまうのに対して、超一流の人は、どこにでもある日常の風景の中に、これまでにない新しい切り口を見つけ、それを多くの人が共感できるメロディーに乗せることができるからヒット曲が生まれるのだと」

**Iさん**「深い話ですね」

**教員**「Iさんの関心も、「個と全体」や「聖と俗」の一元論というテーマにも発展できそうですが、あまり観念的に考えすぎると進まなくなるので、具体的な場所から検討してみたらどうでしょう」

**Iさん**「なんとなく人里離れた場所を思い描いてましたが、お話を伺っていると、むしろ多様な人が集まる都会の方がイメージに近い気がします」

**教員**「人ごみの中に個がおかれているのに、都会はときに「砂漠」に喩えられたりもするので、「個と集合」というテーマには都心の方が合いそうですね。Iさんのクールな感じにもぴったりな気がします。一度、地元、大阪の都心で敷地候補を検討してみてください」

**Iさん**「わかりました」

**教員**「ちなみに、大阪の都心は今、キタ（梅田界隈）とミナミ（心斎橋・難波界隈）の2極に加え、新たにもう1極、超高層ビル「あべのハルカス」や「Q's モール」、「てんしば」など整備が進む「天王寺・あべの」が台頭してきています。決め打ちせず、それぞれの雰囲気の違いも感じながら広い視点で敷地候補を絞っていってください」

## ＊＊＊　大阪都心部のリサーチを経て　＊＊＊

**Iさん**「古地図や古写真と比較しながら大阪の都心3極を街歩きしてみました。いずれも、鉄道や街路、広場、河川など水平方向の「都市組織」的なレベルでの継承と変遷が把握でき歴史の重層性を感じることができました。特に、水都大阪再生の一環として、道頓堀川に遊歩道が整備されて、川沿いが街の裏側から表側へと逆転している点が印象的でした。またそこにテラスなどが設けられて建物の内外の境界をやわらかくつなぐ人の居場所ができていて、独り歩きしていても心地よかったです（図I・1）。他方、垂直方向の建築類型的なレベルでは、既存の建物は相当数解体され、高層化が進み、街並みという意味では大きく変化していました。ただし、そうした状況でも関心を惹いたのが、高層化と同時に上層階を展望室や屋上庭園として開放していることです」（図I・2）

**教員**「都市の従来の表／裏や内／外が逆転したり、路面重視から高度利用への価値転換など、鋭いところに着目しましたね。表裏、内外や上下など二元論的に分かりやすく捉えられがちなものが、実は不可分に一体で、その価値観

図I・1　道頓堀川整備前後

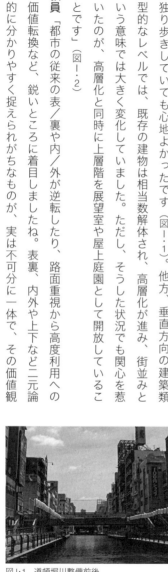

が常に反転しうるというのは、Iさんのテーマである「個と集合」もしくは「個と全体」にも通じますね」

**Iさん**「それならよかったです」

**教員**「ところで、計画敷地の候補や如何に？」

**Iさん**「現地調査での印象と先生のご意見を踏まえると、道頓堀川周辺の高層ビルの上層階に個が集住する場所をつくるというのはどうでしょう？」

**教員**「面白いと思います。ただ、そうしたビルの上層階は見晴らしもよく、賃料も高く、相当リッチな独り者しか住めないと思います。トランプタワーが隣接するティファニービルの「空中権」を買って高層階の眺望を満喫しているという make great な話は有名です（図I・3）」

**教員**「相当リッチな漫喫ですね」

**Iさん**「「空中権」については、「東京駅復元」に関連して講義でも学びました（図I・4）」

**教員**「講義が卒研に生きて何よりです。最初に適用されたのはニューヨークのグラン・セントラル駅で、空中権を買って隣地にメットライフ／PANAMの超高層ビルが建設されました（図I・5）」

図I-3　ティファニー本店（7階）上空の空中権を10億4500万円で購入したとされる。眺望の独占。Make America Great Again!
出典：Google Earth

図I-2　アベノハルカス展望室から大阪湾を望む

Iさん「こうしたオフィスビルだけでなく、近年はタワーマンションのように、住宅も超高層化しているのが気になっています」

教員「確かに。ただし、大阪キタのグランフロントの超高層ビルのように、オフィスビルの上層に設けられた住居スペースは、居住よりも投資転売目的で購入されることも多いらしく、即完売したのに肝心の人が住まずに新築状態で維持されている場合があるそうです」

Iさん「私が考えたい個のイメージとは全く違ってきますね」

教員「そうすると、高層ビルの中で未利用空間をうまく活用するということになるのかな？空き室利用だったり。でもそれでは、現状のオフィス・コンバージョンと大差ないね。都心に個の住まいは確保できても集まって住むという重要なテーマに応えることができない」

Iさん「空中権と高層ビルの未利用スペースの話で思いだしたのですが、高層ビルの高さは個々にバラバラで、棟によっては高度利用可能な残容積があると聞いたことがあります」

教員「建て増しをするということですか？」

Iさん「そのままビルが伸びても同じことなので、屋上を利用するのはどうで

図I・4　東京駅復元事業のための空中権売買を利用して建設された高層ビル「JP タワー」とファサディズムにより保存された旧東京中央郵便局の外観

しょうか？」

**教員**「大胆な発想ですね。現実の法規面では厳しい制限があると思いますが、卒業研究であれば、都市の未利用空間の新しい活用可能性を積極的に提案するというのは十分に価値があると思います。ル・コルビュジエの『輝ける都市』に代表されるように、歴史的にもさまざまな刺激的な都市構想が提案されています。アンビルトであるがゆえに、鋭い問題提起がなされており、その後の都市の在り方に大きな影響を与えています」

**Iさん**「道頓堀川周辺の高層ビルの屋上を敷地として検討してみます！」

**教員**「それであれば、道頓堀川と交差する御堂筋は、大阪のメインストリートで、高層ビルが道路景観を形成している重要な場所なので、御堂筋通り沿いの高層ビルの屋上を対象にしてはいかがでしょうか？」

**Iさん**「承知しました。屋上に集住空間をつくるだけのスペースに余裕のある高層ビルを探してみます」

**教員**「場所はニューヨークにはなりますが、超高層ビルについて、クールハースもぜひ参考にしてみてください」

**Iさん**「So cool!」

図Ⅰ･5　ニューヨークのグラン・セントラル駅の空中権を買って建設されたメットライフ／PANAM ビル／出典：GoogleEarth

＊＊＊　このゼミを受けてリサーチを開始　＊＊＊

**教員**「クールなＩさん、まず、クールハースは調べてみてどうでしたか？」

**Ｉさん**「はい。超高層は窓の開閉が基本的に厳しく、日射も強いので、全館冷房システムが標準完備しているようです」

**教員**「クールハースはそんなことまで論じていましたか？」

**Ｉさん**「超高層に十分に冷えた家をつくることができると思いまし……」

**教員**「どういうこと？」

**Ｉさん**「「クール・ハウス」ですが何か？」

**教員**「デリリアスーーー！」

**教員**「気を取り直して、現地調査の方はいかがですか？」

**Ｉさん**「御堂筋に集中してフィールドワークをしました。屋上階の状況は見れないので、グーグルアースで屋上のスペースを確認して、この御堂筋沿いの高層ビルを候補にしました。室外機が並んでいるだけで、それ以外は何もない広い屋上になっています（図Ｉ・6）」

**教員**「屋上の空中写真だけ見ると使いやすいフラットなスペースがあるのはよ

図Ｉ·6　フィールドワーク対象地域航空写真　出典：GoogleEarth

い条件とは思いますが、御堂筋沿いから見るとかなり高い建物で、その屋上も完全に街から隔離されていますね。せっかく都心に居を持ってもその魅力が享受されずに完全に孤立して寒々とした感じですね」

**Iさん**「そうなんです。グーグルアースで俯瞰している分には、使いやすそうな屋上なのですが、ペントハウスのようになってしまって、個が集まって街と交流していくという方向性は難しそうに思いました」

**教員**「同感です」

**Iさん**「改めて意識をして御堂筋を見てみると、かなり高い建物が林立していることがわかりました。大阪のメインストリートということで、パリのシャンゼリゼ通りを手本に開設され、今また歩行者専用路を設けてシャンゼリゼの賑わいをもたらそうとしているようですが、統一感がない街並みという印象を持ちました。特に難波寄りは、高さもファサードも不揃いに高層ビルが乱立しているように感じました」

**教員**「御堂筋は、もともとパリ大改造を実施したセーヌ県知事のバロン・オスマンの都市大改造に倣って開設されました。直線大通りはオスマンの都市大改造の主眼です。疫病が流行するような細街路が毛細血管のように張り巡らされたパリに、大動脈やバイパスを外科手術的に挿入し、血の巡りをよくして、交通や換気などのサーキュレーションを改善することが目的でした。同時に、新設道路沿いの建物の高さや張り出しを厳しく規制して、美しい街並みを創り出したのです。そうしたオスマンの大改造は「オスマニザシオン」と呼ばれ世界に伝播しました。御堂筋も日本におけるオスマニザシオンの代表作なのです（図Ⅰ・7、図Ⅰ・8）」

**Iさん**「御堂筋もシャンゼリゼ大通りのように統一感のある美しい道路景観だったと」

**教員**「そうです。開設当初は、「百尺規定」とよばれる約三一mに建物高さが統一されていました。次第に高さ規制が緩和され、街並みが乱れていったのです。現在は、セットバックを条件に一四〇mまで高さ規制を緩和しようとしています」

**Iさん**「ますます道路空間と屋上は乖離していきますね」

**教員**「そうですね。この百尺規制は日本の近代建築の高度基準となり、それが近代的な街並みを統一的に構成したのです。東京駅前の丸の内界隈も同様に美しいスケールの街並みが形成されていました。同じく規制緩和で高層ビル

図Ⅰ・7　オスマニザシオン　シャンゼリゼ大通り（パリ）

図Ⅰ・8　オスマニザシオンの波及　御堂筋（大阪）

化が進み、東京駅の空中権を購入して正規基準以上の高さを確保しています。それでも、東京駅前は、百尺規制の三一mのラインを軒高さで維持しています。その高さまでのファサードを維持して、背後に高層ビルを建設して近代の街並みを保存しているとも言えます（図Ⅰ・9）」

**Ⅰさん**「いわゆる「腰巻スタイル」のファサディズムですね？（図Ⅰ・10、図Ⅰ・11）」

**教員**「そうです。高層化の詭弁ではあるけれどもせめてファサードが従来高さで維持されると統一感も醸成されるのですが、御堂筋はそうした軒高さの痕跡もない状況ですね」

**Ⅰさん**「キタのグランフロント計画の余波で、オフィスビル街としての威厳も失墜して、一部ビルが住宅地化しているそうです」

**教員**「人が住むのは面白いですが、御堂筋沿いはオフィス街として維持していくという街のコンセプトは維持が難しいようですね。統一した街並みが、不揃いのビル群より優れているというわけでは決してないですが、方向性を欠いて乱立するのは違うと思います」

**Ⅰさん**「敷地としては、やはりこのまま高層化して街から離れていく御堂筋沿

図Ⅰ･9　東京駅復元事業のための空中権売買　丸の内ビル建て替え高層化

図Ⅰ･10　ホテルロイヤルクラシック大阪（2019）設計：隈研吾

いの超高層よりはもう少し低層なビル群を検討してみます」

**教員**「「そうですね。様々に日常的な個が雑多に集まって魅力的になるという意味では、そうした孤立した超高層ビルでない方が良いですね」

**Iさん**「今おっしゃった「日常的で雑多な個の集合」というイメージを「雑居」ととらえたらどうでしょうか？　フィールドワークしていて気づいたのですが、御堂筋から一筋ずれると心斎橋界隈やアメリカ村界隈には、それほど高くない雑居ビルが、規則的なグリッド状街区内に建て込んでいます」

**教員**「面白いのではないかな。刺激のある大都会の都心には個のスペースは少ないため、未利用地として可能性のある雑居ビル屋上を敷地とするのは、良いアイデアだと思います」

＊＊＊　その後のリサーチ　＊＊＊

**教員**「対象となる都心の雑居ビルは見つかりましたか？」

**Iさん**「はい。大阪心斎橋筋の東側に雑居ビルが密集しているエリアがありました。このあたりは広範囲に規則的な区画整理が行われ、御堂筋や心斎橋筋やと堺筋と一体的に整備されています（図Ⅰ・12）」

図Ⅰ·11　パリ、マクドナルド大通り沿いの長大な旧倉庫壁面をファサディズムで保存しつつ、その背後の空間をリノベーションする再開発工事

教員「その着眼、筋が良いですね。実際に見に行ってどうでしたか?」

Iさん「まだ、現地には行けてないです。グーグル・アースとストリートビューで見つけました」

教員「ありがたいツールですね。そうしてあたりをつけて絞り込んだ上で、実際に現地でのフィールドワークで可能性を検証してみましょう。ウェブ上でお手軽にリサーチを済まそうとする人、できていると勘違いしている人が増えていますが、実際に現地に行って体感することで自分の分析や提案に自信を持つことができます。なによりも、意図しなかった気づきが得られるのがフィールドワークの醍醐味です」

図I・12　大阪心斎橋筋東側雑居ビル密集エリア航空写真　出典:GoogleEarth

＊＊＊

教員「現地に行ってみて印象は変わりましたか?」

Iさん「思ったより建物が低く感じました。また、高さもデザインもバラバラな雑居ビルが立ち並んでいたのですが、統一感もありました。最初から自由につくられたのではなく、規制が厳しく街区も画一的であるがゆえに、鬱屈なつくりなのに個が自由で活気があるように感じました(図I・13)」

教員「規制があるからこその自由というのは真理をついてますね。私のフィールドワーク・レポートのひな型も、きっちりしたカタがあるからこそ、その先に独自性が生まれるということを伝えたいと思っています」

Iさん「クールです」

教員「建物内には入れましたか？」

Iさん「各店舗までのアクセスはあるのですが、関係者以外が屋上階にまで登れるのは数軒のみでした」

教員「屋上階を利用しようというアイデアにとっては重要な情報ですね。建物の高さや内部プランは把握できましたか？」

Iさん「見た目の観測以上の詳細把握は不可でした」

教員「フィールドワーク・レポートひな型の三つの

図I·13　大阪心斎橋筋東側雑居ビル密集エリア道路沿いの景観

客観化作業、⑴現地調査、⑵文献・一次資料分析、⑶既往研究・既往作品との比較に沿ってリサーチを進めましょう。⑴現地調査を継続しつつ、⑵文献・一次資料分析として、対象エリアと雑居ビル群の情報を調査してください」

**Ｉさん**「何から始めたらいいでしょうか？」

**教員**「対象敷地の用途地域の区分をまず把握しましょう。そのうえで、雑居ビル屋上の利用可能な残容積の問題や法規的な問題が関連するので、建築法規の先生にも相談してアドバイスをもらいましょう」

＊＊＊　ゼミでのリサーチ報告にて　＊＊＊

**Ｉさん**「「都市組織」の特徴としては、御堂筋と心斎橋筋に対して平行に碁盤目状に規則正しい街区割が行われています。用途地域については、対象地は商業地域で高さや容積はかなり密に構成できます。さらに細かな土地利用の実態について現況用途図をもとに把握しました。人口動態も合わせると、東心斎橋では建物の密集に対して人口減少が顕著であることがわかりました。公示地価の変動も調べたところ、インバウンドの影響も見られますが、大通り沿いに比して地価自体は低く小規模店舗等の入れ替えは起こりやすい状況と考えます。このことは、雑居ビル群の中に空き室等が増加していると理解できます。この点は、商業地域内の雑居ビル群内に居住スペースを設けようという当計画にとっては好材料と言えます（図Ⅰ・14）」

**教員**「周辺地域さらには大阪市全体に対する対象敷地の広域的な位置づけについてはよくわかりました。他方、対象敷地内の個別雑居ビルについては、データは得られましたか？」

**Iさん**「建築法規の先生のアドバイスにより、個々の雑居ビルの構造や平面プラン、高さを把握する手立てとして、『建築計画概要書』*というデータを教えていただきました（図Ⅰ・15）」

**教員**「大変興味深い資料ですね」

**Iさん**「実際に出向いて閲覧してきました。対象敷地内の雑居ビル計29棟の一覧が作成できました。しかし、すべての雑居ビルについて知りたいデータや図面は得られませんでした」

**教員**「リサーチらしくなってきましたね。一次資料の有効性と限界が明らかになりましたね。それを受けてどう展開しましたか？」

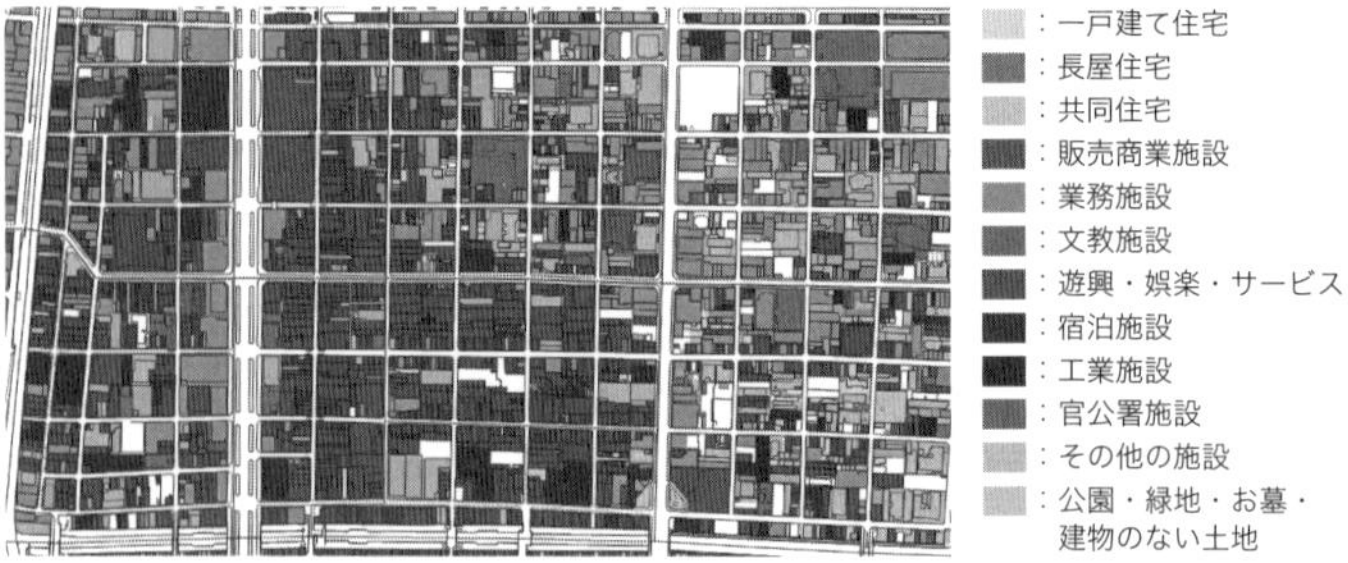


図Ⅰ·14　大阪市中央区の土地利用状況

**Iさん**「リサーチの一つの目標は、対象敷地の空間情報を把握し、スタディができる敷地模型を作成することです。そこで、何か空間情報が得られないか調べていたところ、国土交通省が主導する日本全国の３Ｄ都市モデルの整備、オープンデータ化プロジェクト「PLATEAU」にたどり着きました」（図Ｉ・15）（前掲）

**教員**「最近はこうした地理情報や空間情報のデータ構築と開示が進み誰もが利用できるというのは本当にありがたいですね」

**Iさん**「それをもとに、ＢＩＭで三次元の敷地ＣＧを作成しました。これを使って、ＣＧでの計画スタディを進めていこうと考えています」

**教員**「ＣＧでのスタディは有効ですね。ただし、全体を一気に把握してヴォリューム等を検討するために、従来の方法踏襲にはなりますが、敷地模型も作成してその上にスタディ模型もおいて、多面的に建築的・空間的アイデアを展開していきましょう」

**Iさん**「模型ですか……ネイルが……」

**教員**「ＣＧは便利ですし、コストも低く済みアニメーションなど人間目線のヒューマンスケールの分析には大変有効ですね。他方、模型はマクロに全体像

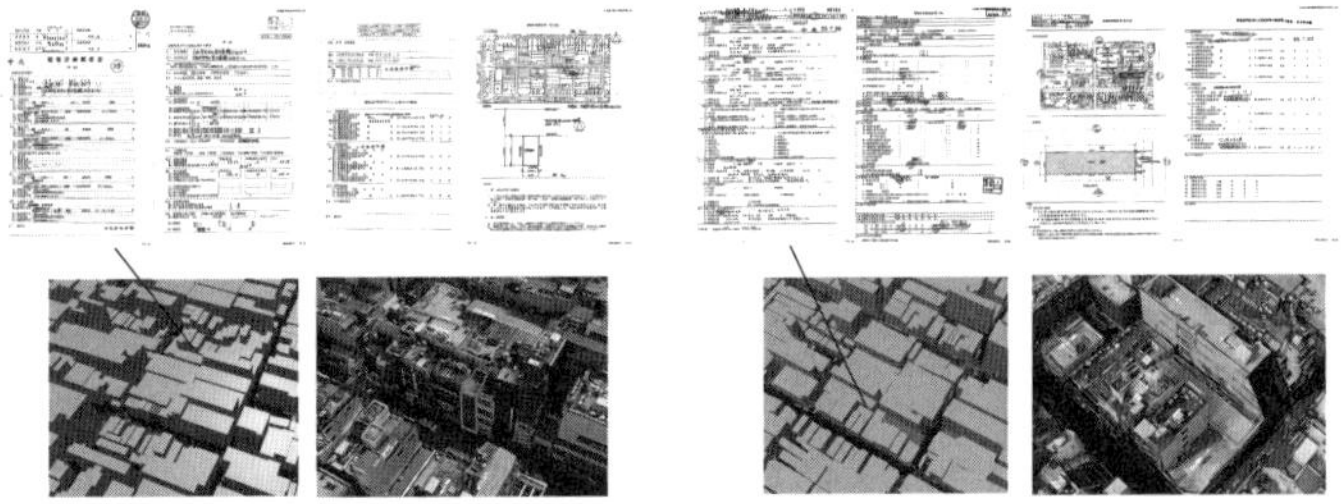

図Ｉ･15 『建築計画概要書』記載ビルの「PLATEAU」と航空写真　出典：GoogleEarth

を一気に俯瞰してミクロの位置づけを検証できるというメリットがあると思います」

***　設計案スタディ　***

**教員**「建築的・空間的アイデアの展開についてはいかがですか？」

**Iさん**「選定した敷地の雑居ビルの屋上に個の住まいをつくろうとしたのですが、屋上自体の面積が狭すぎることと、雑居ビル屋上の高さがバラバラなため、個の住まいもそれらが集合した状況をつくるのはとても困難だということに気づきました」

**教員**「確かに、このままでは、雑居ビルの屋上にそれぞれ小さなペントハウスをつくる程度で、それらがまとまりとして何か魅力的な屋上の街などには展開できないですね？」

**Iさん**「さらには、現地調査で建物の屋上に上がろうとして把握したことなのですが、必ずしもすべてのビルに屋上まで通じる階段が整備されているわけではなさそうでした」

**教員**「そういう状況では、個の住まいを屋上につくったとしても、そこへのア

＊ 大阪市では、昭和48年4月1日以降に建築確認申請が受付された大阪市内の建築物の計画概要、配置図、検査の経過等を記した「建築計画概要書」等の、閲覧対応や写しの交付を行っている（大阪市役所3階 計画調整局 建築指導部建築企画課（窓口5））

クセスの確保が難しいという状況なのですね」
Iさん「はい、その通りです。建物どうしはかなり近接してぎゅうぎゅうに立ち並んでいるような感じなのですが……」
教員「ビル火災の際の緊急避難も厳しそうですね」
Iさん「近いのですぐ隣のビルに移れそうなのですが、屋上階の高さはバラバラなので……この一街区内の屋上面全体を一つの街のように一体的に使えたら都合良いのですが」
教員「なるほど。それであれば、卒業設計としての都市への提案という条件付きにはなりますが、この街区の屋上階を一つの所有とみなして計画したらどうでしょうか。シャッター商店街再生事例としてよく引き合いに出される高松市の丸亀町商店街は、個々の店舗の所有権を一つにまとめて利益を分配することで、商店街再生の仕組みをつくりました（図I・16）」
Iさん「先生の講義で習いました」
教員「覚えていてくれてうれしいです。雑居ビルの屋上階を一つの敷地とみなして、そこを一体的に利用することで、賃料などの利益も分配されるような仕組みがあるとすればどうでしょうか？」

図I・16　高松市丸亀町商店街再生事業

**Iさん**「マンションの区分所有みたいなことですね？」

**教員**「その通りです。雑居ビルの屋上階を区分所有制にすれば、Iさんの計画は、高さの異なる密集した雑居ビル群を一つの敷地として扱えるようになる」

**Iさん**「クールですね！　そうすれば、狭いビルの屋上階には、住居以外の広場や通路的な場所を設けることもできます。また、屋上階への階段が限られていても、屋上で移動できればビル間のアクセスも確保でき、災害時の隣棟への避難路も確保できるのではないでしょうか！」

**教員**「キターですね！」

**Iさん**「屋上階には個の住まいとその集合した一つの街ができ、周辺のビル群の夜景を楽しめます。さらには階下には大阪随一の都会の繁華街が広がってそこも自分の庭のようにできますね！」

**教員**「クルーですね！」

＊＊＊

この後、建築的・空間的アイデアとして以下のような展開が試みられました：

●空間構成としては、シェア街区全体を片流れ屋根の架構で統一した。それにより、既存雑居ビルの屋上面が雑多に織りなす水平ラインに対して、新しい屋根並みを加味した。また、傾斜屋根の上部も個の場所として活用する。

●片流れの屋根の自由な展開が、個の自律性を表現すると同時に、それらが集合して雑居ビルの屋上に多様に織り重なるイメージ。

●また、単身者スペースに加え、居住者以外も利用できるカフェや植樹プロムナードを配する。既存ビルの壁が醸し出す雑居感を生かしてプロジェクションなど賑わいを演出し、周辺の繁華街の夜景や喧騒も極上のＢＧＭとなるような刺激的な場所を目指す。さらには、雑居ビル群の棟間を行き来できるように階段や橋を設け、シェア街区の拡がりを創出する。

こうして、雑居ビルの屋上に着目し、そこに区分所有というアイデアを展開することで、個と集合というテーマに応えたＩさんの卒業設計は優秀作品に選出されました（図Ｉ・17〜図Ｉ・21）。

図I·17　CG　片流れ屋根がつくり出す雑居ビル群屋上階の屋根並み

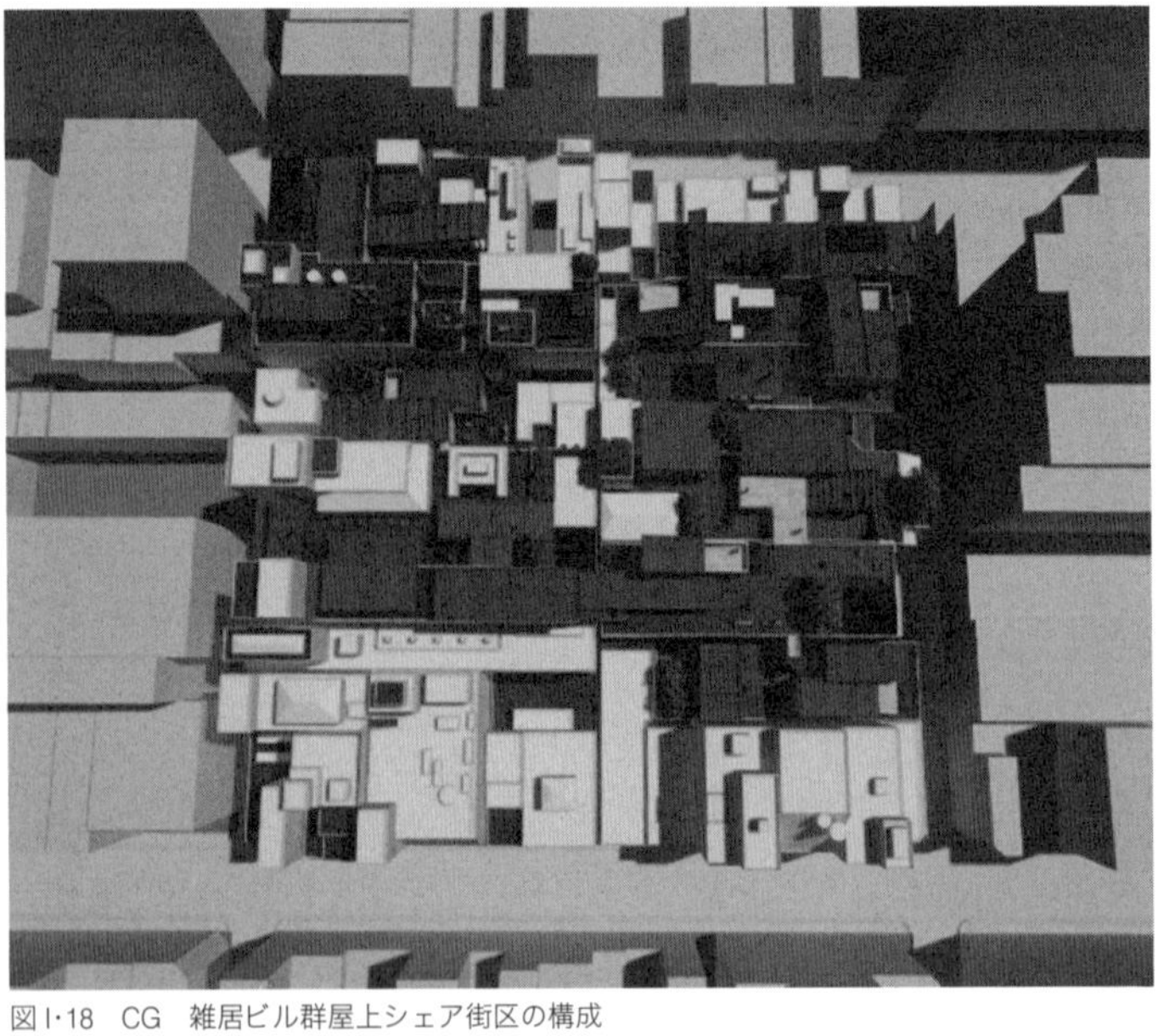

図I·18　CG　雑居ビル群屋上シェア街区の構成

図I·19　CG　雑居ビル群屋上広場につながる個人用住居

図I·20　既存雑居ビルの壁面を利用したナイトシアター

STUDY 5

# Kさんの場合

**卒計タイトル**
「毓－i k u──狭山池博物館前における食育型故里の創造」

**教員**「3年生の講義では、水空間についての興味深いリサーチをしてくれましたね。フィールドワーク・レポートもとてもよくできていました」

**Kさん**「ありがとうございます。今思い返せば、レポートがどういうものか全く理解できていませんでした。フィールドワークって何？って感じで、とりあえず出歩いて何か見て報告すればいいのかな、って漠然と考えていました」

**教員**「超元気な某テーマパークのイベントでバイト・リーダーをしていただけあって、フットワークよく現地をめぐって次々と状況報告してくれましたね」

**Kさん**「はい。ハイでないと務まらないので。モットーは「やり過ぎよう！」です。フットワークとアウトプットには自信がありました。現場仕込みの「ホウ・レン・ソウ」よろしく、意気揚々と途中経過を報告したところ、先生からそれはレポートではなく「現場リポート」だとのクレームが入って、一気にフリーズしました」

**教員**「レポートは、感想文やブログのように個人の想いをつづるものではないということはみんなある程度理解できているようです。だけど、「現場リポート」になる場合が実に多い。現場リポートとは、とにかく目にとびこんでくるものをそのまま列挙していくようなタイプだね。例えば、芸能レポーターの中継でよくみるシーン。「白い疑惑の元アイドルグループKのTさんが今、湾岸署から出てきました。真っ黒なスーツを着ています。こちらに向かって深々と頭を下げています。Tさん！Tさん！またすぐやりますか？という報道陣からの問いかけには一切答えず、足早に車に乗って走り去っていきました。車は白のワゴンです。現場からは以上です」といった、ほぼ内容がないような」

**Kさん**「その話をきいて、自分のイメージしていたものがまさに「現場リポート」そのものだったので、実際、どうすればよいのかとても不安になりました」

**教員**「観たり調べたりしたものを、「主題＝切り口」に沿って論理的に整理し直してみましょうという返事をしました」

**Kさん**「はい。そこで、提供された「フィールドワーク・レポート」の「ひな型」に情報を落とし込んでいきました」

**教員**「レポートというのは、端的には「問い」に対して論理的に「回答」するものと定義できます。その際、論理的作業にはいろいろな専門性があるけれど、われわれの場合は、フィールドワークがそれにあたります。「フィールドワーク・レポート」の「ひな型」は、リサーチの一つの論理的なプロセスの「カタ」のチャートとしてのフォーマットという位置づけになります*」（図K・1）

**Kさん**「調査で得られた写真や図を中心に、活用事例も参照しながらビジュアル的にレポートの骨格をつくるタイプの「ひな型」なので直感的で使いやすかったです」

**教員**「その中でも、特に、最も基本となるカタである「主題＝切り口」をどう設定するかが鍵になります。カタという以上、できるだけ絞り込まれたものであり、かつ広く応用が効くものでないと意味がない。数百個のカタを身に着けてようやく一つのパフォーマンスができるというのでは、それはカタとは呼べないね。「フィールドワーク・レポート」の「ひな型」では、「主題＝

＊建築家の菊竹清訓氏は、〈か〉〈かた〉〈かたち〉の関係性について、次のような定義を行っている。
〈か〉構想的段階(imaginative approach)、本質論的段階、思考、構想(image)、秩序(order)
〈かた〉技術的段階(technological approach)、実体論的段階、知識、典型(type)、体系(system)、〈かたち〉形態的段階(functional approach)現象論的段階、感覚、形態、意識。
こうした概念のもと、設計仮説として、〈かたち〉→〈かた〉→〈か〉とすすむ認識のプロセスの三段階と〈か〉→〈かた〉→〈かたち〉とすすむ実践のプロセスのらせん構造的展開を提案している。

菊竹清訓『代謝建築論―か・かた・かたち』彰国社、1969
菊竹氏は〈かた〉に（型）という漢字をあてはめているが、本書では、「ひな型」と「カタ」とし、次のように区別している：
6〜6・9割レベルに至らせるチャート＝「型」フォーマット
7割レベル以上の本質的な議論・指導のため→「カタ」＝デザインベース

切り口」を決めれば、その後はできるだけ機械的・形式的にレポートが仕上がるような工夫をしています。スポーツや武道に限らず、芸術でも基本的なカタの習得があってはじめて、高度でアドリブの効いた独自のパフォーマンスができる。しっかりしたカタがないのに、勢いに任せて感覚や雰囲気でやろうとするからガタガタになる」

**教員**「だからこそ、「主題＝切り口」を鋭く絞り込むことが大切だ、ですね」

**Kさん**「御意」

**教員**「Kさんは、3年時の水と都市空間をテーマとした「フィールドワーク・レポート」の際は、まず、噴水に関心をもってリサーチを開始しましたね」

**Kさん**「はい。しかし、実際に事例を見に行ってみると、期待とは裏腹に、ほとんどの噴水は止水され、水槽も干上がっていました。レポートが書けませんと先生に相談しました。そのとき、むしろその枯渇した噴水の状態に着目したらと面白いとアドバイスをいただきました。優雅に舞い上がる水のイメージばかりに縛られていたので、その真逆の閑

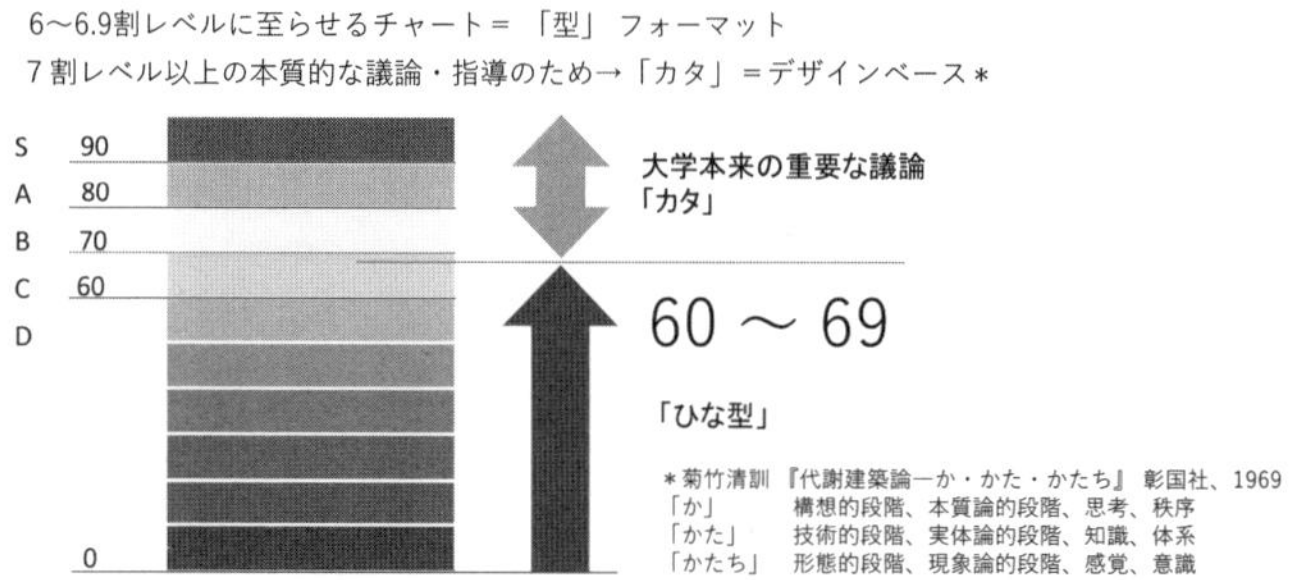


図K·1　本書における「カタ」と「ひな型」の位置づけ

散とした状況も「主題＝切り口」になりうるのだと目から鱗でした」

**教員**「それ以降は、水を得た魚のように、スイスイと作業が進んでいきましたね」

**Kさん**「「主題＝切り口」が決まると、そのあとは「ひな型」がチャートになって遭難することなくレポートを仕上げることができました」

**教員**「その流れで、卒業研究でも、水と関わりのある空間に取り組みたいということかな？」

**Kさん**「はい。地元に狭山池という日本最古の灌漑用ため池があります。住民の散策の場になっていて、広大な水辺の桜並木が満開になると壮観です。かつては狭山池の灌漑用水を利用した農業が盛んでしたが、次第に衰退し、現在は放棄地も増え無秩序な宅地化も進んでいます。その狭山池に隣接して安藤忠雄氏設計の「大阪府立狭山池博物館」という文化施設があります。利用客はまばらで、立派な建物なので余計に物寂しさが際立ち、周辺環境にも伝播しているように感じていました」（図K・2、図K・3）

**教員**「公共建築の維持管理というのは今後、重要なテーマになりますね。「レガシー」でごまかすわけにはいかなくなる」

図K・2　狭山池の桜並木と遊歩道

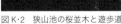

**Kさん**「そこで、この「大阪府立狭山池博物館」を狭山池への玄関口となるように、リノベーションしたいと考えています」

**教員**「新築だけでなく、リノベーションやコンバージョンへの関心が卒業設計でも高まってきているのは興味深いですね」

**Kさん**「博物館の内部を開放し、建物内外を自由に往来できる通路空間に改修し、そこでイベントをすれば、この建物も地域も活性化すると思います」

**教員**「既存の建築を大切にして、再整備や機能転換して更新しながら使いこなしていこう、人々の記憶や文化の痕跡を継承していこうというのは、とても重要だと思います。特に人気なのが古民家カフェなんぞですね」

**Kさん**「古民家カフェ憧れます」

**教員**「何か言えばカフェで若干食傷気味ではありますが……。それはさておき、リノベーションは、実務レベルではその魅力が十分に伝わりますが、卒業研究の提案レベルだと、実際にどこが卒研生の提案なのか伝わりにくいという課題もありますね」

**Kさん**「壁や床を抜いたり、屋上緑化したり、イベントしたり……」

**教員**「卒業研究においては、リノベーション案は新規性を伝えるのが困難であ

図K・3　大阪府立狭山池博物館（安藤忠雄設計、2001)」

まり見栄えがしない傾向にあるというパフォーマンス上の課題があるように感じますが、プレゼンテーションをうまく行えばクリアできるかもしれません。そのことは一旦括弧に入れて、この場所について考えると、これだけ立派な既存施設をリノベーションして、狭山池への通過ゲートのようにすることには無理があると思います。実際に博物館には貴重なコレクションを収蔵・保管・展示するという重要な機能があります。そこを自由通路的に改修することは、計画上問題です」

**Kさん**「今の状況では、収蔵物に接する機会が少なくもったいない気がします。モノからコトへということで、イベントを……」

**教員**「たしかに。宝の持ち腐れになっているという点は改善の余地がありますね。しかし、地域の大切な資料が保管されているところを無理に開放してしまうと、Kさんが最も重要視している地域性や歴史性に逆行することになりませんか？Kさんにとって最も大切にしたい地元の特徴は何でしょうか？」

**Kさん**「狭山池と一体になって農業を中心に発展してきた地域性だと思います」

**教員**「それであれば、既存の博物館は改修対象ではなく、与条件としてうまく

図K·4　対象敷地既存農耕地

とりこむことはできませんか？」

**Kさん**「なるほど。価値を見直すのは、博物館よりも狭山池とより関係の深い用水路や農耕地の方かもしれません」

**教員**「そうですね。そう考えると博物館は、地域と狭山池をつなぐ「ノード」（結節点）としてとらえられそうですね。Kさんが目指していた狭山池へとつながる地域の「パス」（通路）は、博物館よりも水路ということになりそうですね」

**Kさん**「博物館から、その前面に広がる街の方へ視線を移して、点在する農耕地や水路を中心に敷地調査をやり直します（図K・4、図K・5）」

**教員**「地域の空間情報を整理するのに、GIS（地理情報システム）を活用すると面白いと思います。その際、共時的な空間情報だけでなく、歴史的な変遷に関する通時的な情報についてもデータを構築し、HIS（歴史情報システム）としてGISを援用することも目指しましょう」

＊＊＊

**Kさん**「狭山池と地域のつながりに注目して、水路や農耕地の変遷に加えて、地元の発展に重要な役割を果たした旧高野街道の影響についても改めて調査

図K·5　対象敷地既存住宅地と空き地

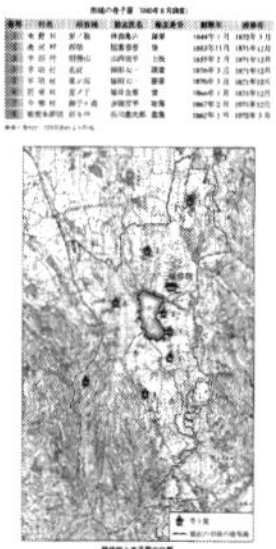

図K·6　対象敷地周辺における教育関係施設の集中度合

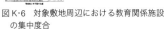

をしてみました。すると、この地域には教育関係施設が集中していることが新たに見えてきました（図K・6）。そこで、農耕地や水路に加えて、この状況も特徴として計画に反映できないかと考えています」

**教員**「興味深いデータですね。そう考えると、最初に着目した博物館も知的な教育施設の一環として計画に取り込むことができそうですね」

**Kさん**「当初の目論見とは別の方向に進みましたが、スパイラルを描いてまた博物館へ戻ってきたような感じです」

**教員**「パスがつながりましたね！　リサーチを通じて得られたデータをもとに、『卒業設計ＣＭ』のひな型に則ると、建築的・空間的アイデアはどのようになりますか？」

**Kさん**「現状では、次のような可能性があると思います：

・博物館前の休耕農地を敷地とし、既存水路を活用してそこを農耕の場として活性化させたらどうか。

・その際、学校施設の集中という特異性を生かして、この休耕農地の耕作主体を地域の学校に通う生徒にしたら面白いのではないか。

・そこは、子どもたちが家や学校から狭山池に行く際のアプローチになるので、その通路沿いに子どもたち自身が食物を育てて食す共同農園にできるのではないか」

**教員**「そうすると、周辺街区からこの計画敷地である休耕農地を通って博物館を経て狭山池に至るルートが浮かび上がりますね」

**Kさん**「はい。日々の往来の中で、地域の人も一緒に食物の生育を見守ることができ、食を通じて子どもたち自身も育まれ、そして地域も蘇生していくような場所をめざす。そうなれば、狭山池の重要な要素である水路と農耕地を再活用することで、「食育」を行う教育施設をさらに追加できるのではないでしょうか」

**教員**「なるほど。その際、従来の「教育」ではなく、共に育み共に育つという意味を込めて「共育」とした方がコンセプトに合いますね。

＊＊＊

こうして、最終的なタイトルは、共に育み共に育つの意味を込めて「毓（iku）―狭山池博物館前農耕地における食育型故里の創造―」となり、テーマに沿ったタイトルロゴもデザインされました（図K・7）。

図K・7　メインタイトルのロゴデザイン

＊＊＊

**教員**「ＧＩＳを用いた敷地解析はいかがですか？」

**Ｋさん**「既存用水路の位置のプロットをしました。暗渠化されたものや埋め立てされたものも含め、水路の歴史的な変遷をすべて図化してみました」（図Ｋ・８）

**教員**「対象敷地の計画に取り込める水路の選定ができましたね」

**Ｋさん**「水辺のデザインとして展開できると考えています」

**教員**「水路跡をプロットした内容を空間分析して見えてきたことはありますか？」

**Ｋさん**「教育施設が集中しているという特徴を反映するために、生徒数や規模などを踏まえた教育施設の「重みづけ分析」を行い、教育施設との相関関係図を導き出すことを試みました」（図Ｋ・９）

**教員**「教育施設の集中という地域特性と、「共育」を支える生徒数等の施設の影響を空間的に反映させ、そこに通路や機能配置をしていこうという狙いですね？」

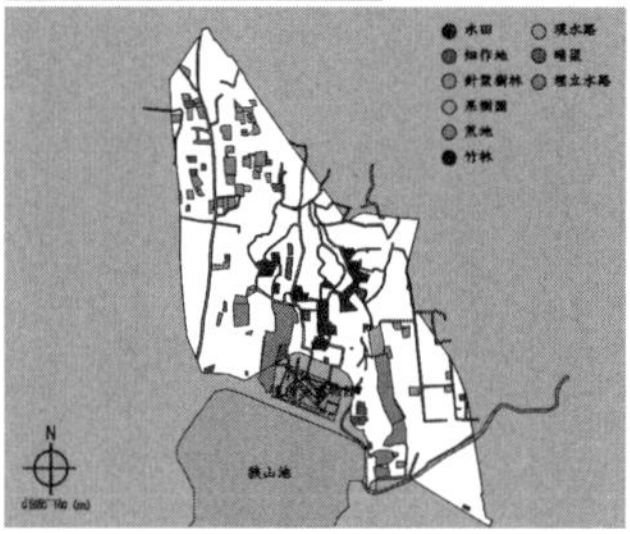

農耕地・水路マップ
水田
畑作地
針葉樹林
果樹園
荒地
竹林
現水路
暗渠
埋立水路
N
狭山池

図Ｋ·8　農耕地・水路マップ

GIS分析－ボロノイ分割
狭山駅－大阪狭山市駅間と大阪狭山市立博物館を取り囲む地番エリアを敷地調査範囲として設定。
1. 敷地調査範囲内の教育機関（学区を含む）をGIS上で登録し、「距離アロケーション」によってボロノイ分割解析を行う。
2. 敷地調査範囲内の地番をGIS上で登録し、「距離アロケーション」によってボロノイ分析解析を行う。
→これらのデータを【設計ダイアグラム－水平方向】で重み付きボロノイ分割として応用する。
地番
教育機関（幼稚園－中学校）
狭山駅・大阪狭山市駅・金剛駅

図Ｋ·9　GISによる敷地分析図．ボロノイ分割（教育機関距離アロケーション）

**Kさん**「はい。構築したデータに沿って動線や施設配置をできればと思っています」

**教員**「GISを用いて解析を行う目的は、空間配置やルート決定を行う際に、個人の主観や感覚が入らないようにし、できるだけ地域の持つ空間情報を具体的なデザインへと数量的分析により落としこむことですね」

**Kさん**「そうなんです。ところが、実際にGISを用いて重みづけを行い、その分析結果を敷地に落とし込むと、現状の敷地状況や実際にそこを使う人間にとってむしろ不自然なフォルムや無理なラインがでてきてしまって……」

（図K・10）

**教員**「確かに、このまま形に落としこんでも、実際の建築物として成立しそうにないですね」

**Kさん**「重みづけのデータを変更して解析を繰り返しているのですが、何度やっても同じような状況が続くばかりで、具体的な形に展開できません。時間ばかり過ぎて……」

**教員**「祝『ハムスター状態』突入ですね！」

**Kさん**「大事なイベントの舞台で必死に動き回って笑顔を振りまいているのに、

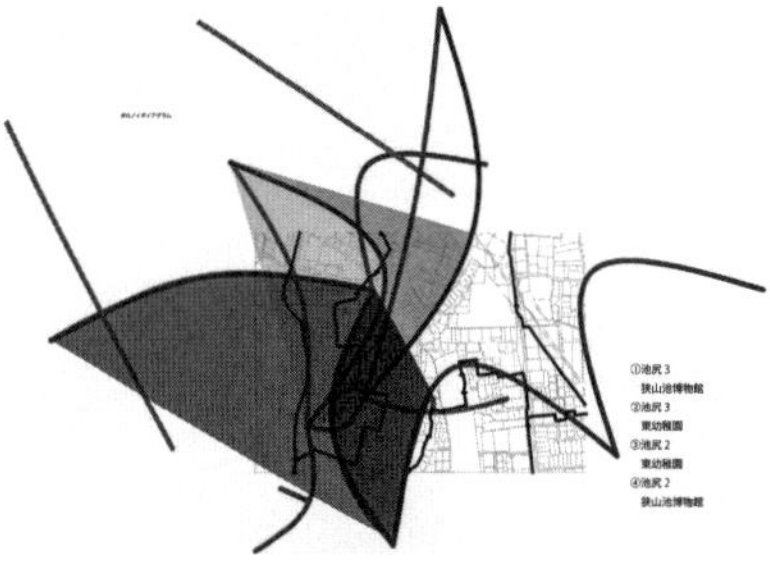


図K・10　GISによる重み付きボロノイ分割図（町内別児童数ならびに市民総数関連）

一人だけ浮いてすべり続けているような感じです。どのように調整すればよいか、もうわからないです。今までのリサーチに意味があったのかもよくわからなくなって……」

**教員**「そのイベントは、まさに、シェイクスピアの悲劇『ハムスター』ですね……」

**Kさん**「……（無言絶句）……」

**教員**「さて、わたくしもすべったようですね。ここは感情的にならずに、冷静に次の対応を検討しましょう。主観や感覚を離れ、リサーチにもとづき数量的にアイデアを展開しようというアプローチは間違ってないと思います。GISによる重みづけボロノイ分析の成果をできるだけ反映させつつ、その中で、実際の敷地に対して適応可能な状況に微修正しながら動線と機能配置をスタディしていきましょう」

＊＊＊ 中間審査段階での案。GIS分析から導き出した主要アクセス軸を設け、敷地全体を棚田に見立てた屋上緑化で覆う構成 ＊＊＊

**教員**「近年大流行の構成ですね（図K・11）」

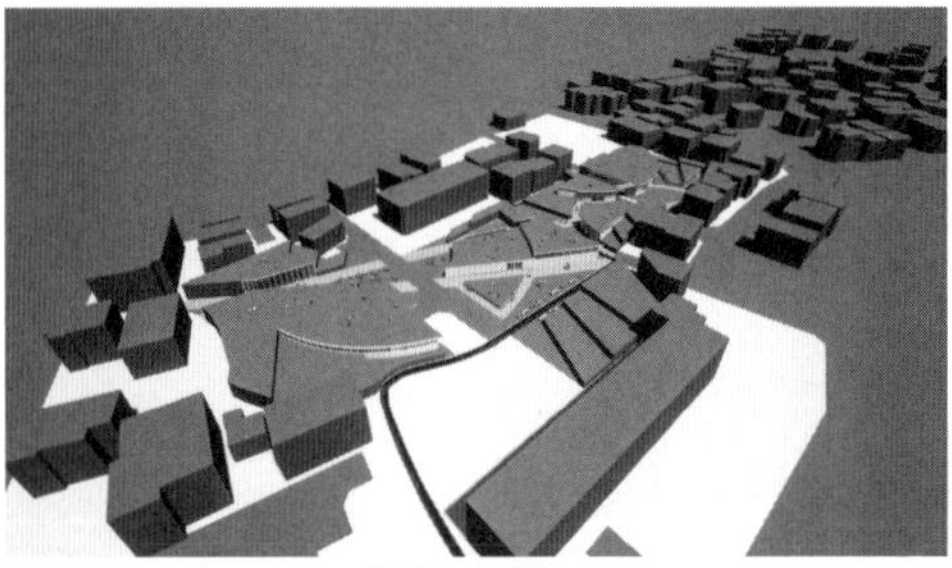
図K・11　スタディCG（中間審査時）

**Kさん**「この屋上や階下のレストランで自分たちの育てた食物を食べられるようになっています」

**教員**「屋上ならびに階下の自由な空間に人々が集まり「多様なコミュニケーションが生まれる」というよく見かけるハッピーな提案（卒研のご法度の一つ）になっていますね。多様なコミュニケーションとはどのような？」

**Kさん**「例えば、食のイベントを通じて、いろいろな人が集まり、様々に……」

**教員**「屋上緑化は実際には屋上の土壌部分を維持管理することがとても難しいと思います。何よりも、敷地のどの場所も同じような状態の緑地になっており、生育状況や生態などが異なる地域の多様な農作物の生育と適合していないのではないでしょうか？具体的に特産物を限定したらどうかな？」

**Kさん**「確かに。見かけの緑で胡麻化していたかもしれません。ここはテーマパークじゃないですものね」

**教員**「そうですね。パッケージ化されたファンタジーの場所でなく、ここは、自分たちで育ててそれをいただくというリアルな場所であることが大切ですね」

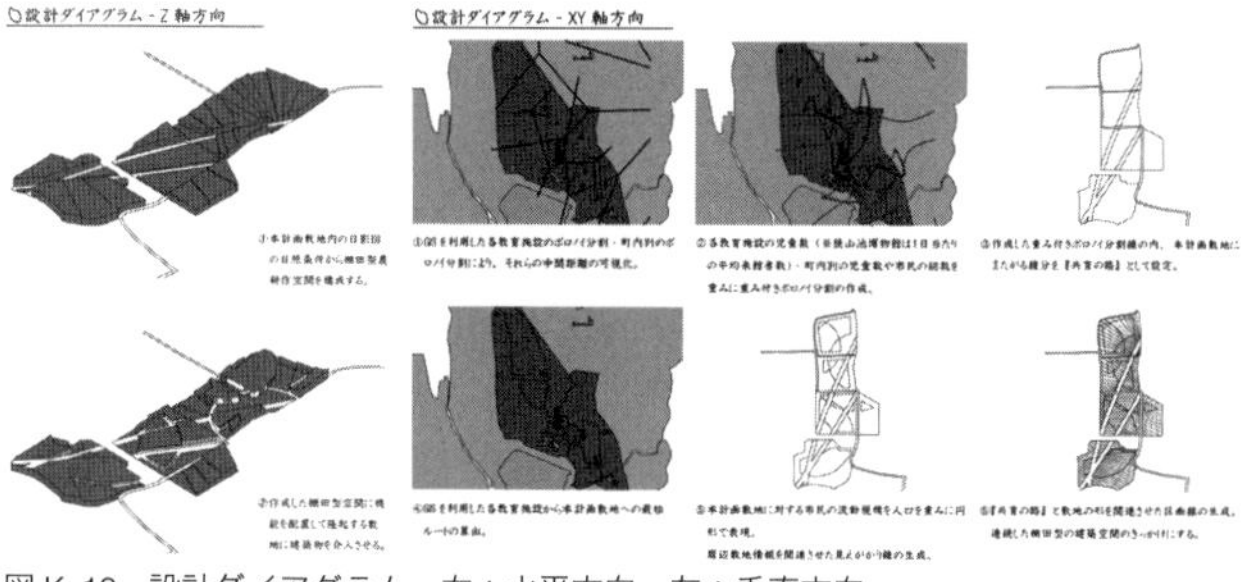


図K・12　設計ダイアグラム。右：水平方向　左：垂直方向

**教員**「非日常より日常の中に様々な出来事が展開されるような、地元の人たちがいとおしいと思うような場所にしてほしいです」

**Kさん**「今、出来事とおっしゃいましたね？　ということは、イベントですね！」

**教員**「強引にもって行きますね。でも日常的なイベントという発想はいいですね。例えばどんなふうに？」

**Kさん**「ここで毎日子どもたちに給食を食べてもらうというのはどうでしょうか？狭山池の水を生かした食育の場の提案と教育施設の集中という特徴を掛け合わせて、この緑豊かな開放的な場所で自分たちの育てたものを給食としていただく」

**教員**「給食を食べに来ることで、まさに子どもたち同士や地域の人たちがここで日々交流することができますね。すごく具体的に交流のイメージが湧きますね。地域の特産物を育て、見守り、どのように食していくか、より具体的な共育のあり方を計画へと展開していきましょう」

＊＊＊

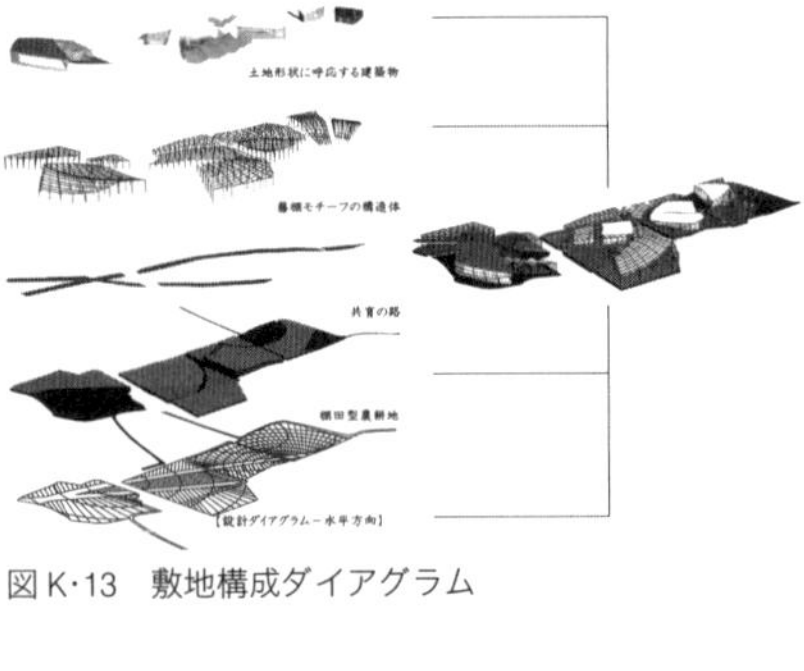


図K·13　敷地構成ダイアグラム

**教員**「ここで具体的に何を育てるか決まりましたか？」

**Kさん**「はい。地域特産品である米とぶどうを中心にすることにとに決めました」

**教員**「なるほど。具体的な生産物の特徴にリンクした構成になりそうですね」

**Kさん**「はい。デザインでしかなかった屋上緑化を、米づくりに特化した棚田として構成しなおします。また、ぶどうづくりのための藤棚を屋根のデザインへと展開することを考えています」（図K・13）

**教員**「なるほど。懸案になっていたGIS重み分析から導かれた空間構成はどのように反映させていきますか？」

**Kさん**「まず、対象敷地全体が周辺の教育施設から博物館を介しての狭山池へのアクセスの役割も持つことから、主要な二軸を導入し、そこを「食育の道」と名付けてメインストリートとして配置し、その幹に対して人の流動規模の重みづけに応じて同心円状に周辺計画を展開するようにしました」（図K・14、図K・15）

**教員**「室内計画はどのようになっていますか？」

**Kさん**「室内空間も、給食を食べる食堂としての機能に加え、放課後に子ども

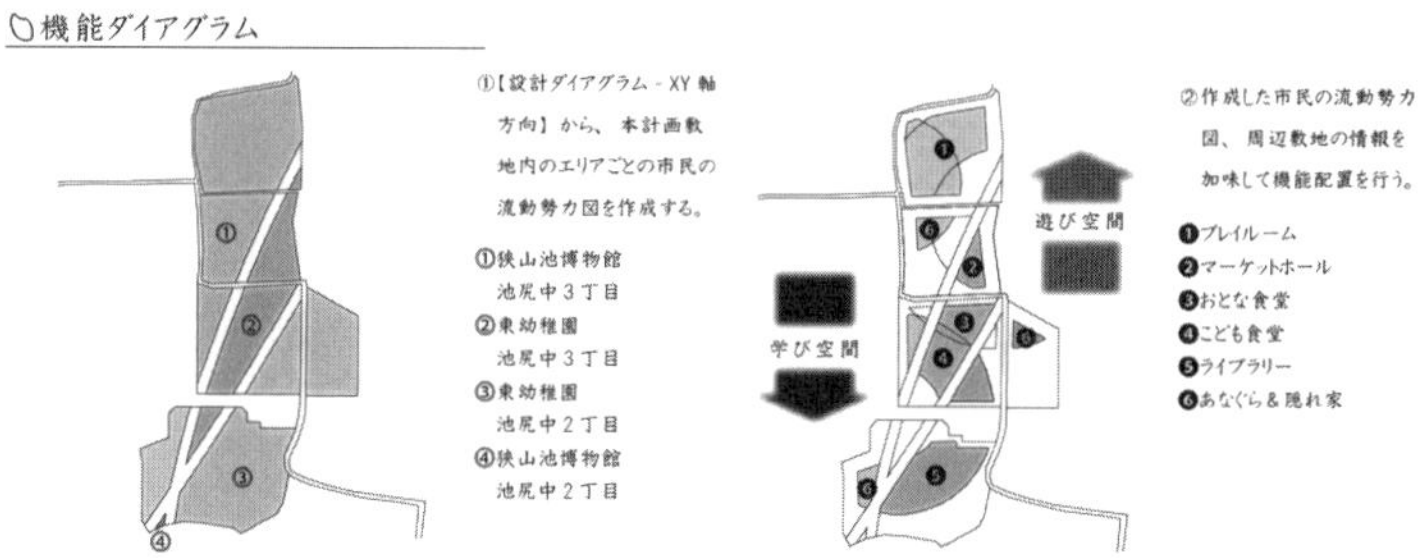


図K・14　機能ダイアグラム

たちが児童館的に使ったり、地域の保護者が調理や会食をする場所としても展開できるようにしました。また、一部、温室としての機能を持たせ、主要な米とぶどう以外の野菜栽培に利用できるようになっています。これらはすべて子どもたちの給食（センター配給方式）にて提供される計画です」（図K・16）

＊＊＊

イベントで鍛えた持ち前の行動力で何度もスタディを繰り返し、度重なる挫折にもレジリエントに対応したKさんは、最優秀作品に選出され卒業設計の特集雑誌『近代建築 別冊』にも掲載されました（図K・17～図K・20）。

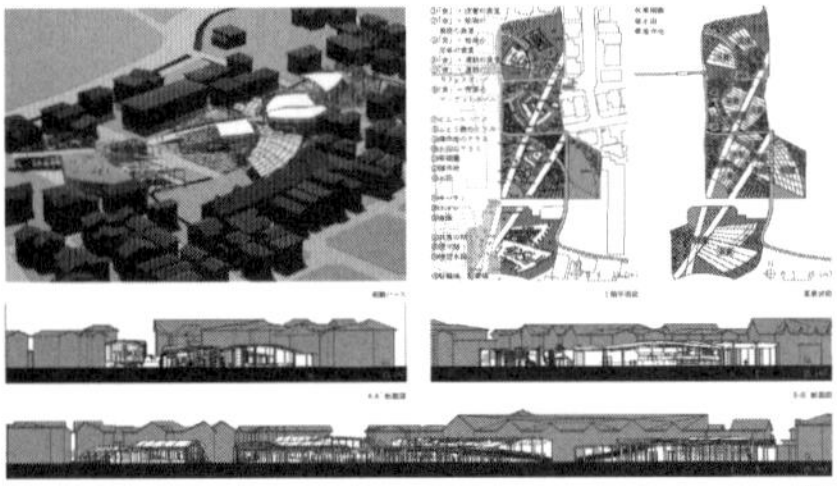

図K・16　平面計画、断面計画、CG

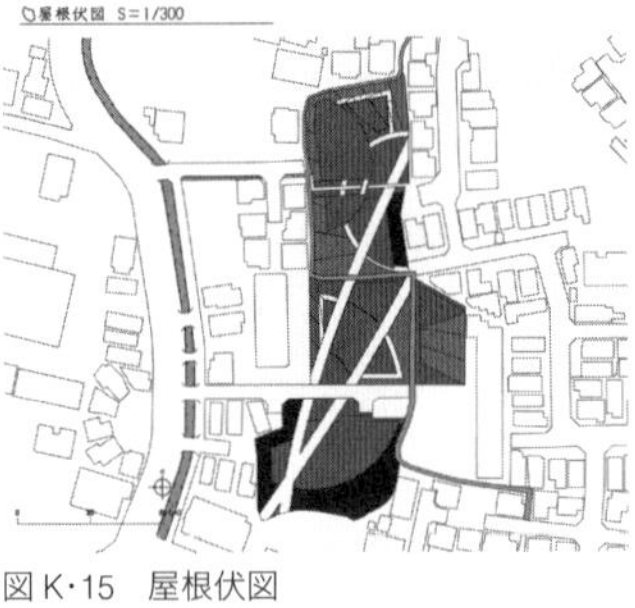


図K・15　屋根伏図

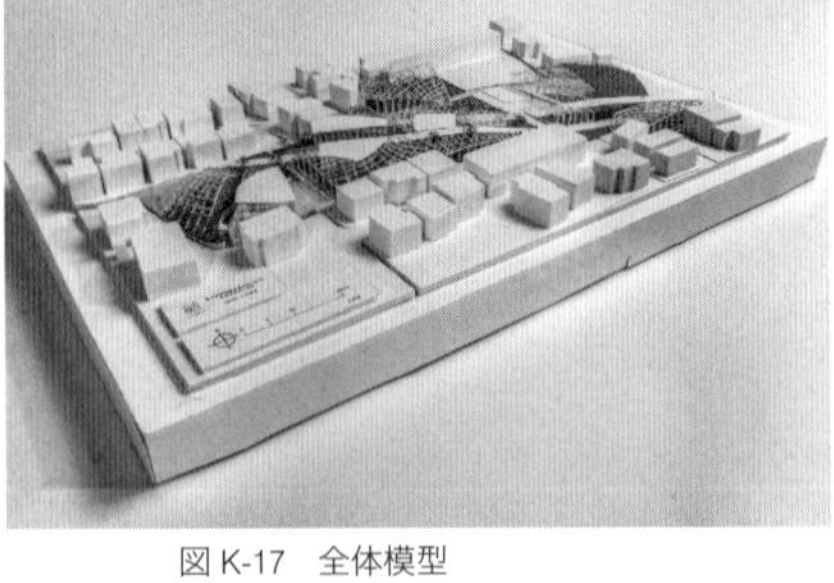

図K-17　全体模型

図 K･18　模型写真

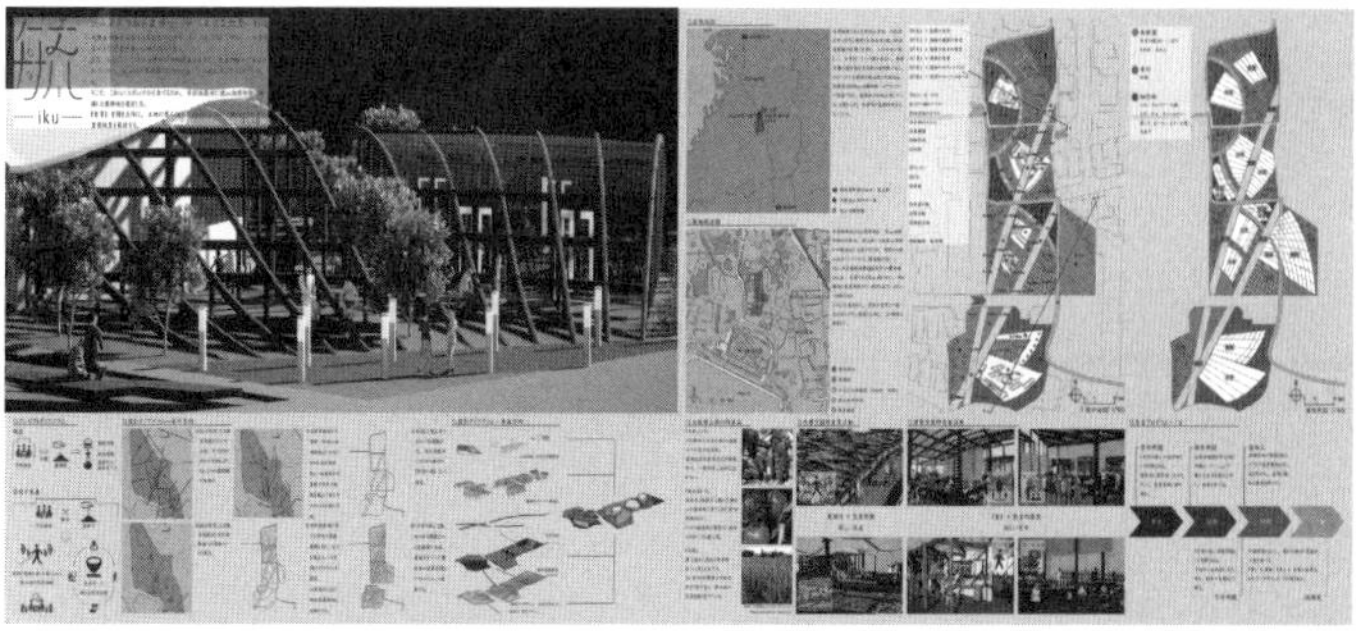

図 K･19　優秀卒業研究展覧会用プレゼンテーション・パネル-1

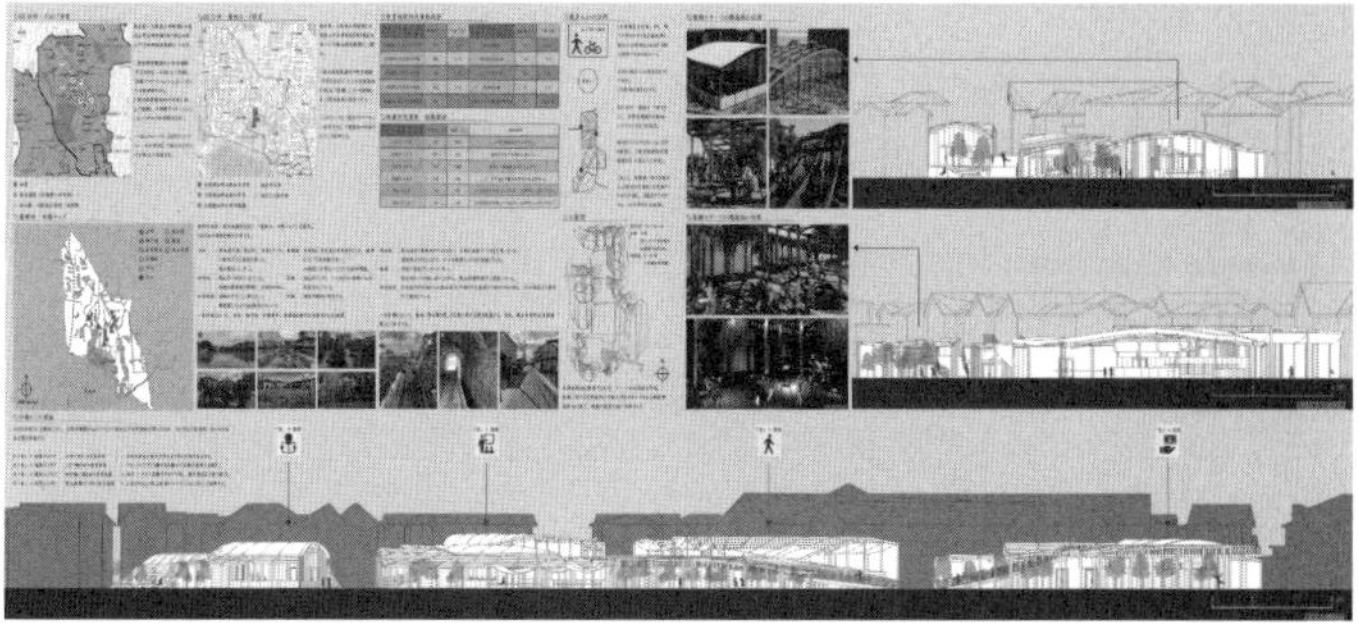

図 K･20　優秀卒業研究展覧会用プレゼンテーション・パネル-2

## 3 プレゼンテーション――独白《モノローグ》にならないために

### 【「中身」も「外見」もどちらも大切】

卒業設計開始段階でのあなたの鋭い問題意識から選択された「テーマ」に関し、絞り込まれた「主題=切り口」に沿ってリサーチ／フィールドワークを行い、そこに的を射た「問い」で切り込み、「仮説」を建て、「空間の質」を狙いながら「建築的・空間的アイデア」にもとづいて、「スタディ」を何度も繰り返して「仮説」を検証し、今ここに、あなたの「結論」(=作品)が見事に「プレゼンテーション」されたのです！と言いたいところですが、実際には、クリスマスも忘年会も正月も新年会も関係なく、ひたすら卒業設計に打ち込んだにも関わらず、提出日まであと数日に迫っても、まだまだ「プレゼンテーション」まっ最中といったところでしょう。

徹夜続きで疲労困憊の肉体に、締め切り前の精神的なプレッシャーが追い打ちをかけます。胃が、キリキリと痛む人もいるでしょう。個人的なことで恐縮ですが、わたし自身は、十二指腸潰瘍を患いました。そうとは知らず、腹部の鈍痛に耐えながら作業を続け、なんとか終盤までもちこたえていました。しかも、提出直前の二日間は無謀にも「二徹」で締めくくる覚悟でいました。一部卒計生のように、夜間活動して昼間爆睡するのではありません。二晩連続での徹夜、つまりは最低四八時間、断眠する訳です。これは完全に失敗でした。徹夜は明らかに体に悪いし、効率も下がるのでやめましょう。眠たいときは、頭がヒートアップしている信号です。短時間でもきっちりと横になって寝て、再起動したほうが作業はずっとはかどると思います。カッターやスチのり用注射器（よからぬ使い方をする輩がいるため、今は販売禁止になったようです）を手にもったまま、うとうとして顔を傷つけそうになったり、集中力を欠いてスチレンボードと一緒に勢いよく指の先を切った人を見てきました。ちなみに、断眠の世界記録は二六四時間一二分（一一日と一二分に相当）。一九六四年アメリカの一七歳の男子高校生が達成した記録だそうです（井上昌次郎『睡眠の不思議』講談社現代新書、1988、101頁参照）。バカげた記録です。倫理的にも問題があります。よい子は真似しないように。現在は、働き方改革もすすみました。徹夜は時間管理ができていないことの証となり、十分な睡眠と筋トレをこなしながら、余裕をもって仕上げる人が賞賛されるそうです。が、卒活中にそんなにうまくいけば誰も苦労しないし、この本も読んでいない……。

さて、そんな訳で、いよいよ最後、「二徹」（四八時間ワーク）に耐えるべく、事前に準備しておいた「一本で二四時間戦える」がうたい文句の某栄養ドリンクを二本、一気に飲みほしました。すると、成分に含まれるカフェインが効いたのか、たちまち潰瘍にしみいって、鈍痛が激痛にレヴェルアップするという耐え難い経験をしました。もちろん、栄養ドリンクが悪いのではありません。老婆心ながら申し上げると、もし空腹時に決まって胃痛を感じる方は早めの内科受診をお勧めします。胃

図 4･1　24 時間働けますか、徹夜で仕上げの時代（旧版刊行時）

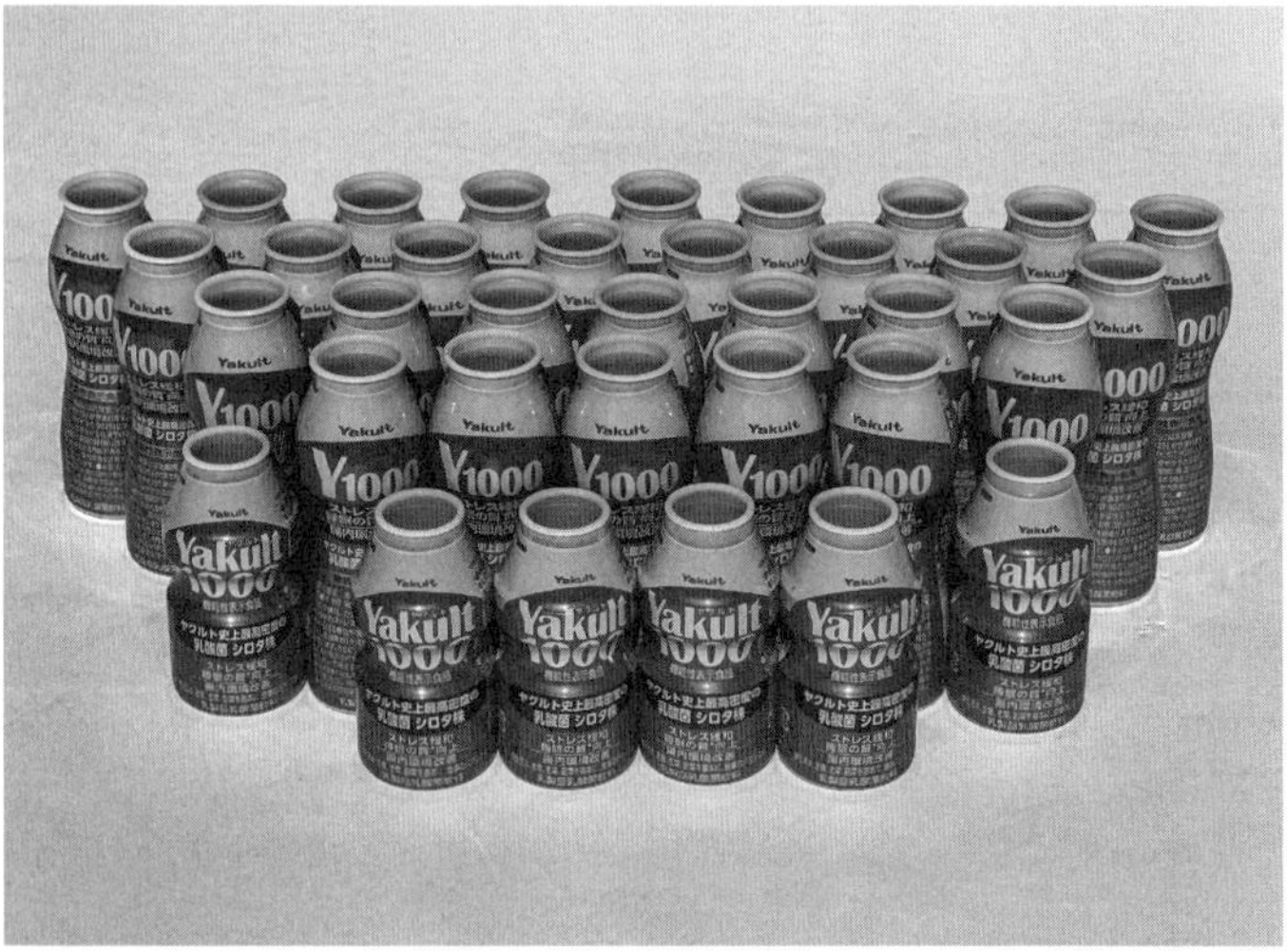


図 4･2　睡眠の質が作品の質に響く時代（新版刊行時）

カメラを飲んで、潰瘍が見つかれば、ピロリ菌がいたずらしている恐れがあります。

また、こうした体調不良と睡眠不足のせいなのか、配置図に大量に描き込んでいた木々が、丑三つ時にわたしに向かって一斉に笑い出すという幻覚も見ました。

とりあえず必要提出物が揃っているというだけの卒業設計と、制作葛藤中のあなたのまさに作品の卵（未孵化）が、締め切り日や卒業要件の観点では、同列に扱われる（しかも、その時点では未完成のあなたの方が不利）ことに我慢ならないと思います。中身をよくするために、睡眠も身も削って、ぎりぎりまでスタディを粘ったその過程は評価されるべきではないのか！ と強く憤るでしょう。もっともな意見だと思います。しかし、いくら中身が充実していても、できあがってくる外見も同様に素晴らしくなければ、他の人には伝わらないのだと覚悟して臨みましょう。「外見ばかりではなく、中身を見てくれ！」というのは、当然の主張です。しかし、それは残念ながら「モノローグ（独白）」の域を出ないのです。作品の外見が悪いと中身まではきちんと見てもらえない。時間切れでプレゼンテーションが間に合わなければ、どうしても未完成と見なされる。それが常です。

他方、外見だけ繕っても、オリジナリティーある作品として決して「他者」の心を打つことはないでしょう。それは、プレゼンテーションされたものを見ればすぐにわかります。そして、後述する「試問会／口頭発表」では、あっという間に化けの皮がはがれるでしょう。なぜそのような形になったのか、そこにいたるスタディ過程や丁寧なフィールドワークを通じて自分の足で稼いだデータ・論拠は何かと問われて、中身に時間をかけていない人は、説得力のある説明は困難でしょう。繰り返しになりますが、作品とは、「わたし」があぁ思うとか、こうしたいといった「モノローグ（独白）」ではないと考えます。「わたし」とは異なる「他者」との真摯な「ダイアローグ（対話）」を通じて展開された思考のプロセスの表現だと考えます。審査する側も、もしそこを見抜いて評価できないのであれば失格です。

スタディにはキリがありません。作品の質に深く関わる最も重要なスタディを簡略化することはできません。締め切り間際の修羅場も避けて通れません。適当に仕上げにかかる卒計生がちらほら出始めても、あなたは時間の許す限り最後まであがいてください。それは、将来の設計活動で不可欠となる粘着気質を身につけるための訓練だと信じましょう。

ともかく中身と外見をどちらも魅力的にするには、相当な時間がかかるので、体力勝負のプレゼンテーションに十分な時間（できれば一か月）が割けるよう、早めに始動し、日々こつこつと卒業設計に打ち込むしか策はないでしょう。

【タイトル】

メインタイトルでは、「テーマ」を意識させると同時に作品の意図やイメージを一気に喚起させるようなタイトル（イメージの膨らまない説明的なタイトルではなく、かといって独りよがりではなく、作品を理解した暁にはなるほどと人に余韻を与えるようなポエティックなものがいいでしょう）をつけるように私は指導しています。第3章で見たように、ストーリーやクライマックスの中に、メインタイトルのヒントがあります。コピーライターになったつもりで命名してください。一方、サブタイトルは「主題＝切り口」の「ひな型」に沿って、敷地の立地と計画内容を正確に伝えると効果的でしょう。

たとえば、次のような本書で紹介している事例のタイトルを参考にしてください。

Aさん「歪みと黙祷――大阪市西成区『あいりん地区』萩之茶屋、日雇労働者無縁仏墓地公園計画」

Bさん「地図から消えた村――大阪府泉佐野防空飛行場用地（第二次世界大戦）接収村歴史資料館計画」

Eさん「手渡したいのはアオイソラ――大阪市西淀川区矢倉地区公害資料館計画」

Fさん「光の射す路――大阪湾埋立地、『新島地区』における刑務所の計画」

Tさん「machinone――コンパクトシティ計画から外れたエリアを低速公共交通で結ぶリハビリテーションシティ構想」

Iさん「omnibus――心斎橋雑居ビル屋上に展開される単身世帯向けシェア街区」

Kさん「毓《i k u》――狭山池博物館前農耕地における食育型故里の創造」

**［コンセプト（説明文と概念図式・シェマ図）］**

難解な内容や詩的な表現は必要ではありません。これまで述べてきた卒業設計のプロセスに沿って得られた情報をそのまま文章にしていけばよいでしょう。その際、各自のたてた「問い」とそれに対する「応え／答え」を冒頭でまず明らかにしてから、細部を補足していく方が読み手にわかりやすいと思います。また、ポイントをシェマ図やダイアグラムなどの図式で表現することも読み手の理解を助ける有効な手段です。私のゼミでは、本書の手引きに従って完成した「梗概フォーム」をそのまま表としてレイアウトするように勧めています。もちろん、説明文を書くことも重要な訓練です。その必要があるときは、「梗概フォーム」は文章の骨格となる構造をなしていますので、それらを接続していけば内容的には破綻のないしっかりした文になるはずです。「梗概フォーム」に関しては、巻末［231頁］ならびに巻末事例を参照してください。

### ［「梗概」を完成させよう］

卒業設計に王道なしと看破してはみたものの、できるだけ効率的に進めたい。そして、少しでも作品と向き合う有意義な時間を確保したい。そのための指南書を本書はめざしています。ここでは、卒業設計の提出物の一つ「梗概」の作成について説明します。たかが梗概、されど実にやっかいな作業です。

この「梗概」は、提出図面上にはプレゼンテーションされませんが、学内記録用や学外配布用に梗概集としてまとめられる冊子の原稿です。「試問会／口頭発表」に一般聴衆に配布される説明用レジュメにもなります。Ａ４用紙二枚程度要求されるのが一般的です。分量的には少ないです。しかし、提出間際の修羅場に、プレゼンテーション作業と並行して作成しなければならず、卒計生にとってはかなりつらい作業となります。プレゼンテーションでオーバーヒートしそうな頭で、ちょっとした文筆家業もこなさないといけないのです。

そのつらさは、決して卒計生だけのものではありません。梗概集は学外に出ます。そのため、指導教員は、文書の内容のみならず誤字・脱字のチェックも余儀なくされます。それも、担当するゼミ生の人数分、しかも一人あたり二～三回程度は、「赤ペン先生」をしなければなりません。この作業は、年度末で多忙な時期とも重なり、教員にとっても相当な負担となります。

本書では、四回生の初期段階から、少しずつ「梗概フォーム」を埋めることができるように進め方を工夫しています。ですので、プレゼンテーションの時期には、梗概はすでにほぼ完成し、簡単なチェック程度で済むという仕組みになっています。

事例の通り、「梗概フォーム」は、表形式で箇条書きによって構成されます〔231頁参照〕。それは、卒計生の思考のプロセスを形にとどめ、作品構成の骨子を構造的に明らかにするのを狙ってのことです。また、卒計生が一所懸命に説明文をしたためたとしても、指導教員と試問の副査以外の人は、その全文を丁寧に読んでくれることなどまずないでしょう。その点、箇条書きで表形式になっていれば、時間の無い人でも目を通す気持ちが起こります。そして、短時間で内容を端的に把握してもらうことができるはずです。したがって、試問会では、枝葉末節な愚問ではなく、本質に触れた批評をしてもらえるであろうと期待します。もちろん、自己陶酔しきった「建築家様式」の難解な文章ではなく、明快なコンセプト文を作成する能力の養成が大切なことは言うまでもありません。ただし、そうしたより高いレベルの梗概が要求される場合でも、本書の「梗概フォーム」に示したような文章の骨格をまず構築しなければならない点は同じです。

この「梗概フォーム」は、ゼミ生が作業を進める上での指標となります。また、指導教員にとっての進捗状況報告書にもなります。作業過程では、文献資料をすべて記入していきます。ただし、最終的な梗概提出の際には、紙数の制限があるので、文献資料は重要なもの数点に限定し、その空いたスペースには模型写真や勝負図面などの図版を入れて完成となります。

**【「試問会／口頭発表」では原稿を読むな！ 空間を読め！】**

いよいよ最後の関門です。この「試問会／口頭発表」が無事終了した暁には、しばし至福の時間があなたを待っています。数ヶ月ぶりに、誰にも気を使わずに、気を失ったように眠ることができるのです。きっと、最後の数日間、あなたの「テーマ」は「睡眠」になっていることでしょう。ですから「試問会／口頭発表」当日には、打ち上げはしないほうが良いでしょう。一度、「試問会／口頭発表」直後に打ち上げを開催したことがあります。ところが、食べ放題の焼き肉屋で、私一人を残して、学生たち（卒計生とヘルプの方々）が食事もそこそこに全員ひれ伏して眠り込んでしまいました。たちまち店の雰囲気は大変妙なものと化しました。やがて、網にのせられたままの大量の肉は焦げ、もうもうと立ちのぼる煙の中で、周りの大勢の客から奇異の視線を一身に浴びた私は大いに焦ったのでした。

では、「試問会／口頭発表」で注意すべき点を見ていきましょう。

なにより重要なことは、まず図面・模型をして作者の意図を語らしめることです。そして、「他者」が無理なく理解できるということです。したがって、言葉での発表は作品の補足説明程度に考えておけばよいでしょう。ただし、言葉の威力は絶大ですから説得力のある発表を心がけましょう。説得力とは、単に声の大きさとか勢いとかではありません。論理的に相手に訴えかける力のことです。言い換えれば、聞き手の頭の中で作品のイメージがスムーズに構築されるように喋る能力です。そのためには、第4章の「コンセプト（説明文と概念図式・シェマ図）」［213頁］でも述べたように、まず各自の「問い」とその「結論」を先に伝え、そこに至った経過を順次説明するのが効果的でしょう。たまに、思いつくまま、細部から説明し始める人がいます。そんな人は、核心に触れる前に時間切れになって、結局何を説明したかったのかさっぱりわからないという悲惨な状況に陥ります。自分とは決定的に異なる「他者」が聞き手なのです。自分が期待しているほどには、決して人には伝わらないということを十分意識しておくべきです。聞き手が全体像をイメージできるようにしてから、時間が許す限り、重要な順に図面や模型を指示しながら細部を説明しましょう。余裕があれば、同時にそうした流れをプロジェクターを使って図的にも補足説明すればよりわかりやすくなるでしょう［試問会／口頭発表で話す順は230頁欄外（下）を参照のこと］。

質疑応答の際も考え方は同じです。まず質問に対応した答えを先に述べてから、その理由・根拠を順次説明するようにしましょう。ちなみに、質問に対応した答えとは、「5W1H」には「5W1H」で、「YESかNOか」で聞かれたら、「YESかNO」をまず答えるということです。たとえば、「○○を知っているか?」と聞かれ、知らなかったとします。ところが、すぐに「知らない」と答えずに、あれこれ自分の言い訳をまくし立てる光景をよく見かけます。論理的な思考回路の人なら、問いとレベルの一致しない答えを聞くともやもやしてくることでしょう。知ったかぶりは破滅の元です。卒業設計は、卒業研究です。つまり、卒業設計を通じて明らかにできたこと、表現できたこと、まだ十分にわからないこと、表現しきれなかったこと、それらを明確にするのが研究です。しっかり中身を詰める努力をしてきたという矜持があれば、自信をもって「知りません」と真摯に答えることができるでしょう。続けて、どこまで知っていてどこまで知らないかが説明されれば明快です。質問者も、そうした誠実な答えに対しては、建設的なアドバイスをしようという気持ちになるものです。

この「試問会／口頭発表」も「中身」をきっちりと見てもらうための「外見」の部分に相当します。印象が悪ければ、いくら中身を訴えても十分に聞き入れてもらえません。

発表はあくまで作品の補足説明ですから、聞き手の顔を見て喋ること。原稿の棒読みは、よほど準備されたものであっても、聞く方に大変な苦痛を与えることを肝に銘じてほしいです。時々、発表用のマイクを握りしめ、原稿をものすごい勢いで読み続ける人がいます。聴いてる方には、「ぼぼぼぼ、ぼぼぼぼ……」という風にしか響いてきません。私は、そうした発表を「ラップ・卒計発表」と呼んでいます。あえて、中身を悟られないための作戦なのかと疑ってしまいます。

原稿を読みあげる発表は「モノローグ（独白）」であり、「空間」を欠いています。原稿ではなく、空間を読んでください。よくKY（空気読めない）とかCKY（超空気読めない）とか言いますが、本書で述べてきたような主旨からすれば、発表者と聞き手と作品の関係性（＝「空間」）を構築し、そこに一つの「場所」の表れを感じ取れるようにしてほしいということです。そのためには、発表内容を丸暗記していてはダメです。一か所でも話が飛ぶと後が続かなくなってしまいます。まず、自分の頭の中で、話の全体像を組み立ててイメージしましょう。その上で、その都度しゃべる内容を位置づけて、アドリブも効かせながら発表してください。そうした全体像の構造的な把握のためにも、計画の骨子を箇条書きで表形式にまとめた「梗概フォーム」は有効だと思います。

発表の最後には、この計画によって、いかに素晴らしい空間が得られ、その波及効果（最後の決めぜりふは、「梗概フォーム」の「波及効果」欄に書かれているはずです）がどのように絶大であるかを声高に訴えて締めくくりましょう。

## ■フィールドワーク・レポート「ひな型」の使い方

●パワーポイントの「ひな型」ファイルをダウンロードしてください。
↓入手先：https://book.gakugei-pub.co.jp/gakugei-book/9784761528652/　同ＱＲコード➡
●本書の頁（pp.222－229）に示すものと同内容のスライド（カラー版）が入手できます。
↓スライドの中に、各ページで記入すべき内容の書式フォーマット（黒）と解説（赤）・注意事項（青）・レイアウトガイド（緑）が表示されています。

↓書式フォーマット（黒）に、ご自身の作業に沿って必要な内容を記入した後は、解説（赤）・注意事項（青）・レイアウトガイド（緑）は削除して体裁を整えてください。
●「ひな型」ファイルを開いたら、最初にスライドの二枚目「目次」の頁を確認してください。
↓ここに記された一連の作業Ⓐ～Ⓕが、リサーチ／フィールドワークで求められる内容です。これらがすべて揃って初めて、最低限、論理的・客観的な作業と呼べるものになります。

Ⓐテーマ、Ⓑ主題＝切り口、Ⓒ問い、Ⓓフィールドワーク内容［Ⓓ－⑴敷地調査結果、Ⓓ－⑵文献・一次資料分析、Ⓓ－⑶既往研究・既往作品との比較］、Ⓔ問いに対する回答、Ⓕ参考文献
●「ひな型」に沿って作業を始めましょう。まず、何よりもⒷ「主題＝切り口」を絞り込みましょう。
↓「ひな型」の中でも核心となる「型」です。

↓リサーチ／フィールドワークを前提とした場合、具体的な対象に対して次の「型」①＋②に沿って、できるだけ具体的かつ詳細に絞り込んでください。
①場所・着目箇所、②機能・役割・着目点
↓「主題＝切り口」に則って、他の項目が順次記入されていく仕組みです。この段階が成否を分ける肝です。指導教官や講義担当教員とよく相談して、筋の良い「主題＝切り口」に絞り込んでく

ださい。

●「主題＝切り口」の確定に次いで、(A)テーマ、(C)問い、(D)フィールドワーク内容、(E)問いに対する回答、(F)参考文献とすすめてください。

↓(D)については、(D)－1、(D)－2、(D)－3〈その1〉・〈その2〉の内容に応じて必要数スライドを追加してください。「1スライドに1内容」が原則です。

●レイアウト、表記について

↓ページ数の記入の仕方、レイアウト時の基本ポイント、参考文献の書き方なども「型」にしてあります。

↓それらは、所作のようなものです。観る人が観たときに、「きっちりと訓練されているな」と思われるポイントです。どのような書き方をしてもわかればそれで構わないという態度はモノローグ（独白）であり、ダイアローグ（対話）ではありません。リサーチ／フィールドワークの内容を読み手に伝え、検証可能な作業とするための共通了解です。せっかくなら、初歩から正しい所作を身につけましょう。

↓写真の標準的な縦横置きの組み合わせもレイアウトの「型」を例示しています。

↓スライドでは、(F)参考文献のページ以降に、留意事項・不備・再提出基準を付けています。不合格「あるある」です。

↓フォントは、メイリオ、ヒラギノ、游をお勧めします。あれこれ異なるフォントを混ぜて使うと見にくく（醜く）なるのでやめましょう。付属の装飾的なテンプレート使用もご法度です。内容、レイアウト、余白に細かく気を配ることで美しいスライドにしましょう。

ここに
各自の「主題＝切り口」を最も象徴的に表す写真を一枚
大きく貼り付けて
表紙の背景とすること

講義名-20XX年度

「設定された課題」の「ここにテーマを記入する」に関するフィールドワーク・レポート
－「ここに各自の主題＝切り口（①における②）を記入する」を中心に－

学籍番号：学番を半角英数字で記入　　名前：フルネームを漢字とローマ字の両方で記入

1

**1** 「主題＝切り口」を最も象徴的に表す写真を一枚表紙的に挿入しましょう。

目次

(A) テーマ ・・・p.3
(B) 主題=切り口 ・・・p.4
(C) 問い ・・・p.5
(D)フィールドワーク内容
　(D)-(1) 敷地調査結果 ・・・pp.6-●●
　(D)-(2) 文献・一次資料分析 ・・・pp. ●● -■■
　(D)-(3) 既往研究・既往作品との比較 ＜その1＞・・・pp. ■■ -◆◆
　(D)-(3) 既往研究・既往作品との比較 ＜その2＞・・・pp. ◆◆ -▲▲

(E) 問いに対する回答 ・・・p. （=▲▲＋1になる）
(F) 参考文献 ・・・p. （=▲▲＋2 になる）

●●、■■、▲▲の部分に各自の該当するページ数を記入すること
1ページのみの時は、p.xxとなり、複数ページにわたるときは、pp. xx-yy　と表記する

全般的注意：
- パワーポイントのデザインは各自が自由にしてよいが、できるだけシンプルにすること
- いろいろな色やフォントをつかいすぎないこと
- パワーポイントに備え付けの出来合いのデザインテンプレートは使用厳禁．各自でデザインすること

2

**2** フィールドワーク・レポートの論理的構成を目次として示しましょう。
この（A）～（F）がそろって初めてレポートの体裁をなします。

# （A）テーマ

「設定された課題」の
＜ここに各自のテーマを記入する＞
に関して

（「A)テーマ」は、
絞り込まれた「（B）主題」（＝切り口①②）よりも、
より大きい広がりをもつもの、より一般的・普遍的な概念など

（B)の主題（各自の問題意識に基づく切り口①②）が
どのようなテーマ性をもち
社会とリンクするかを簡潔に
着目した(B)主題は次ページに書く

3

**3** 「テーマ」は与えられた課題を一段階絞り込んだものであり、「主題＝切り口」を一段階拡げたものです。
まずは、（B）の主題＝切り口を設定して、その後、「テーマ」に広げましょう。

# （B）主題＝切り口

「ここに各自が着目した主題を書く
→ 切り口「①における②」と書けばよい」

切り口の設定：
①場所・着目箇所＝「各自がしぼりこんだものを書く」
②機能・役割・着目点＝ 「各自がしぼりこんだものを書く」

設定根拠・理由：
・
・
・

「設定された課題」に関して、
・なぜ、各自の問題意識「切り口」①②に着目したのか、そこにどのような問題点を見出したのかを、<u>箇条書き</u>にすること。
「テーマ」は「設定された課題」に関する大きな広がりであるのに対し、「主題」は、そのテーマを対象に関係して具体的な「切り口」（①②）に絞り込んだもの。そこでは、個人の関心や興味から切り込んで、具体的な問題点や面白い点などを浮かび上がらせる。

4

**4** すべての根幹をなすのがこの（B）主題＝切り口です。
この主題＝切り口を決めるための「ひな型」（①における②）に沿って、できるだけ具体的に絞り込んでシャープに課題を切りましょう。
その切り口の構造＝関係性を論じるのがレポートです。

## (C) 問い
## 「・・ここに問いを入れる・・？」

「（B）主題」に「どのような？」をつけて問いの形にする
→ 例　「切り口①における、②はどのようなものか？」
　　　「切り口①において、どのようにして②か？」　　　など

- 主題から抽出された問題点について、「HOW？」（どのように？いかにして？）という問い形式にする.
- 文末にはかならず、「？」（クエスチョンマークをつけておく）.
- この「問い」に回答するのが（E）「問いに対する回答」である.
- 必ず、この「問い」と「回答」がきっちり対応しているようにする.
- 回答を導く過程（問いに対する回答の証拠）が、これから示すフィールドワーク（D）の内容になる
  → 従って、（E）回答は、（D）－1、（D）－2、（D）－3からそれぞれ得られた回答（論文の各章ごとの小結に相当）となる.

5

**5** 問いは、「(B) 主題＝切り口」に「どのような？ How?」をつければ自動的に問いになります。レポートや論文、設計提案の「回答」は、「このようになりました」という形になるので、問いは、5W1H のうち、「どのような？ How?」がレベル的に適合します。

### (D) フィールドワーク内容－（1）敷地調査結果

各自の主題、問いに関して、回答に至る証拠として

各自が実際に現場で調査した内容を
写真や
ダイアグラムやシェマ等の概念図
を用いて、<u>複数ページにわたって示すこと.</u>
→　このページから始まって何ページまでに及ぶかは各自の内容により異なる.

- 古い写真や他者のデータについては必ず出典を記すこと.
- 出典は図や写真の右下に小さく示せばよい.
- 出典の書き方は（F）参考文献の表記に従う（注記の場合は、関連する情報の掲載ページも記す）こと.
- それぞれの写真や図は、自分が撮影・作成した場合は、写真・図の右下（もしくは左下）に、「筆者撮影」とか「筆者作成」と、一つ一つ必ず明記すること.

6

**6** 「(B) 主題＝切り口」に沿って、それに関連する内容を実際に現地を訪れ調査します。その報告内容としては、内容的に次の 4 点セットが必須となります（D-1、2、3 共通）：①関連する図や写真、②キャプション（図や写真のタイトル）、③出典（図や写真の著作権者。本人撮影の場合は、「筆者撮影」と記す）④小結（この頁で示した内容から「主題＝切り口」に対して何が言えるのか）。

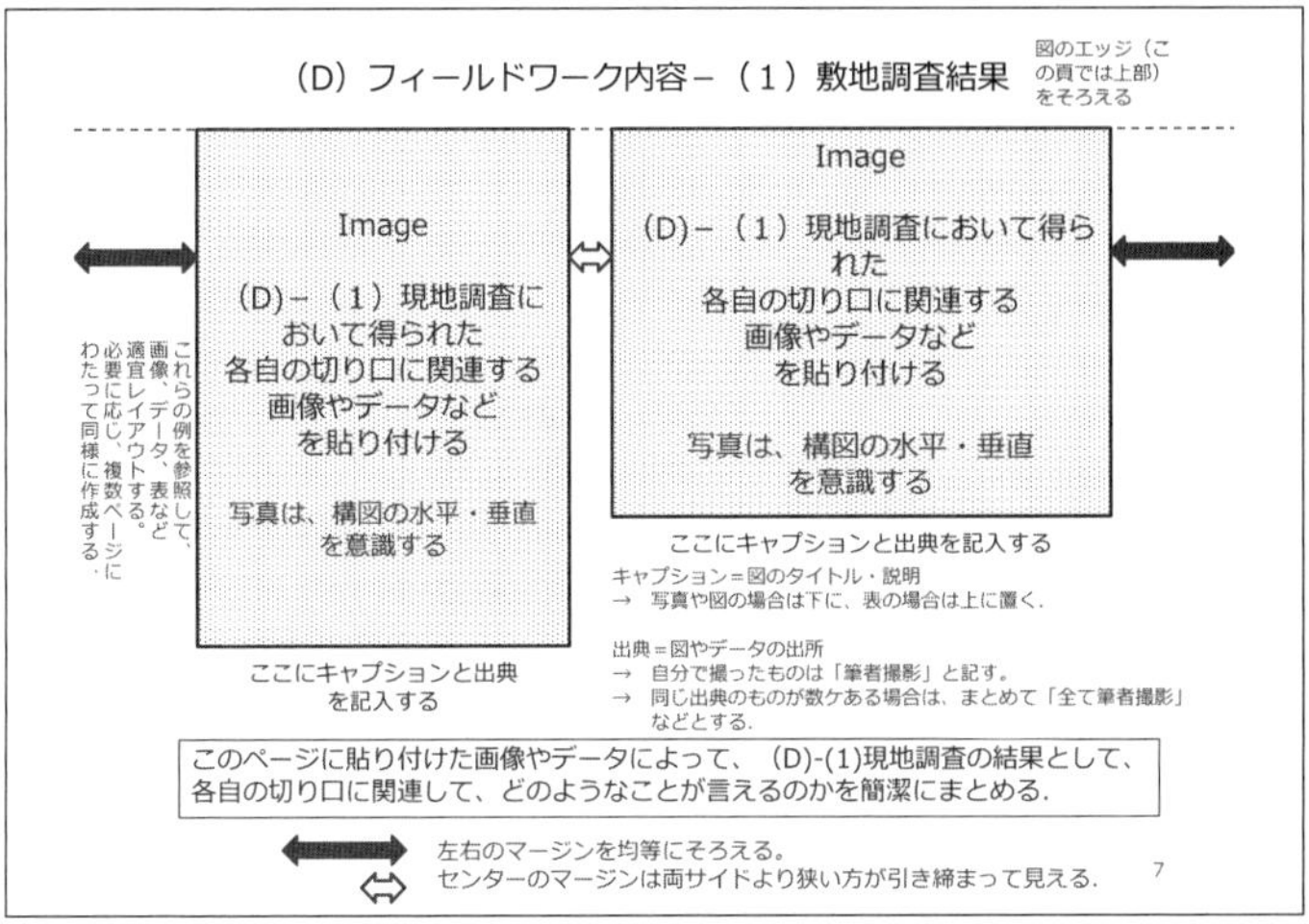
（D）フィールドワーク内容－（1）敷地調査結果
図のエッジ（この頁では上部）をそろえる
Image
（D）－（1）現地調査において得られた各自の切り口に関連する画像やデータなどを貼り付ける
写真は、構図の水平・垂直を意識する
Image
（D）－（1）現地調査において得られた各自の切り口に関連する画像やデータなどを貼り付ける
写真は、構図の水平・垂直を意識する
これらの例を参照して、画像、データ、表など適宜レイアウトする。必要に応じ、複数ページにわたって同様に作成する。
ここにキャプションと出典を記入する
ここにキャプションと出典を記入する
キャプション＝図のタイトル・説明
→　写真や図の場合は下に、表の場合は上に置く.
出典＝図やデータの出所
→　自分で撮ったものは「筆者撮影」と記す。
→　同じ出典のものが数ケある場合は、まとめて「全て筆者撮影」などとする.
このページに貼り付けた画像やデータによって、（D)-(1)現地調査の結果として、各自の切り口に関連して、どのようなことが言えるのかを簡潔にまとめる.
左右のマージンを均等にそろえる。
センターのマージンは両サイドより狭い方が引き締まって見える.
7

**7**　先の 4 点セットを並べるレイアウト事例
写真・図が縦 1 ＋横 1 の場合

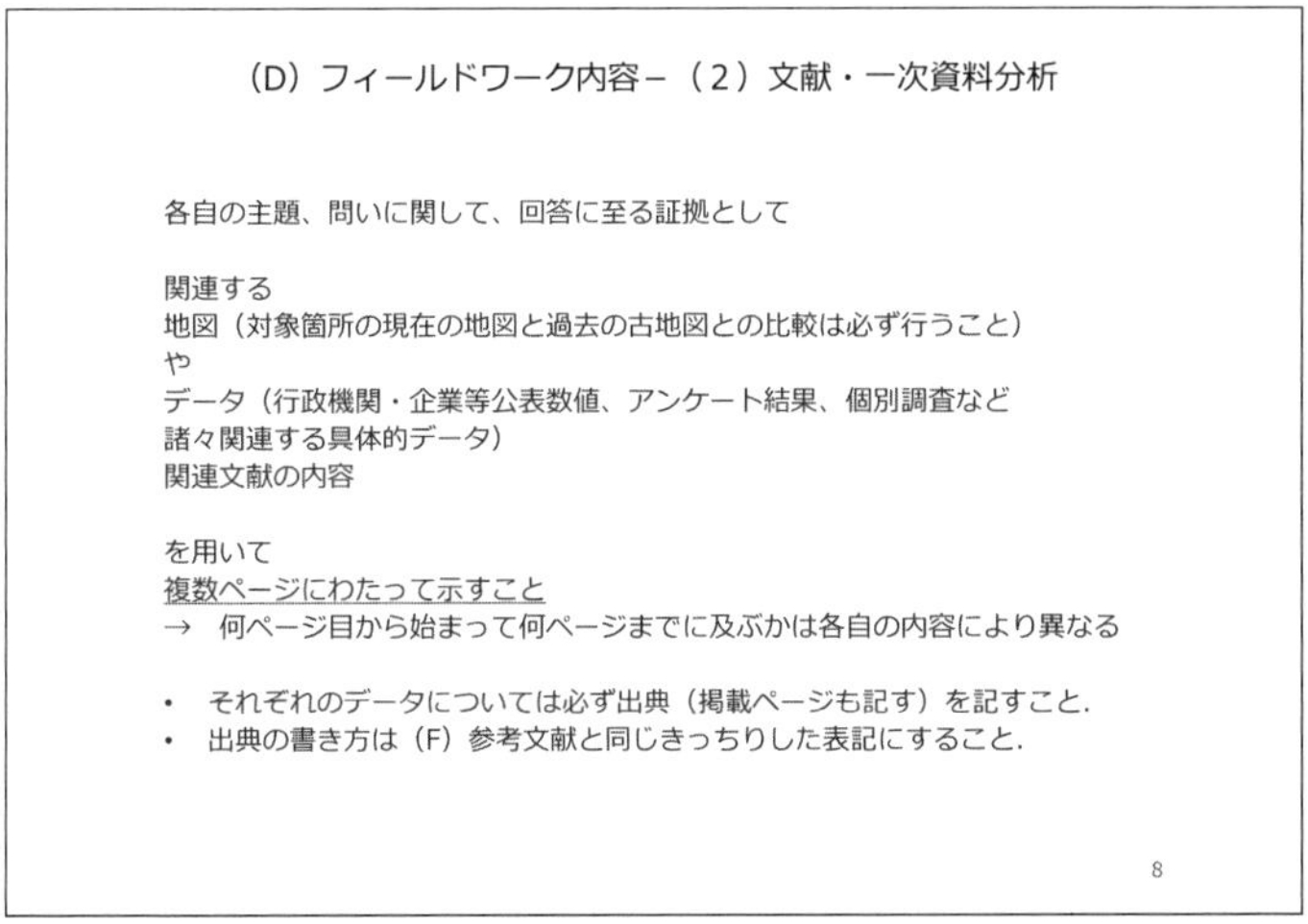
（D）フィールドワーク内容－（2）文献・一次資料分析
各自の主題、問いに関して、回答に至る証拠として
関連する
地図（対象箇所の現在の地図と過去の古地図との比較は必ず行うこと）
や
データ（行政機関・企業等公表数値、アンケート結果、個別調査など
諸々関連する具体的データ）
関連文献の内容
を用いて
複数ページにわたって示すこと
→　何ページ目から始まって何ページまでに及ぶかは各自の内容により異なる
• それぞれのデータについては必ず出典（掲載ページも記す）を記すこと.
• 出典の書き方は（F）参考文献と同じきっちりした表記にすること.
8

**8**　「（B）主題＝切り口」に沿って、それに関連する文献や地図、一次資料（オリジナルデータや各自が取得したデータ　ex. インタビューやアンケート等）を分析します。
＊既往研究で示されたデータは二次資料と呼びます。

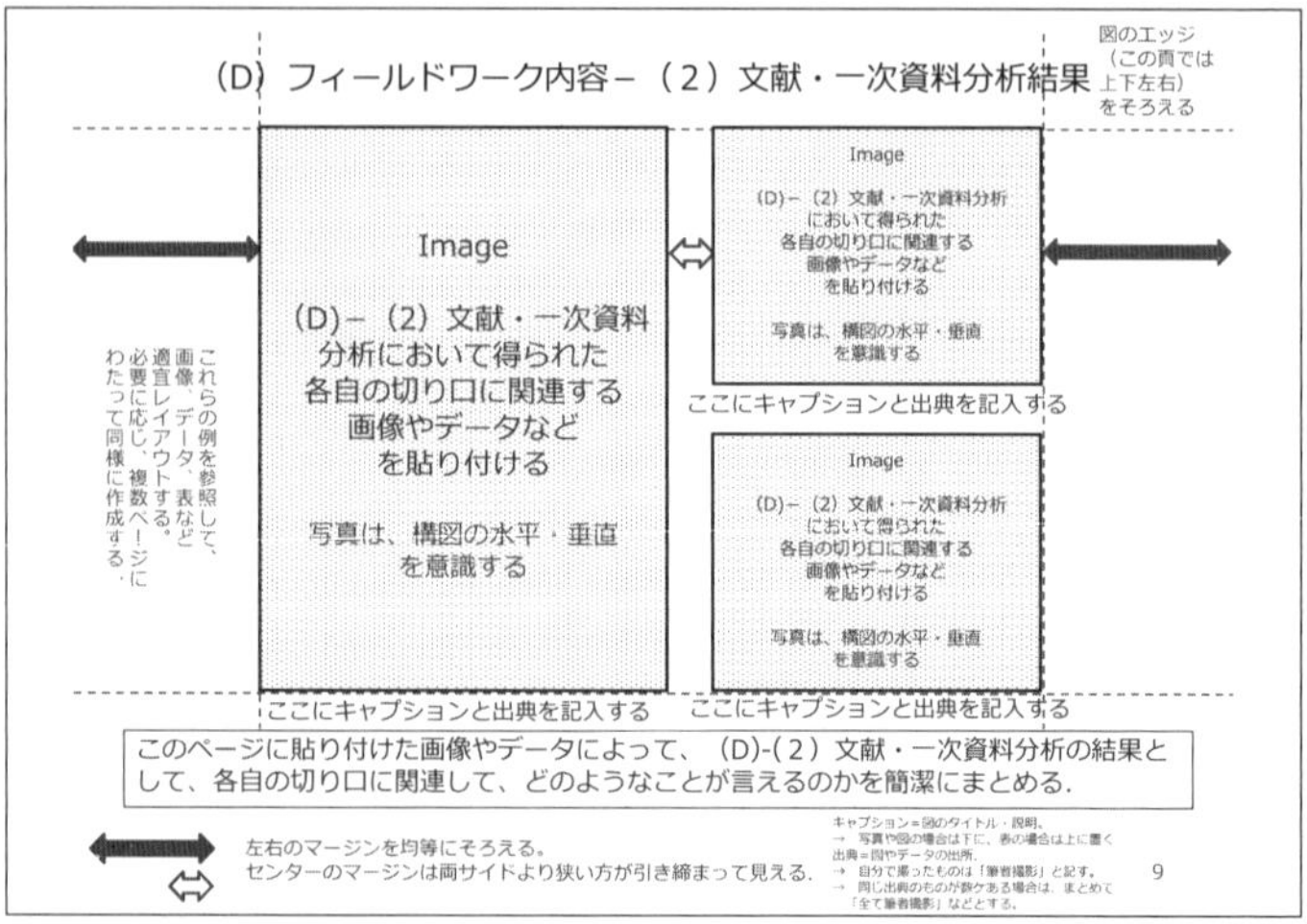

(D) フィールドワーク内容－（2）文献・一次資料分析結果
図のエッジ（この頁では上下左右）をそろえる
Image
(D)－（2）文献・一次資料分析において得られた各自の切り口に関連する画像やデータなどを貼り付ける
写真は、構図の水平・垂直を意識する
ここにキャプションと出典を記入する
Image
(D)－（2）文献・一次資料分析において得られた各自の切り口に関連する画像やデータなどを貼り付ける
写真は、構図の水平・垂直を意識する
ここにキャプションと出典を記入する
Image
(D)－（2）文献・一次資料分析において得られた各自の切り口に関連する画像やデータなどを貼り付ける
写真は、構図の水平・垂直を意識する
ここにキャプションと出典を記入する
これらの例を参照して、画像、データ、表など適宜レイアウトする。必要に応じ、複数ページにわたって同様に作成する．
このページに貼り付けた画像やデータによって、(D)-(2) 文献・一次資料分析の結果として、各自の切り口に関連して、どのようなことが言えるのかを簡潔にまとめる.
左右のマージンを均等にそろえる。
センターのマージンは両サイドより狭い方が引き締まって見える.
キャプション＝図のタイトル・説明。
→ 写真や図の場合は下に、表の場合は上に書く
出典＝図やデータの出所.
→ 自分で撮ったものは「筆者撮影」と記す。
→ 同じ出典のものが数ケある場合は、まとめて「全て筆者撮影」などとする。
9

**9** 先の 4 点セットを並べるレイアウト事例
写真・図が縦 1 ＋横 2 の場合

(D)フィールドワーク内容－(3)既往研究・既往作品との比較

各自の主題、問いに関して、回答に至る証拠として

同じような切り口や
比較対象となる他の場所での研究事例や
他の事例に関する研究など
と
各自のフィールドワーク内容とを比較して違いや類似点を明らかにする

たとえば、国内外の他都市との比較や別の場所、
日本全体の状況や世界的な状況などでもよい
いずれにせよ、
他の対象、フィールドとの比較をしてみて
各自のフィールドワーク内容を相対化する
↓ 次頁に続く

10

**10** 「(B) 主題＝切り口」に沿って、同じような主題を扱った既往研究や既往作品を分析します。

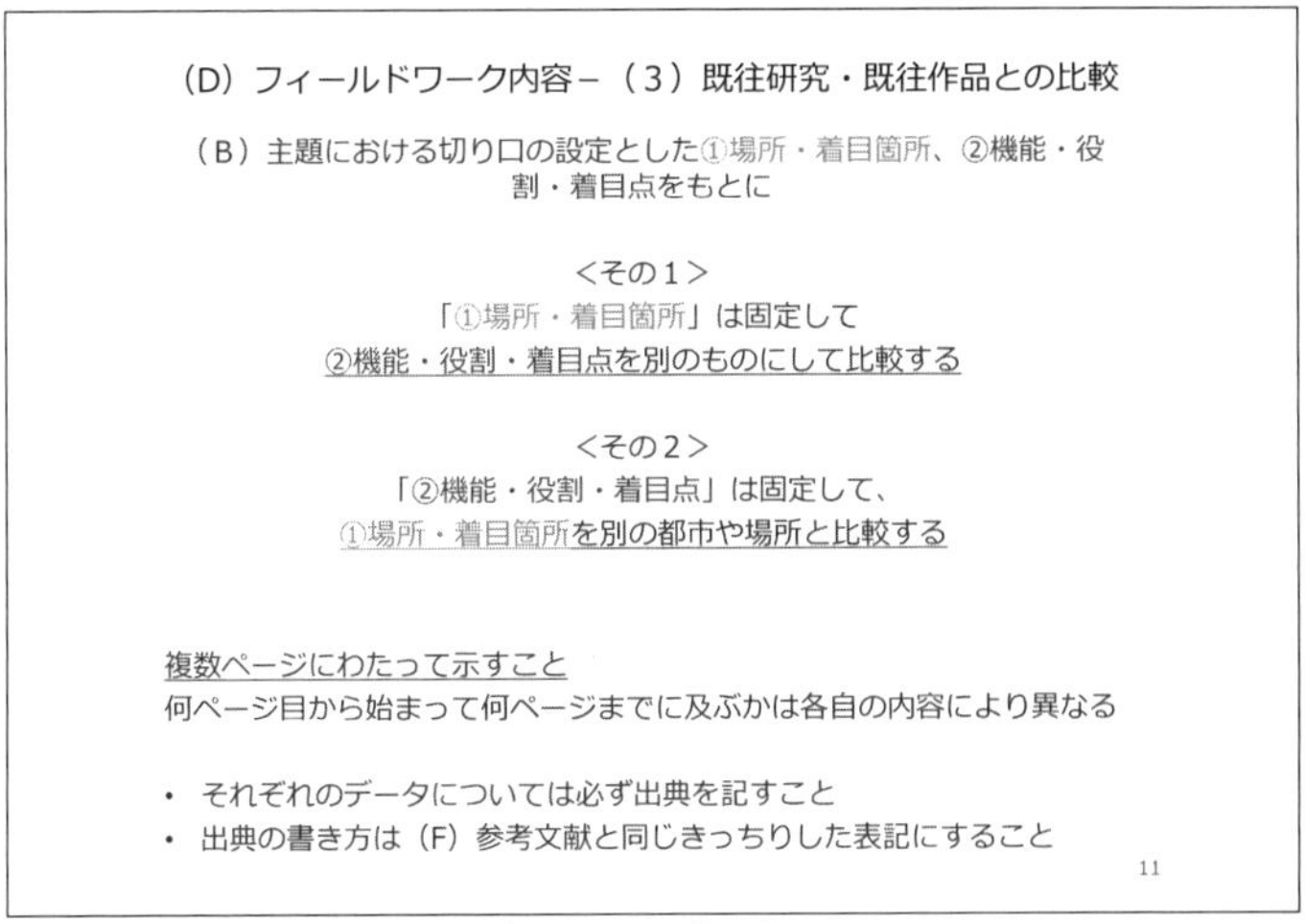
(D) フィールドワーク内容－（3）既往研究・既往作品との比較
（B）主題における切り口の設定とした①場所・着目箇所、②機能・役割・着目点をもとに
<その1>
「①場所・着目箇所」は固定して
②機能・役割・着目点を別のものにして比較する
<その2>
「②機能・役割・着目点」は固定して、
①場所・着目箇所を別の都市や場所と比較する
複数ページにわたって示すこと
何ページ目から始まって何ページまでに及ぶかは各自の内容により異なる
• それぞれのデータについては必ず出典を記すこと
• 出典の書き方は（F）参考文献と同じきっちりした表記にすること
11

**11** その１ 「主題＝切り口」の①を固定して②を変える
その２ 「主題＝切り口」の②を固定して①を変える
の二つの分析を行い、各自の「主題＝切り口」の立ち位置を相対化します。

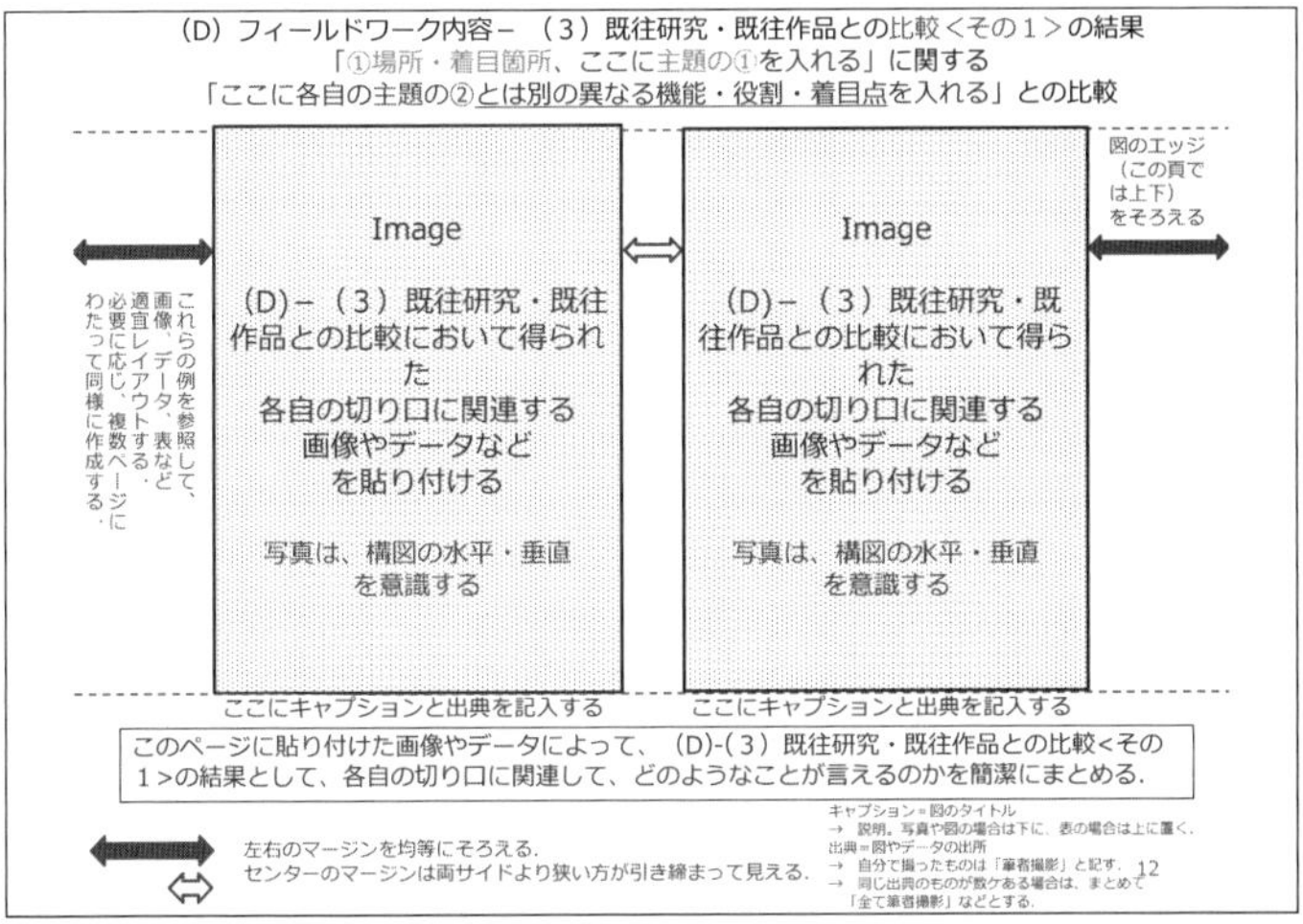
(D) フィールドワーク内容－（3）既往研究・既往作品との比較<その１>の結果
「①場所・着目箇所、ここに主題の①を入れる」に関する
「ここに各自の主題の②とは別の異なる機能・役割・着目点を入れる」との比較
図のエッジ（この頁では上下）をそろえる
Image
(D)－（3）既往研究・既往作品との比較において得られた
各自の切り口に関連する画像やデータなどを貼り付ける
写真は、構図の水平・垂直を意識する
Image
(D)－（3）既往研究・既往作品との比較において得られた
各自の切り口に関連する画像やデータなどを貼り付ける
写真は、構図の水平・垂直を意識する
これらの例を参照して、画像、データ、表など適宜レイアウトする・必要に応じ、複数ページにわたって同様に作成する・
ここにキャプションと出典を記入する
ここにキャプションと出典を記入する
このページに貼り付けた画像やデータによって、(D)-(3) 既往研究・既往作品との比較<その１>の結果として、各自の切り口に関連して、どのようなことが言えるのかを簡潔にまとめる.
左右のマージンを均等にそろえる.
センターのマージンは両サイドより狭い方が引き締まって見える.
キャプション＝図のタイトル
→ 説明。写真や図の場合は下に、表の場合は上に置く.
出典＝図やデータの出所
→ 自分で撮ったものは「筆者撮影」と記す.
→ 同じ出典のものが数ケある場合は、まとめて「全て筆者撮影」などとする.
12

**12** 先の４点セットを並べるレイアウト事例
写真・図が縦２の場合

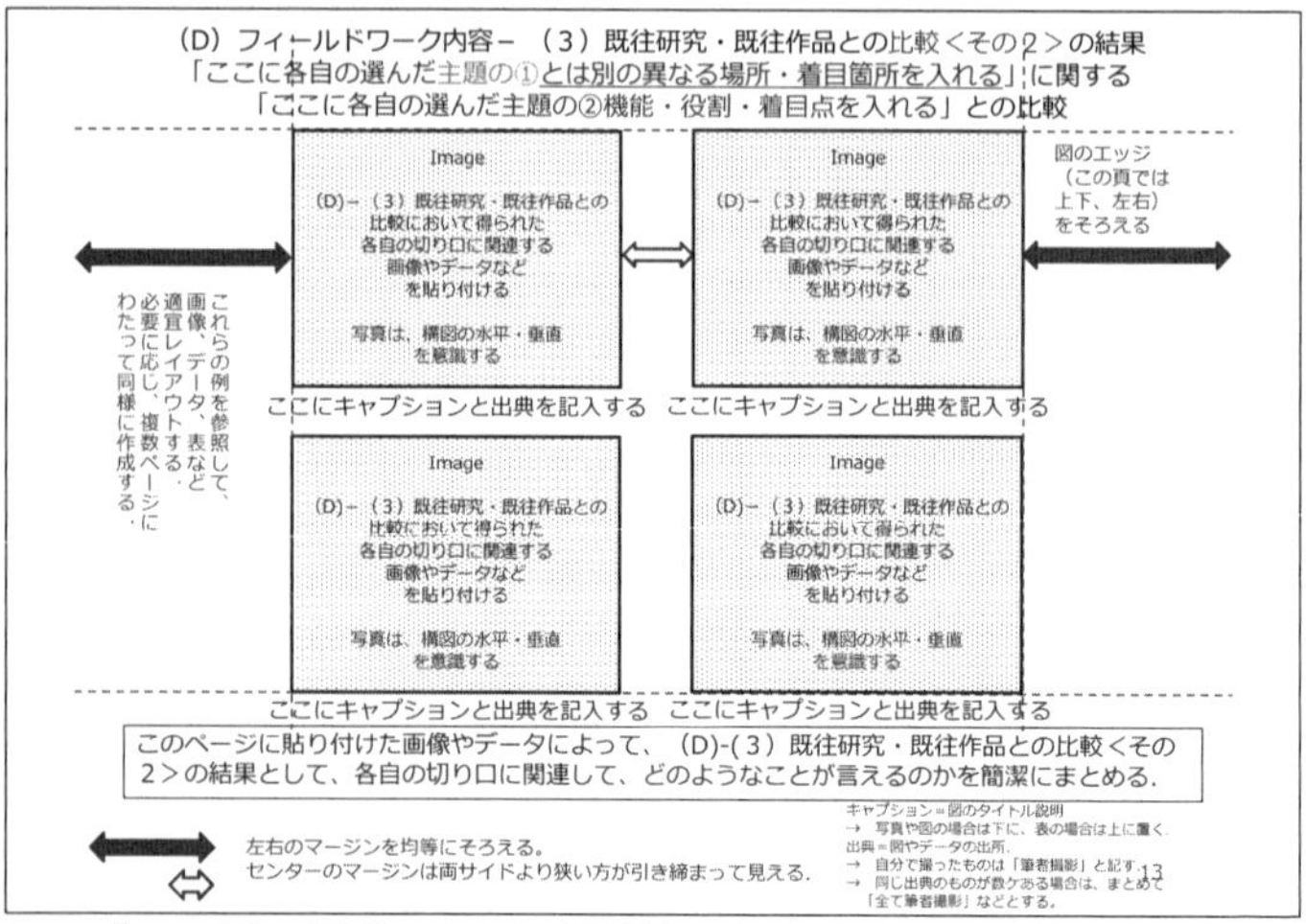
(D) フィールドワーク内容－（3）既往研究・既往作品との比較<その2>の結果
「ここに各自の選んだ主題の①とは別の異なる場所・着目箇所を入れる」に関する
「ここに各自の選んだ主題の②機能・役割・着目点を入れる」との比較
Image
(D)－（3）既往研究・既往作品との比較において得られた各自の切り口に関連する画像やデータなどを貼り付ける
写真は、構図の水平・垂直を意識する
図のエッジ（この頁では上下、左右）をそろえる
これらの例を参照して、画像、データ、表など適宜レイアウトする．必要に応じ、複数ページにわたって同様に作成する．
ここにキャプションと出典を記入する
このページに貼り付けた画像やデータによって、(D)-(3) 既往研究・既往作品との比較<その2>の結果として、各自の切り口に関連して、どのようなことが言えるのかを簡潔にまとめる．
左右のマージンを均等にそろえる。
センターのマージンは両サイドより狭い方が引き締まって見える。
キャプション＝図のタイトル説明
→ 写真や図の場合は下に、表の場合は上に置く．
出典＝図やデータの出所．
→ 自分で撮ったものは「筆者撮影」と記す．
→ 同じ出典のものが数ケある場合は、まとめて「全て筆者撮影」などとする。
13

**13** 先の 4 点セットを並べるレイアウト事例
写真・図が横 4 の場合

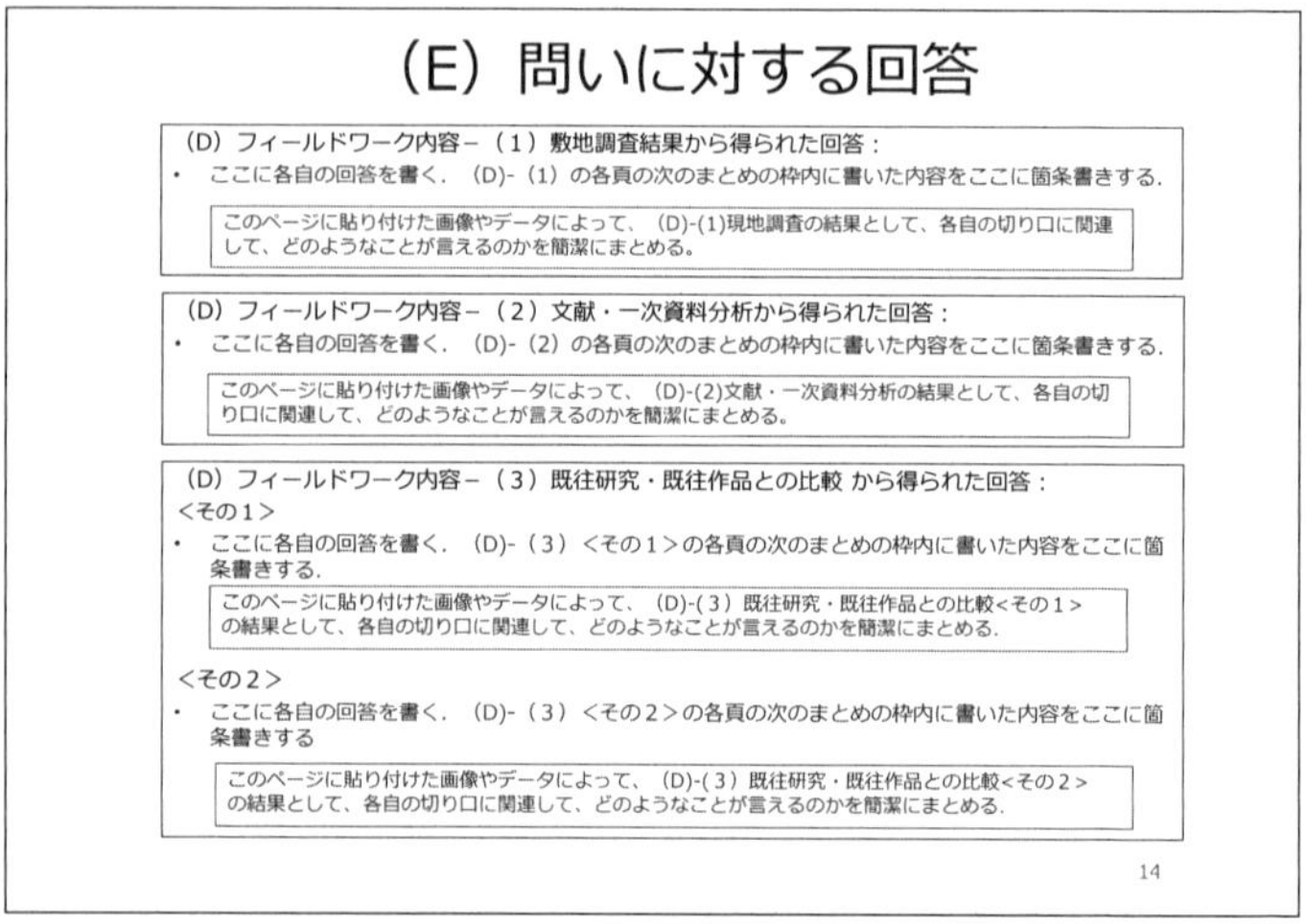
(E) 問いに対する回答
(D) フィールドワーク内容－（1）敷地調査結果から得られた回答：
• ここに各自の回答を書く．(D)-（1）の各頁の次のまとめの枠内に書いた内容をここに箇条書きする．
このページに貼り付けた画像やデータによって、(D)-(1)現地調査の結果として、各自の切り口に関連して、どのようなことが言えるのかを簡潔にまとめる。
(D) フィールドワーク内容－（2）文献・一次資料分析から得られた回答：
• ここに各自の回答を書く．(D)-（2）の各頁の次のまとめの枠内に書いた内容をここに箇条書きする．
このページに貼り付けた画像やデータによって、(D)-(2)文献・一次資料分析の結果として、各自の切り口に関連して、どのようなことが言えるのかを簡潔にまとめる。
(D) フィールドワーク内容－（3）既往研究・既往作品との比較 から得られた回答：
<その1>
• ここに各自の回答を書く．(D)-（3）<その1>の各頁の次のまとめの枠内に書いた内容をここに箇条書きする．
このページに貼り付けた画像やデータによって、(D)-(3) 既往研究・既往作品との比較<その1>の結果として、各自の切り口に関連して、どのようなことが言えるのかを簡潔にまとめる．
<その2>
• ここに各自の回答を書く．(D)-（3）<その2>の各頁の次のまとめの枠内に書いた内容をここに箇条書きする
このページに貼り付けた画像やデータによって、(D)-(3) 既往研究・既往作品との比較<その2>の結果として、各自の切り口に関連して、どのようなことが言えるのかを簡潔にまとめる．
14

**14** (D) フィールドワーク内容から得られた各結果（小結）を箇条書きで示せば、(C)「問い」への回答の骨組みになります。

(F) 参考文献

一覧形式で箇条書きにする．その際、次の三つに分けてそれぞれ複数ヶ（最低3ヶ以上）書くこと．

**<著作・研究書関連>**　→図書館の窓口で関連文献について相談すると大変有効です．

1. 書き方例（書籍の場合）→松本裕『卒業設計コンセプトメイキング』学芸出版社、2008
2. 書き方例（雑誌の場合）→松本裕「<ナレッジ・シティー都市変換>への試行」『CASABELLA JAPAN』781号、2009、pp.34-36
3. 以下同様に書く

**<地図・図版関連>**　→図書館の窓口で関連する地図やデータについて相談すると大変有効です．

1. 書き方例（書籍の場合）→松本裕『卒業設計コンセプトメイキング』学芸出版社、2008
2. 書き方例（雑誌の場合）→松本裕「<ナレッジ・シティー都市変換>への試行」『CASABELLA JAPAN』781号、2009、pp.34-36
3. 書き方例（HPの場合）→　大阪産業大学デザイン工学部建築・環境デザイン学科> 教員研究室紹介>
松本　裕　https://www.edd.osaka-sandai.ac.jp/staff/y-matsu/

**<データ関連>**　→検索エンジンなどは、以下の文献リストには載せないこと．

1. 書き方例（書籍の場合）→松本裕『卒業設計コンセプトメイキング』学芸出版社、2008
2. 書き方例（雑誌の場合）→松本裕「<ナレッジ・シティー都市変換>への試行」『CASABELLA JAPAN』781号、2009、pp.34-36
3. 書き方例（HPの場合）→　大阪産業大学デザイン工学部建築・環境デザイン学科> 教員研究室紹介>
松本　裕　https://www.edd.osaka-sandai.ac.jp/staff/y-matsu/

文献の書き方は、本書、pp.230-231「梗概フォーム」の「参考文献」欄の記述通りに書くこと．よく使うものとしては、

- 書籍（和書）の場合：著者名『書名』出版社、出版年
  →例：松本裕『卒業設計コンセプトメイキング』学芸出版社、2008
- 論文（和雑誌掲載）の場合：著者名「論文名」『掲載雑誌』年・号・発行ナンバー、出版社（出版機関）、出版年、掲載ページ
  →例：松本裕「<ナレッジ・シティー都市変換>への試行」『CASABELLA JAPAN』781号、2009、pp.34-36
- WEB情報の場合は、HPのメインタイトル・管理機関名などを簡潔に示し、その後に、ＵＲＬをコピーして貼り付ける
  →例：大阪産業大学 デザイン工学部 建築・環境デザイン学科> 教員・研究室紹介> 松本裕
  http://www.edd.osaka-sandai.ac.jp/staff/y-matsu/

- wikipediaやyahoo！知恵袋など検索結果は、そのまま信用せず、必ず原典にあたること．
- ネットで検索したホームページデータのみではなく、必ず書籍文献・資料も記すこと

15

**15** (B)「主題＝切り口」に沿って実施したフィールドワークの内容（D）1～3に関連して、以下の 3 分類に対して最も重要な文献を厳選して示しましょう。〈著作・研究書関連〉〈地図・図版関連〉〈データ関連〉。各項目、最低でも 3 点は載せましょう。

## ■主な留意事項、不備・再提出基準例

● 「ひな型」要求項目への対応

- 「主題＝切り口」①、②をできるだけ絞り込む。
- 問いは「主題①における主題②は HOW（どのような）？」にする。
- D-1）2）3）のページ毎に何が言えるのか、ページ毎に全て分析を加える。
- 回答は D-1）2）3）それぞれについて、「ひな型」の指示通りに小結を書く。
- D-3〈その 1〉他の事例との比較をする（主題①を固定し、②を他と比較）。
- D-3〈その 2〉他の事例との比較をする（主題①を他と比較、②を固定）
- 写真が WEB からの引用のみでなく、自分で調査撮影したデータも用いる。
- 参考文献は WEB のみでなく、書籍等も検証する。

●体裁・レイアウトの完成度

- Office PowerPoint に備え付けのテンプレートは使用しない。必要であれば、自分でデザインすること。余計な飾りは不要。
- 解説（赤）・注意事項（青）・レイアウトガイド（緑）は削除する。
- レイアウトのデザインについて、全体的にな完成度を挙げる必要がある。
- 全ての図・表にキャプション（図表のタイトル）を付ける。
- 全ての図・表の出典を明記する。
- 写真や図は、その何が「主題＝切り口」に関係があるか明確な内容にする。
- 写真や図を貼り付ける際、ひずみを放置せず、水平・垂直補正やトリミングをする。
- 写真や図は、縦横比を維持したまま拡大縮小を行う。
- 参考文献は、「主題＝切り口」に関連する最重要データを記載する。
- （F）参考文献数に同じものを繰り返さず、各項目最低 3 つ以上記す。

●分析、まとめ方、表記ルール

- 「ですます」調を使わず「である」調に統一する。
- 資料内容をそのままコピー＆ペーストせず、自分で要約して文章を簡潔にし、箇条書きにする。
- 古地図や過去写真との比較をする場合は、具体的な撮影・作図年を明記する。
- 資料に掲載された図や写真を撮影／スキャンした場合は、「筆者撮影」ではなく、その文献の情報を記すこと。
- 目次のページ表記において、複数ページにわたる際は、例えば pp.6-pp.10 ではなく、pp.6-10 と表記する。単数の場合は、pp.6 ではなく p.6 とする。
- 目次の数字や、その他の英数字は全角ではなく半角にする。
- 参考文献には、wikipedia、yahoo、GoogleMap、マピオン、iPhone マップ、JR おでかけネット、Navitime など検索サイトは掲載しない。
- 参考文献が web 情報の場合、URL だけでなくそのページのタイトルも併記する。
- 参考文献の書籍は、著者名『書籍名』出版社名、出版年の順で正しく書く。

►メインタイトルは、「テーマ」を意識させ、作品のイメージを一気に喚起させるもの。詩的情緒のあるものやキャッチーなコピーのようなもの［212頁参照］
►サブ・タイトルは、立地（都道府県）・敷地名称（市町村）・固有地名（があれば）・施設名称、を順に書いて最後に「計画」とつける

| | |
|---|---|
| 空間構成・機能 | 〈配置計画〉<br>〈平面計画〉<br>〈断面計画〉<br>〈立面計画〉<br>►各自のスタディの中で、「建築的・空間的アイデア」がどのように展開されているかをこれら4つの基本的な空間構成に分けて記入する<br>►ここに記されたことが、図面・模型・CG 等のプレゼンテーションに反映されているように |
| 結　論 | ・図面・模型をして卒計生の導き出した結論を語らしめるように<br>・「問い」（HOW？＝どのような？）に対して「このような」という答えを作品で示す<br>・「プレゼンテーション」の「試問会／口頭発表」では、まず先に「問い」とこの「結論」を示し、そこから各論に入ること<br>・「結論」は「仮説」を詳細検討し、細部までできあがったもの（「空間構成・機能」が確定されたということ）である |
| 波及効果 | ・この卒業設計によって、「主題＝切り口」のところで見出された、解決すべき問題やギャップなどがどのように解決され、それにより（この建築が計画されるおかげで）、どのような素晴らしいことになるか将来のビジョンを訴える<br>・さらに、卒業設計は卒業研究であるから、何が解決され、何が未解決の問題として残ったかを明らかにし、可能であれば、その処方を予測的に示唆しておく |
| 参考文献 | この欄の目的は、①知的所有権を明確にすること、②参照した文献などをなくしたり、締め切り間際にあわてて調べ直さなくてもいいようにするため、である<br>・卒業設計の全課程で参照した文献は、必ずこの欄に記載するように<br>・引用した場合は、引用文を「　」に入れて、必ず原文のまま、ここに転記しておく。勝手に自分の文章のように扱ってはいけない（引用の場合はそのページも記載）。<br><br>〈以下に、頻出する文献記載のパターンを列挙しておく〉<br>「書籍（和文）」<br>►著者名『書名』出版社名、出版年<br>「雑誌掲載論文（和文）」<br>►著者名「論文名」『掲載雑誌名』年・号数・発行ナンバー、出版社（出版機関）名、出版年、pp. XX-XX（所収ページ数）所収<br>「日本語訳本」<br>►著者名（カタカナ）、訳者名 訳『書籍名』出版社、出版年<br>「著書（欧文）」<br>►著者名、書籍名（イタリック字体で）、出版社名、出版地、出版年<br>「雑誌掲載論文（欧文）」<br>►著者名、“論文タイトル”（“　”でくくる）、雑誌名（イタリック字体で）、年・号数・発行ナンバー、出版社名、出版地、出版年、出版年、pp.XX-XX（所収ページ数）所収<br>❖著者が複数の時は、列挙するか、「代表者名、他著」「代表者名（英文）, et.al.」<br>❖編者がいる場合は、「代表者名　編」「代表者名（欧文）dir.」ととりあえずしておけば、卒業設計では十分<br>❖ページ数は、単ページのみの場合は p.XX とし、複数にわたる場合は、pp.XX-XX とし、出版年に続いて記載する<br>「ホームページ」<br>► TOP ページの管理機構名、ホームページアドレス（参照ページと TOP ページの両方を記しておくのが安全） |
| 模型写真・CG | 梗概を提出する際には、紙数に制限があるので、上記「参考文献」を最も重要な数点にしぼり、このスペースには「勝負図面」や「勝負模型」の写真、CG など雰囲気の伝わる写真を貼り付ける |

►諮問会／口頭発表で話す順：①氏名→②「メイン・タイトル」「サブ・タイトル」→③「主題＝切り口」→④「敷地設定」→⑤「問い」→⑥「結論」→⑦「建築的・空間的アイデア」→⑧「空間構成・機能」を模型・図面を示しながら、重要な順に第一鈴が鳴るまで→⑨「波及効果」でしめくくる

# 「梗概フォーム」の作成方法・注意点

## メイン・タイトル

サブ・タイトル

学籍番号（指定の様式に従って
松本　裕（*Yutaka MATSUMOTO*）

| | |
|---|---|
| テーマ | ・身近な存在で、口で言うのは簡単だが、突き詰めるて考えると答えが出ないもの<br>・人間にとって根源的なもの |
| 主　題<br>＝切り口 | ・「主題＝切り口」（subject）になるということは、<br>－そこに見出される何らかの解決すべき問題がある<br>► 解決されたことは「波及効果」欄に書く<br>－「社会的背景」、「敷地調査」の中で検討されたことから見出される<br>－現状と理想とのギャップに起因する<br>－個人の経験にもとづく具体的な場所や活動が前提とされている ► 問題意識が大切 |
| 問い<br>（HOW?） | ①「問い」の所在をかぎわける<br>►「主題＝切り口」の中に見出される現状と理想とのギャップにヒントがある<br>②「問い」方が大切 ⇒ ex.「空を飛びたい」<br>► どのように鳥になるか？…………………………ダメな「問い」方<br>► どのように揚力と推進力を得るか？…………筋のよい「問い」方<br>卒業設計の「問い」は「どのような（HOW ?）」である<br>►「結論」（＝図面や模型）を「このような」と示すから<br>► 必ず疑問形にすること<br>►「問い」と「結論」（回答）が対応関係にあること |
| 仮　説 | 「ここにイメージしやすい施設名を入れる（ex. 美術館、小学校 etc.）」<br>・「仮説」は仮の答え。「結論（回答）」は「このような」と建築物・構築物になり、それを図面・模型で表現する　► よって「仮説」も建築物・構築物となる ⇒「仮説」を「建てる」<br>・「仮説」の補足説明は、「～される（のではないか？）」というように「言い切る表現＋（～のではないか？）」とする |
| 社会的<br>背　景 | ・資料収集、データ収集、文献調査を行い得られた情報のうち、必要なものを整理して書くこと<br>・整理された情報は、図表や概念図、シェマ図（図式）などに整理する<br>・「コピー＆ペースト」厳禁 ⇒ 引用する場合は、必ずそのまま引用し、出典をつける<br>► 情報のソースや出典は必ずすべて「参考文献」の欄に記入しておくこと |
| 敷地設定 | ・具体的な住所を書く<br>・敷地選定理由を書く：「主題＝切り口」「問い」とどのように関連があるかという理由を示す |
| 敷地調査 | ・「建築的・空間的アイデア」の検証がなされる<br>・卒業設計では、先に「敷地設定」が行われ、すなわち敷地からインスピレーションを受けて、「主題＝切り口」「問い」が出されることも多い |
| 既往研究、<br>関連施設<br>の調査と<br>分析 | もっとも関連のあるもの（「主題＝切り口」「問い」「仮説」「建築的・空間的アイデア」に関して）を梗概では２件程度示す<br>► 実際の卒業設計過程では、調べた数だけ同じ要領で整理しておくこと<br>「建築名（所在地、設計：設計者名）」をまず挙げる<br>・「主題＝切り口」：簡潔に<br>・建築的・空間的アイデア：「主題＝切り口」に対応したアイデアを書く<br>► ここで重要なのは、形やデザインではない |
| 計画施設<br>の概要 | ・「既往研究、関連施設の調査と分析」を参考にして、各自の案のプログラムを設定する<br>・ゾーンやまとまりごとに、所要施設名（その面積㎡）を記入 |
| 建築的・<br>空間的<br>アイデア | ・既存の要素のいままでにない関係性を見出す ⇒「社会的背景」「敷地調査」「既往研究、関連施設の調査と分析」といった地道な活動を通じてヒントをつかむ<br>・「空間の質」をねらう。「空間（もの・人）のあいだ」を関係性としてとらえる ≠ 力業・トリッキー<br>・「空間の密度」を上げる<br>►「モチーフ」を極力シンプルにして、関係性を多様に展開する ≠ いろいろな賑やかな形<br>・「物語性をもたす（クライマックスを演出する）」　►「マイナスの要因をプラスにかえる」 |

►テーマ、主題＝切り口、問い、社会的背景、敷地調査、既往研究・関連施設の調査と分析の各項目については、フィールドワーク・レポートの「ひな型」を活用して作成してください。

| | |
|---|---|
| 空間構成・機能 | 〈配置計画〉<br>・建築物は、接収された村と滑走路の延長線上に位置し、滑走路の方向性が視覚化されるよう水路を計画した。<br>・水は滝となって川に流れ込み、その水が施設周辺の水田を潤し、飛行場建設によって失われた田園風景を蘇生する。<br>・丘の斜面を利用し、棚田のイメージで大階段をつくり、田園を眺められるようにしている。丘の滑らかな起伏は、水のカスケードとリンクし、周辺の田園風景と調和するようにした。<br>・建築は、丘に寄り添う形で地形を形成し、徐々に緑化され、丘と一体化していく。それは、あたかも忘れられた戦争の残骸のように大地に取り込まれていく。<br>〈平面計画〉<br>・メインエントランスは、水田によって面影がなくなった滑走路のように、人々には気付かれないよう滝の裏側にある。<br>・内部空間も全面的に緑化し、緑に侵食されて自然のサイクルの中に溶け込むようにした。<br>・施設内においても滑走路の軸線の存在を示唆するため、有機的な内部空間を人工的に貫く一直線の列柱廊を設けている。<br>〈立面計画〉<br>・飛行機のための防空壕「掩体壕」をサイクロイド曲線を用いて再現し、それを全体のモチーフに使うと同時に主要な構造体としての機能を持たせている。<br>・逆サイクロイド形のメインエントランスのキャノピーは、同時に水を落とす滝の役目を果たしている。<br>・建築する際に掘削した土を再利用しシンボリックな山とした。また、山の側面をえぐりとり、暴力的な力を視覚化した。<br>〈断面計画〉<br>・サンクンガーデンは、多くの人々に親しまれた蟻通神社をイメージさせ、施設の聖域的空間となるように計画した。<br>・樹に囲まれた空間の上部は高さ 18 mのヴォイドになっている。木々の間から差し込む光は神社のような神聖さを演出する。 |
| 結　論 | ・計画地から消えた村までを一直線につなぎ、その軸上に水を流すことで、戦争によって失われた村の記憶につながるような視覚的アプローチを与えた。それにより、慰霊でも記念でもない空間によって「記憶の継承」が可能となったと考える。<br>・流された水により、田園風景がしだいに再生され、失われた生活風景が戻ってきたかのように感じられる空間となった。<br>・そうして蘇生された自然の丘に寄り添う形で建築の存在をできる限り消すよう計画した。また、防空壕（掩体壕）のモチーフを施設の開口部などに用いることで、忘れ去られた戦争の残骸が原野にひっそりと息を潜めて佇むような表情を与えることができたと考える。 |
| 波及効果 | 画一的な宅地開発が急速に進む当地区において、失われた村の記憶とその田園風景が新しい形で蘇生されたこの場所が、過去と未来を有機的につなぐ里山のような役割を果たし、人々に親しまれ、記憶に残っていくことを期待する。 |
| 参考文献 | ・平和のための大阪の戦争展実行委員会『大阪戦争遺跡歴史ガイドマップ①』日本機関紙出版センター、2001<br>・横山篤夫『戦時下陸軍佐野飛行場の建設と機能の推移 －半世紀前にも佐野にあった飛行場－』泉佐野市史編纂委員会、1996 |
| 模型写真・CG |   |

## 〈事例〉Bさん　地図から消えた村

### 大阪府泉佐野防空飛行場用地（第二次世界大戦）　接収村歴史資料館計画

| | |
|---|---|
| テーマ | 土地の記憶の継承 |
| 主　題<br>＝切り口 | 第二次世界大戦中に防空飛行場用地として接収され消えてしまった大阪府泉佐野に位置する一つの村の、次第に失われつつあるその歴史や記憶 |
| 問い<br>(HOW?) | 第二次世界大戦中に防空飛行場建設により土地を接収された村の、そして人々の「土地の記憶」をどのように継承し、再生していくか？ |
| 仮　説 | 「接収村歴史資料館」<br>・消失した村と同様に防空飛行場があったことも示すための空間が必要（ではないか？）。<br>・施設を訪れる人に、飛行場の暴力性を意識させるような空間が必要（ではないか？）。<br>・失われた田園風景が再生され、自然と人間とが再び共存し得るような空間が必要（ではないか？）。 |
| 社会的<br>背　景 | ・第二次大戦中、大阪には防空飛行場としての機能を持つ飛行場が3つ存在した。<br>・泉佐野では飛行場建設によって、農家を主とする人々の土地が無理やり接収された。また、多くのため池も消失した。それに対し戦後に土地の返却が始まったが、灌漑設備が失なわれたために、元の姿の田園風景に戻すには大変な苦労を伴うこととなった。<br>・人々の信仰を集め親しまれていた「蟻通神社」も、飛行場建設によって移転された。<br>・半世紀前にあった陸軍佐野飛行場のことを地元の年配の方々は鮮明に憶えている。しかし、関西国際空港の建設により、泉佐野と泉州に人口が流入し、新たな街づくりが行われたため、村の景観は一変した。加えて戦後約60年間に世代交代も進み、失われた村の生活や土地はおろか、飛行場が存在したことさえおぼろげな記憶になりつつある。 |
| 敷地設定 | 大阪府泉佐野市大阪府水道局泉佐野ポンプ場<br>理由：泉佐野は防空飛行場となった３つの村の中で唯一水田の水を川から引いていなかったため、灌漑設備がため池であった。そのため池の消失により、復興には多大な苦労が必要となった。この点をふまえ、田園風景を再生したいと望みこの計画地を選んだ。 |
| 敷地調査 | ・飛行場跡地の一部と蟻通神社跡地の大部分に渡り、上空約８ｍの高さに、関西空港自動車道とJRが通っている。<br>・その高架は、りんくうJCTから泉佐野JCTまで約6kmの長さがある。現在、高架下は、町内会館などに使われている。<br>・周辺には、農地・住宅・工場が広がり、建物の高さは主に２階建が多い。遠くの山まで見渡すことができる開けた土地である。<br>・防空飛行場跡地にその面影は全くない。現在は水田に利用されており、周辺住宅街との鮮明な分断が地図上に見て取れる。 |
| 既往研究、関連施設の調査と分析 | 「ユダヤ人博物館（ドイツ・ベルリン、設計：ダニエル・リベンスキンド）」<br>主題：ユダヤ人のおかれた歴史、特にホロコーストの凄惨な史実の伝承<br>建築的・空間的アイデア：収容された人が最後に列車から見た一筋の光を追体験させるために、建物に無数の窓をスリット状に配置することで、訪れた人が彼らと同じ光を見られるようにしている。<br>「ベネッセハウス直島コンテンポラリーアートミュージアム（香川県直島町、設計：安藤忠雄）」<br>主題：風景としての建築<br>建築的・空間的アイデア：建築を一種の芸術としてとらえ、展示されている芸術作品との一体化を図っている。さらに、建築物を一部地中に埋め、既存の風景との一体化がめざされている。 |
| 計画施設の概要 | 施設概要：歴史館（敷地面積53,323㎡、建築面積5,608㎡）失われた村に関する展示空間（608㎡）、村史・市史閲覧スペース（202㎡）、サンクンガーデン（252㎡）、カフェ1F＋2F（223㎡）、サービスコア（図書貸出口・トイレ・ＥＶ・インフォメーション）(172㎡)、屋上庭園（3,890㎡）、飛行場滑走路軸上水路（726㎡） |
| 建築的・空間的アイデア | ・村と飛行場があった方向を水路（滑走路の軸線上）により施設内に視覚化する。その水路の運ぶ水が施設周辺を蘇生させる。<br>・防空壕・掩体壕の形をモチーフとして使う。<br>・防空壕のような洞窟を緑化し、大地と建築を一体化させる。<br>・建築を大地（土）と一体化させることで、空間に自然のサイクルを引き入れ、栄枯盛衰のイメージを表現する。<br>・当時使われていた防空壕などの空間を活用し、そこに展示スペースなどを設け、当時の記憶を空間体験させる。<br>・蟻通神社のもっていた鎮守の杜としての象徴性を、施設内に穿たれたヴォイド（被爆のメタファー）のような広場で表現する。 |

| | |
|---|---|
| 空間構成・機能 | 〈配置計画〉<br>・四角形の敷地に、対角線の軸線を通して二つの対照的な空間を設ける。淀川側の三角形の敷地には開放的な広場を設ける。神崎川側の三角形の敷地には研究室、資料閲覧室、祈りの空間などを配置し、静的な空間とする。<br>・施設は､煙突が建つサンクンガーデンを囲むように配置する。そうすることで、この庭を核として諸施設へのアプローチが可能となり、施設のシンボルである煙突の存在が身近なものとなるよう計画する。<br>〈平面計画〉<br>・海へと向かう水庭は、切り取られた空を見せるために両側に二枚の壁を配置し、水と空がつながるように計画する。<br>・工場をイメージさせるために、建築全体を幾何学的な構成とする。<br>・淀川側の丘の斜面を利用し、敷地のラインに沿って、直線的に大階段をつくることで、河岸ラインを強調させる。また、そのラインと対角線のラインとで、淀川側の三角形の空間が海へ向かって広がるように構成した。<br>・丘から潮だまりへの緩やかな起伏の地形に、グリッドを基調とした階段をつくり、周辺環境に力強い風景が響きあうように計画する。<br>・エントランスへのアプローチの右側に、グリッド状の水場を設ける。ここには、かつてこの地にあった新田を設け、この地の未来へ向けた蘇生を人々に実感させるような場所とする。<br>〈立面計画〉<br>・エントランスへのアプローチの時、高さ５ｍの壁を設けることで、煙突以外の施設への視線をふさぎ、煙突を強調させる。<br>〈断面計画〉<br>・サンクンガーデンは 4.8 m掘り下げ、空が一層意識されるように配慮した。<br>・煙突を強調させるために、その他の施設は地下に沈み込ませた。<br>・展示空間は明るさを抑え、公害当時に煙などで空が覆われていた状況を意識させ、他方、公害から復興する西淀川区を煙突のスリットから差し込む光によって印象的に演出する。 |
| 結　論 | ・西淀川の地域産業と大気汚染の象徴である煙突のモチーフを積極的に用いて、この施設を訪れる人々の意識を空へと向かわせる。この「青い空」は、公害からの復興にかけた人々のスローガンであり悲願である。また、施設周辺には、親水空間に加え、かつての「矢倉新田」をイメージさせる新田を配した。こうして青い空と水辺と新田はどれも、矢倉地区の公害からの再生を体現するのである。そうして、この施設は、単に、公害に関する展示を行うハコではなく、それ自体が自然と一体となって地域の再生を司るものとなるよう計画した。 |
| 波及効果 | ・公害資料館をつくることによって、公害の事実が共有され、地域住民同士が反公害に向けた意識を高めあい、地域再生を意識し、二度とこのような悲惨な出来事が繰り返されないことを期待している。人々が生き生きと暮らせる地域が戻ってこそ、公害によって蝕まれた人々の心や地域の絆は回復されるであろう。<br>・矢倉緑地の豊かな自然に触れながらも、この資料館が公害を知らない人々に公害の恐ろしさを伝えると同時に、自然の大切さ、地域の在り方を考えてもらう機会を与えられること、さらには、世界に向けて地域再生の在り方を情報発信していける場となることを期待する。 |
| 参考文献 | ・都市設計総合研究所 編集『西淀川区まちづくりレポート』大阪市西淀川区役所企画総務課発行、2001<br>・西淀川区制 70 周年記念事業実行委員会 編集・発行『西淀川今昔写真集―西淀川区制 70 周年記念』―』1995 |
| 模型写真・CG |   |

# 〈事例〉Eさん　手渡したいのはアオイソラ

## 大阪市西淀川区矢倉地区公害資料館計画

| テーマ | 地域再生 |
|---|---|
| 主　題<br>＝切り口 | 日本最大級の大阪西淀川大気汚染公害の被災地である「矢倉地区」において、その悲惨な事実を風化させることなく公害からの再生を果たすような真の地域再生 |
| 問い<br>（HOW?） | 「矢倉地区」の再生にかけた人々の切実な想いを刻み、世界に向けて反公害というメッセージを発信するにはどのような空間が必要か？ |
| 仮　説 | 「公害記念館」<br>・公害発生、被害者の苦悩、解決への道のりなど、西淀川公害の歴史を知ってもらうことで、自然の大切さ、西淀川の地域の在り方について考えてもらえる（のではないか？）。<br>・「矢倉地区」の整備された自然と一体となるような資料館を設計することで、かつての公害と、再生された自然とがともにクローズアップされる（のではないか？）。 |
| 社会的<br>背　景 | ・第二次市域拡張によって大阪市に編入された西淀川区は、昭和前期、軍需工業の隆盛により工業のまちとして発展した。尼崎、此花区という巨大工場群に囲まれた西淀川区は、特需景気や高度経済成長によって、鉄鋼、化学、機械などの重化学工業を中心として、生産額で大阪市内一位になるまでとなった。<br>・西淀川区では戦前より大気汚染、水質汚濁、地盤沈下などの公害問題が発生していた。1960年代以降、重化学工業とともに、大気汚染が悪化していった。西淀川区は1969（S44）年に公害地域に指定され、1978（S53）年には西淀川公害訴訟が提訴され、約17年の期間を経て、1995（H7）年に和解した。 |
| 敷地設定 | 大阪府大阪市西淀川区西島二丁目（矢倉地区）<br>敷地設定理由：矢倉地区は大阪市内で唯一自然海岸のある緑地公園である。この緑地整備は、公害訴訟で闘い続けた住民の悲願である。しかし同時に、そのように整備されることで、公害の歴史が遠い過去のようにのどかに忘れ去られてしまいそうだ。そこで、公害の歴史を風化させずに、この場所がそもそも持っていた豊かな自然も取り戻していけるような、真の地域再生の象徴的計画にしたいと考えた。 |
| 敷地調査 | ・計画地は淀川と神崎川に挟まれた半島の突端に位置する。江戸時代に新田開発に利用され、戦後、台風などで水没してしまい、その後、市などが再び埋め立てたという経緯を持つ土地である。<br>・周辺には阪神高速５号湾岸線、合同製鉄大阪製造所、クボタ淀川分工場、神崎川を挟んで中島工業団地などがあり、大阪湾の臨海工業地域の中心的な場所である。<br>・計画地の西端に位置する「矢倉緑地」（2.4ha）は、自然護岸や親水空間など西淀川区民の憩い場である。 |
| 既往研究、関連施設の調査と分析 | 「舞鶴引揚記念館（京都府舞鶴市、設計：加藤邦男）」<br>主題：戦地からの引き揚げの地における、未来への希望と平和への祈り<br>建築的・空間的アイデア：建物に求められる記念性と象徴性、及び既存展望公園を含んだ公園全体を回顧と祈願の場所として統一的に構成する。<br>「ユダヤ人博物館（ドイツ・ベルリン、設計：ダニエル・リベンスキンド）<br>主題：ユダヤ人の悲惨な歴史<br>建築的・空間的アイデア：固定された場所を持たないユダヤ人の歴史は、折りたたまれた襞のような平面形態、明確な出入り口を有さない構成などに象徴される。また、その内部へ、ランダムにスリットの入ったファサードから鋭角的に差し込む光はユダヤ人の救いや希望などを表現している。 |
| 計画施設の概要 | 展示室１（850㎡）、展示室２（1,097㎡）、ロビー（657㎡）、祈りの空間（361㎡）、サンクンガーデン（1,323㎡）、未来への塔（302㎡）、講堂（424㎡）、カフェ（130㎡）、資料閲覧室（404㎡）、研究室（404㎡）、ラウンジ（404㎡）、水庭（957㎡） |
| 建築的・空間的アイデア | ・西淀川の大気汚染と地域産業の象徴である煙突（工場）のモチーフを用い、西淀川区の地域性を示す。<br>・負のイメージを持つ煙突のモチーフをあえて使い、それが公害からの地域再生へのスローガンとなった「青い空」へと人々を誘うような装置として援用する。その際、煙突にはスリットを入れ、煙のかわりに、ここでは光の出入りを演出する。<br>・建物を低層もしくは地階に収め、建築と大地とのつながりを密にし、煙突を引き立て再生を印象づける。<br>・建物の外観は工場をイメージさせるために、単純で力強い幾何学形態の構成とする。 |

| | |
|---|---|
| 空間構成・機能 | 〈配置計画〉<br>・大きなエネルギーが「0 (Zero)」に収束する減衰曲線のように、ジグザグに折れ曲がりながら海に収束していく（刑期が減少する）よう、主要通路を配置する。<br>・極刑の場と社会復帰の場という刑務所の両極を海の中に配置する。<br>〈平面計画〉<br>・刑の重さに応じて、人工島の内陸から海に向かって単独室棟から共通室棟へと展開される。その間に、風呂や共通施設、作業場などを配置していく。<br>・減衰折れ線と一枚の壁の交錯により、塀に閉じられた領域を構成する。<br>〈断面計画〉<br>・通路の天井や壁面にはスリット状の開口が設けられている。この開口は、海に近づくにつれ次第に面積も数も大きくなり海に向かって開放感を出すよう構成されている。<br>・天井や壁に刻まれたスリットは、収容者の犯した過去の消えない罪を象徴するものとして捉え配置を構成している。しかし、そのスリットから射し込む光は、収容者が刑を受けながらも「社会へ戻ることができる、そして戻りたい」という希望の光をイメージしている。<br>〈立面計画〉<br>・極刑の場から海（社会）に設けられた船着場まで（終わりの場所から始まりの場所）まで、建物の高さも徐々に低く減衰していくよう高低差を演出している。 |
| 結　論 | ・受刑者は、非日常的な刑務所内で生活を送っているが、実はそこにも、勤労や勉強といった日常的な生活があり、社会が存在している。本計画では、刑務所を、社会における監視や規律といった側面を強烈に凝縮した一つの社会であると捉えた。一度は社会から離脱してしまった人々が再びもとの場所へ戻るには、受刑者自身が、どこで道を歩み外したのか、選択間違いしたのか、社会とはどのようなものかを、段階を経ながら少しずつ学び直し、社会に復帰していくことが必要である。その段階的過程を、個の領域から集団の領域へと展開する一本の路（減衰形）に沿いながら空間的に展開した。<br>・社会復帰の可能性を示唆する施設である刑務所を、無人島に設けることで、そこに人の息を吹き込むと同時に、一筋のかすかな希望の光もそこに射し込むのではないかと考える。 |
| 波及効果 | 刑務所という存在を通じて人々が、人間としての最低限の尊厳や人権のあり方について関心を抱いてくれることを期待する。また、大阪湾内の埋立て人工島に刑務所を設計することで、その存在が必ずしも別世界の出来事ではないことを感じてもらえればと願っている。 |
| 参考文献 | ・「大阪湾ベイエリア地域の現状に関する基礎データ」内、「5. 主要な開発プロジェクトの進捗状況」<br>http://www.o-bay.or.jp/root/totipro/kaihatu.htm<br>・法務省法務総合研究所、犯罪白書、http://www.moj.go.jp/HOUSO/hakusho2.html<br>・ミシェル・フーコー、田村俶 訳『監獄の誕生－監視と処罰－』新潮社、1977 |
| 模型写真・CG |   |

## 〈事例〉Fさん　光の射す路

### 大阪湾埋立地「新島地区」における刑務所の計画

| | |
|---|---|
| テーマ | 人間と土地の再生 |
| 主　題<br>＝切り口 | ・刑務所という特殊な場所において、社会的に隔離された人々の人権や人間としての最低限の尊厳の可能性。<br>・大阪湾廃棄物最終処分場「フェニックス」計画に垣間見られるような、われわれの日常生活から廃棄されたものの存在。<br>・こうした、ある意味社会から隔離・分離されたものが、決してわれわれの社会と無関係ではあり得ないという現実。 |
| 問い<br>(HOW?) | ・罪を犯し、社会から隔離され刑務所に身をおいた人々が社会復帰するための空間とはどのようなものか？<br>・廃棄物という見放されたものであふれた無人の土地を再生し、未来につなぐためにはどのようにすればよいか？ |
| 仮　説 | 「無人の人工島に建つ刑務所」 |
| 社会的<br>背　景 | ・行刑施設の収容率（既決）が平成 15 年の時点で 116.6%に達している。<br>・過剰収容による暴行死事件の発生。<br>・廃棄物処理場不足、環境問題の深刻化。 |
| 敷地設定 | 大阪湾内埋立処分場「新島地区」 |
| 敷地調査 | 「大阪市の公共事業から発生する浚渫土砂や陸上残土及び大阪湾の広域において生じた廃棄物を埋立用材として、大阪港内に新島地区を建設し、竣工後はコンテナ埠頭をはじめとする港湾施設や危険物取扱施設として利用する。2001 年度着工。2014 年度完成予定。埋立面積合計　204.7ha、土地利用面積合計214.7ha」<br>「大阪湾ベイエリア地域の現状に関する基礎データ」内、「5. 主要な開発プロジェクトの進捗状況」<br>http://www.o-bay.or.jp/root/totipro/kaihatu.htm より引用 |
| 既往研究、<br>関連施設<br>の調査と<br>分析 | 「刑務所」<br>〈事例〉<br>「和歌山刑務所（女子刑務所）」<br>定員 500 名。136%の収容率。（平成 18 年 11 月時点）。近畿圏内の女子受刑者が収容されている。建物はやわらかい色調で統一され、高い塀がある学校の様相。刑務所が周りの環境と溶け込むよう配慮されている。<br>「網走刑務所博物館」<br>レンガ造りの塀が重硬な感じを与える。収容棟は中央管理型。 |
| 計画施設<br>の概要 | 敷地面積　約 12,556 ㎡、　延べ床面積　約 6,636 ㎡<br>収容棟 約 867.75 ㎡（単独室 約 360 ㎡、共同室 約 504.75 ㎡）、作業棟 約 480 ㎡、運動場、浴室 約 220.22 ㎡、面会棟 約 239.6 ㎡、官舎 約 827 ㎡、管理棟 約 42.25 ㎡、波止場 約 102 ㎡、新入調室 約 70.2 ㎡ |
| 建築的・<br>空間的<br>アイデア | ・極刑の場所から出所まで、刑の重さに対応したヒエラルキーのある一本の通路によって空間を分節し、その通路に壁の役割をあわせ持たせて敷地を区画する。<br>・その一本の通路を減衰曲線のように、海（壁の外の社会）に向けて収束させる。<br>・それぞれが収容された房にいたるまで、受刑者が入所段階に通った道を逆に復帰していく。 |

| | |
|---|---|
| 空間構成・機能 | 〈配置計画〉<br>・20km/h で自動運転する低速公共交通（グリーンスローモビリティ）の新路線を設け、地域コミュニティの拠り所である神社を巡りながら、まち全体を回遊し、人々を循環させていく。新たに設定したルートは 4 つで、東西南北それぞれに分かれ異なるエリアを巡る。各ルートに一つずつ他ルートとの結節点となるバス待合所を設計し地域コミュニティの拠り所とする。原則として、公共交通空白地域の定義とされる「半径 500m 以内にバス停がないエリア」を設けないようにした。<br>・グリーンスローモビリティ・センターを設計する御領宮西公園敷地では、隣接する水路や菅原神社境内との一体的な利用を図る。<br>〈平面計画〉<br>・御領宮西公園敷地では、グリーンスローモビリティが施設の内部を走り抜けるよう軌道を設ける。<br>・人々の交流の拠点となる待合所は、軌道の両脇に設け、待合人が対面対座できる「まちの縁側」のような場所にする。<br>〈立面計画〉<br>・敷地西部には、木の根をモチーフとする欄間のような壁を設け、夕日に照らされて、施設内に「まちのね」を象徴する陰影が映える仕組みとなっている。<br>・この壁は、サービス用の車両通過領域と、グリーンスローモビリティ＋人間の動線とを柔らかに隔てる役割を持つ。<br>・この壁は、大きなフレーム内に木の根をイメージした細かな木材が組み合わされている。スキマの部分は、人、自転車、車いすなどは通過できるが、自動車やトラックは通り抜けられない構成となっており、人々は安全に過ごすことができる。<br>〈断面計画〉<br>・スローライフとエコロジーの象徴であるグリーンスローモビリティの待合センターは、平屋の構造とし、周辺の歴史的な街並みに対して威圧感のないヴォリュームに抑える。木材を用いた柔らかな空間にするとともに、水路や神社境内との水平方向の連続性が意識できる開放的な構成とする。 |
| 結　論 | ・グリーンスローモビリティが自動車依存の緩和を図りつつ、コンパクトシティ構想から外れた周縁地域を巡ることで、そうしたエリア間での人々の移動や交流を促していく。<br>・少子高齢化等により衰退しつつある地方のまちの姿を人間の身体に喩えれば、周縁エリアをグリーンスローモビリティが巡り人々がゆるやかに流動する姿は、麻痺した身体に対して、手足などの末端部分の血流を促して身体の機能回復をはかるかの如くである。本計画では、そうしたあり方を、コンパクトシティの副作用への処方としての「リハビリテーションシティ」と名付けた。 |
| 波及効果 | ・人口減少が課題となる地方のまちにおいて、コンパクトかつ高速に人を集約するだけでなく、まちの周縁に住む人々も含めて、低速でまちを回遊するがゆえに生まれるゆったりとした時間や、かつて神社で育まれたような交流の場所を、「まち＝身体」がとりもどしていくことを期待する。 |
| 参考文献 | ・富山市事業構想研究会編『富山型コンパクトシティの構想と実践』事業構想大学院大学出版部、2020<br>・四条畷市「令和 4 年度 四條畷市自動運転等実証実験 実証実験成果報告」2023（令和 5）年 3 月 |
| 模型写真・CG | <br> |

## 〈事例〉Tさん　Machinone

### コンパクトシティ計画から外れたエリアを低速公共交通で結ぶリハビリテーションシティ構想

| | |
|---|---|
| テーマ | 地域コミュニティーの拠点 |
| 主　題＝切り口 | 大都市近郊地方都市の典型例の一つといえる大阪府大東市において、コンパクトシティ構想から外れたエリアにおける人々の移動・交流と地域コミュニティー |
| 問い（HOW?） | コンパクトシティ・プラス・ネットワークの推進をめざす立地適正化計画において、誘導区域（都市機能＋居住）以外の地域に住む人々の移動や交流を支える基礎交通インフラストラクチャーの未来像と新しい地域コミュニティーの可能性（とはどのようなものか？） |
| 仮　説 | 「低速公共交通ネットワークの構築とその待合・停留所」<br>・コンパクトシティ構想と連動して廃線となったバス運行エリアに、「グリーンスローモビリティ」を導入することで、代替の基礎交通インフラストラクチャーになり得る（のではないか？）<br>・駅周辺へ都市機能や住居が集約されることの裏返しに、都市周縁エリアで過疎化が進行している状況にあって、グリーンスローモビリティの待合・停留所は人々の交流拠点となる（のではないか？） |
| 社会的背　景 | ・地方都市の多くが急速な人口減少と高齢化に直面し、産業の停滞や公共サービスの削減といった形での都市活力の低下が深刻となっている。<br>・行政は諸問題の解決のために「立地適正化計画」を策定し「コンパクトなまちづくりと地域交通の再編との連携」（国土交通省）を掲げているが、スポットの当たった中心市街地と計画から外れたエリアとの地域格差拡大を助長するといった側面もある。<br>・コンパクトシティ化に伴う高速モータリゼーションの加速は、スプロール現象の誘因となると同時に、コアエリア以外での公共交通の削減が実施され、更なるまちの衰退につながる恐れもある。 |
| 敷地設定 | ［大東市全域：公共交通網の整備」＋［御領宮西公園（大東市御領3丁目15）：バス待合所］<br>コンパクトシティ構想に則った機能集約対象エリアから外れた地域に、新しい低速交通網（街の末端へと巡る根や毛細血管のような役割を果たす）を整備する。また、既存公共交通網との結節点にあたる御領宮西公園を計画敷地とし、グリーンスローモビリティの待合所を設計する。御領の計画地には水路や菅原神社の境内が含まれており、地域の拠り所となるポテンシャルを秘めている。 |
| 敷地調査 | ・大東市では、JR3駅（住道、野崎、四条畷）を核とする立地適正化計画が進んでいる。コンパクトシティ構想に則った機能集約対象エリアとそれ以外との地域格差が拡大している。<br>・一部地域（北条、野崎、寺川、中垣内、龍間）の山間部に居住する人口の大多数は高齢者である。傾斜が多く移動が困難だが、人口減少により公共交通の維持が厳しくなっている。一日のバスの本数も少なく、バス停に庇はおろかベンチすらないものが多く、待ち時間も快適とは言い難い。<br>・こうした周縁地域に対し、新たにグリーンスローモビリティ公共交通動線を巡らせることで、まちの周縁部での人の動きや交流を促進する。それにより、手足指先など末端機能のリハビリテーションを通じて体全体の機能回復を図るかの如く、まち全体の活気を取り戻す。<br>・御領宮西公園は大東市を象徴する歴史的な水路にも面している。水路には水生生物や水鳥なども生息し、公園や菅原神社境内には樹高10mを超えるケヤキなどがあり、自然豊かな場所である。 |
| 既往研究、関連施設の調査と分析 | 「公共交通を軸とした拠点集中型のコンパクトなまちづくり」（富山県富山市）<br>・主題：過度に車に依存したライフスタイルを見直し、歩いて暮らせるまちを実現する。<br>・建築的・空間的アイデア：LRTネットワークの形成による「お団子と串の都市構造（串：一定水準以上のサービスレベルの公共交通、お団子：串で結ばれた徒歩圏）」の実現。<br>・「四條畷市自動運転等実証実験」（大阪府四条畷市）<br>・主題：地域課題克服のための移動支援サービスの導入に向けた課題把握のための実証実験<br>・建築的・空間的アイデア：大東市と隣接する四条畷市における類似の地理的条件下での実証実験。グリーンスローモビリティの導入による移動支援と拠点の賑わい創出の検証。 |
| 計画施設の概要 | ・大東市周縁エリア：グリーンスローモビリティ新規運行4路線（東・西・南・北-ルート）と各ルートの地域拠点としての停留所（大東市の18神社鳥居前）の設置。<br>・御領宮西公園敷地：グリーンスローモビリティ・センター［まちあい縁側（125㎡)、まちのね茶房＋テラス(190㎡)、厨房・倉庫・バックヤード(20㎡)、トイレ(45㎡)、親水広場(450㎡)］ |
| 建築的・空間的アイデア | ・大東市における交通の地域格差を解消するため、グリーンスローモビリティをコンパクトシティ構想の公共交通網から外れたエリアに配備する。<br>・地域コミュニティの拠り所である神社を巡りながら、まち全体を回遊し、人々を循環させていく。<br>・これにより、周縁／端末エリアでの人の動きを活性化させることを通じて、全体の蘇生を図る「都市リハビリテーション構想」をコンパクトシティ構想にかわる次世代案として提起する。 |

| | |
|---|---|
| 空間構成<br>・機能 | 〈配置計画〉<br>・雑居ビル群の屋上階を一まとまりに活用できるよう「区分所有」とし、個人居住スペースに加え、居住者以外も利用できるカフェや植樹プロムナードも配置する。<br>・各ビルに屋上階への昇降口が設けられてはいないため、地上階から屋上階へのアクセスが確保されている3棟を屋上「シェア街区」階への共用アクセス路とした。<br>・この3つの共用アクセス路の出入口周辺には、居住者以外も利用可能な店舗を配置し、賑わいの感じられる場所とした。逆に、個人の住居スペースは、共用出入口から少し離れたところに配置した。<br>〈平面計画〉<br>・単身世帯住居外構部には、共用通路を兼ねたウッドデッキをはりめぐらせる。デッキ上には、住民専用エリアを明確に区分すると同時に、プールや植樹帯などのアメニティスペースも設ける。、<br>・単身世帯住居の屋根を階段状の傾斜屋根にすることで屋根上の利用も可能な構造とした。また、片流れ屋根の形態特徴にあわせて、天井が高くなる部分にリビングを配置した。<br>・シェア街区の構成単位である雑居ビル群の間を行き来できるよう、階段や橋を架ける。<br>〈立面計画〉<br>・既存ビルの壁面や屋上設備などの雑居感を残しつつ、それらが持つ水平・垂直なヴォリューム構成に対して、新しく片流れ屋根の架構リズムを挿入する。<br>・屋根の上からは街の風景を望むことができ、既存雑居ビルの屋上壁面をスクリーンとして利用しそこで映画を上映して楽しむなど、雑居ビル屋上の新しい住まい方を提案する。<br>〈断面計画〉<br>・既存雑居ビルの高低差を活かすべく、建物は1階もしくは2階建てで構成し、2階がある建物にはバルコニーを設ける。<br>・住宅や店舗など、すべての建物に片流れ屋根を採用することで街区としての繋がりを印象付ける。屋根のモチーフを統一することで、29棟もの雑居ビルが合わさってひとつのシェア街区が作り上げられているというデザイン上の一体感が生まれる。 |
| 結　論 | ・大阪の中心商業地区に位置する雑居ビル群の屋上に、単身世帯住宅、店舗、緑地、ウッドデッキなどを展開した。屋上全体を「区分所有」にすることで、各ビルのオーナーが利益をシェアできる街区構成が可能となった。ここでは、屋上の開放感やにぎやかなネオンの夜景などを楽しむことができ、この敷地ならではの場所性が単身世帯の暮らしを彩る。<br>・屋上階の建物の屋根を片流れ屋根に統一することで、雑居ビル屋上の水平面が重なり合うシルエットに対して、新しい屋根並みをつくり出すと同時に、傾斜屋根上部も個の場所として利用できる構成とした。 |
| 波及効果 | ・単独世帯が集合して住まう刺激的なシェア街区が構成され、個としての快適な居住環境に加え、住人同士や訪問者など、個と個が緩やかに集う空間になることを期待する。<br>・屋上の開放感やにぎやかなネオンの夜景などを楽しむことができ、この敷地ならではの場所性が単独世帯の暮らしを彩ることを願う。 |
| 参考文献 | ・『仕事学のすすめ　都市計画家　西郷真理子　まちづくりマネジメントはこう行え』NHK出版、2011<br>・大阪市「建築計画概要書（昭和48年4月1日以降の建築物）について」<br>https://www.city.osaka.lg.jp/toshikeikaku/page/0000591128.html<br>・国土交通省「PLATEAU」https://www.mlit.go.jp/plateau/ |
| 模型写真<br>・CG |  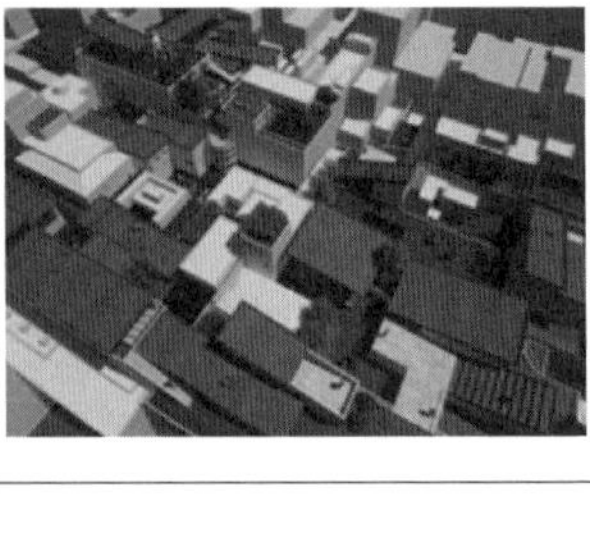 |

## 〈事例〉I さん　Omnibus

### 心斎橋雑居ビル屋上に展開される単身世帯向けシェア街区

| | |
|---|---|
| テーマ | 個の新しい集住のあり方 |
| 主　題<br>＝切り口 | ・大都市中心市街地に位置し日本有数の繁華街として多くの個が交錯する大阪心斎橋における、個と個のつながり方。<br>・都市集住空間における専用空間と共用空間の新たな関係性。 |
| 問い<br>（HOW?） | コミュニティーが希薄とされる大都市中心市街地（大阪心斎橋界隈）において、一人暮らしのプライバシーや快適性を維持しつつ、個と個が緩やかにつながるような、単身者向け集住空間は如何にして可能となるか？ |
| 仮　説 | 「雑居ビル群屋上階シェア街区」<br>・地価の高い都心で高層化が進む状況において、心斎橋界隈に密集する雑居ビルの屋上には、容積的に未利用空間が残っている場合がある。そこに、単身世帯向け居住専用スペースを増設しつつ、雑居ビル群の屋上をひとつながりの街区とみなすことで、その拡がりを居住者で共有／シェアすることができる（のではないか？）<br>・一人暮らしのイメージとしては、個のスペースが隔離されたマンションやアパートが一般的である。また、寮やシェアハウスなどは、共用空間はあるものの建物単位内で完結する傾向がある。それらとは異なり、街や地域への拡がりも可能にするような個のすまい方がある（のではないか）？ |
| 社会的<br>背　景 | ・未婚率の増加や、核家族化の影響を受けて、単独世帯（一人主）が増加している。<br>・2040 年には単独世帯の割合は約 40%に達すると予測されていることもあり、単身世帯の暮らしをより充実させる新たなスタイルが模索されている。 |
| 敷地設定 | 大阪市中央区東心斎橋 2 丁目 8 雑居ビル群屋上<br>・大阪の中心市街地である心斎橋では、道を一本移動するだけで全くイメージの違う街並みが展開されている。他方、そうした雑多な街並みの中で、雑居ビルの屋上にはほとんど人が来ない静かな空間が残されている。<br>・こうした点に鑑み、雑居ビル屋上では、単身世帯のプライバシーの確保と同時に、周辺繁華街の刺激と賑わいに満ちた都心固有の環境へも開かれた、個の新しい集住の可能性が見出せるのではないかと考えた。 |
| 敷地調査 | ・東心斎橋 8 丁目付近には販売商業施設が集中しているが、人口減少も顕著（平成 22 － 27 年、10% 減）である。ミナミの繁華街に隣接しながらも、実際には昼間の人通りもそれほど多くない。<br>・雑居ビルが密集した街並みは、地上レベルからは閉鎖的に感じられる。また、雑居ビルの棟間は狭く、階段が渡されている所もある。<br>・他方、上層階からから望む周辺の街並みには開放感があり、街区間は十分に隔離されている。<br>・敷地として選定した雑居ビル群については、『建築計画概要書』と国土交通省が主導する「プラトー」（全国 3D 都市モデル整備・オープンデータ化プロジェクト）を利用し、実際の大きさや建築条件を把握した。次いで、そのデータをもとに、現地調査を行ったところ、屋上までのアクセスが可能なビルは 3 棟であった。そこでこの 3 棟を、シェア街区となる屋上階へのエントランス棟に設定した。 |
| 既往研究、関連施設の調査と分析 | 「丸亀町商店街再開発事業」（香川県高松市、設計・提案：西郷真理子）<br>主題：地方商店街の再生と街づくり<br>建築的・空間的アイデア：街づくり会社を設立。定期借地権制度を導入し、店舗毎の所有権を一体管理する仕組みを作った。所有権と利用権を分離して、商店街全体での再開発を可能にした。<br>「心斎橋 BIGSTEP」（大阪市西心斎橋アメリカ村、設計：竹中工務店）<br>主題：地域に開かれた商業ビル<br>建築的・空間的アイデア：接道スペースに面して巨大な吹き抜け空間を設ける。私有地内に公共的な半屋外広場を挿入することで、地域の核となる新しい場所性を創出し、商業ビルの付加価値を高めた。 |
| 計画施設の概要 | 住宅（計 7 戸、平均約 70 ㎡／戸）、雑貨店（50 ㎡）、カフェ（135 ㎡）、カフェ テラス席（36 ㎡）、ガーデニングスペース（80 ㎡）、コワーキングスペース（100 ㎡） |
| 建築的・<br>空間的<br>アイデア | 「雑居ビル群屋上階シェア街区」<br>一街区内の雑居ビル群の屋上階をひとまとまりの敷地とみなし、雑居ビル所有者の区分所有「シェア街区」とする。それにより、雑居ビルの屋上階に十分なスペースがないビルオーナーにも屋上床面積に比例した収益がもたらされる。また、屋上階全体を一つの敷地とみなすことで、専用の単身居住者が入るペントハウスや店舗、共用の広場・通路・庭などの構成に自由度が出る。さらには、隣棟間が狭小な雑居ビル群の屋上階での隣棟への避難が可能となる。 |

| | |
|---|---|
| 空間構成・機能 | 〈配置計画〉<br>・水路マップを作成し、旧水路・暗渠・現水路の存在を本計画に取り入れた。現水路は農耕作に利用されていることから、畑作地のテラスを中心に現水路を整備し、農耕作と狭山池の関係を感じられる親水テラスとした。<br>・農耕地マップを作成し、各種農耕作物と土地形状の関係性を分析した。ここから、敷地を通過する現水路に隣接するように水田を配置し、果樹園や畑作地は比較的小規模で水源から遠くても配置できる傾向を踏まえて配置した。<br>・食育活動を行う中での農作物の消費・生産エリアと物流の動線を設定した。これにより、日照条件だけでなく農耕作を使用するサイクルも配慮して配置計画を行った。<br>・建築物は分棟型にすることにより、春夏秋冬で異種の食育活動を行うことや、幅広い児童のニーズに合わせた食育プログラムを可能にする。<br>〈平面計画〉<br>・GIS 解析によって算出したデータを基に、平面計画を行う。前述のボロノイ分析では、各線分に対して教育機関別の児童数及び地番別の児童数を加味した重み付きボロノイ線分を作成し、敷地にまたがる分割線を本計画の主要動線として設定する。他方、ルート解析では、敷地に流動する児童数の規模を適正人口の法則による円形のガイドラインで可視化する。<br>・内部計画では、「食 × 読書」「食 × 勉強」「食 × 運動」「食 × 売買」の 4 つの新しい食卓が本計画の食育活動の 1 つの形であると定義して内装設計を行う。<br>〈立面計画〉<br>・ぶどう棚と共育の路を隣接して設計し、農耕地をより身近に感じてもらえるように設計した。また、畑作地とテラス空間を組み合わせて食事をしながら食べ物がどのように育てられるのかを感じられるような空間も設計した。<br>・藤棚モチーフの構造体は、ぶどう棚として使用される以外に、大屋根やビニールハウス、テラス空間フレーム、ベンチなどにも応用展開する。<br>〈断面計画〉<br>・平面計画で作成した変形グリッドを基に、計画敷地の日照条件と現水路の位置関係を活かした棚田型農耕地を設計する。<br>・主要動線となる幹線路以外の敷地は主に農耕地となっており、そこに藤棚架構の建築物を介入させ、農耕作と建築物の融合を意識させる。 |
| 結　論 | ・狭山池から地域へと広がる水路とその周辺に展開されてきた農耕地に着目し、そこに、教育機関の集中という特徴を活かしたこどもたちの食・共育の場を創出した。<br>・こうした体験型の食・共育の場と一体的構成となることにより、既存の狭山池博物館には、狭山池と地域をつなぐゲート空間の役割に加えて、地元教育機関との知的な連携が強化されたと考える。 |
| 波及効果 | 建築物と農耕地が融合し、農耕作の実働や食卓を囲む食育活動を通して、幼少期から「食」の大切さを学びつつ、狭山池の歴史・文化体験ができる建築となることで、周辺街区⇔当設計施設⇔博物館⇔狭山池が一体化して、地域住民の原風景形成に寄与することを期待する。 |
| 参考文献 | ・長山公一（大阪春秋編集室）『大阪春秋第 162 号—池の文化香るまち　大阪狭山—』新風書房、2016.<br>・Van Bergen Kolpa Architects and Wageningen University and Research, ***Architecture for food***, 2014, https://issuu.com/. |
| 模型写真・CG |   |

## 〈事例〉Kさん　毓《iku》

### 狭山池博物館前農耕地における食育型故里の創造

| | |
|---|---|
| テーマ | 土地の恵みの継承 |
| 主　題<br>＝切り口 | ・日本最古のため池である「狭山池」を有する大阪狭山市の「池の文化」、そして、池との強いつながりの中で蓄積されてきた「農耕資源」の継承。<br>・狭山池に隣接する「狭山池博物館」（安藤忠雄設計）ならびにその周辺に拡がる農耕地、それらの存在が果たす結節点（狭山池と地域をつなぐ）としての役割。 |
| 問い<br>（HOW?） | ・土木遺産である狭山池の保存・公開・活用を担う狭山池博物館は、どのようにして地域の歴史・文化の発信を行い、地元住民に体験してもらうことができるのか？<br>・狭山池周辺に点在する農耕地（休耕地含む）が市民に長く親しまれるようになるために、どのような空間利活用がありうるか？ |
| 仮　説 | 「食育食堂」<br>・農業用灌漑池である狭山池と周辺農耕地の関係性を顕在化する空間が必要（ではないか？）<br>・計画地周辺に教育機関が多いことから、こども主体の施設設計を計画することで、既存博物館の長寿命化や地域の持続可能性につながる（のではないか？）<br>・こどもたちを中心に地元住民が実際に参画して、地域の生業・農耕を追体験でき、豊かな生活へとつなげていけるような仕組みづくりが必要（ではないか？） |
| 社会的<br>背　景 | 大阪狭山池は、飛鳥時代に農業灌漑のために築造された日本最古のため池である。江戸時代の改修工事で、小池・孫池が約130を数える規模に拡大された。平成の改修工事（1988年開始）により、狭山池は治水ダムとして生まれ変わった。また、堤体に桜が植樹され、桜の名所として親水性のある都市公園として憩いの場にもなっている。しかし、近年、宅地開発が進み、田園風景は次第に失われ、狭山池の貴重な土木遺産としての認知度も低下している。それに呼応して、狭山池博物館の来館者も減少の一途を辿り、教育的な役割も十分に果たせていないのが現状である。 |
| 敷地設定 | 大阪府大阪狭山市　狭山池博物館前農耕地<br>理由：計画敷地は、狭山池博物館の玄関前に拡がる農耕地である。狭山駅と大阪狭山市駅の中間地点に位置し、両駅から狭山池までの主要動線となっている。計画敷地周辺には、水源である狭山池の徒歩5分圏内に、幼稚園から中学校まで、教育施設が5つも集中しているという特徴がある。このような条件から、児童が食育との接点を持ちやすい位置であるとの考察のもと、この場所を選定した。 |
| 敷地調査 | 1887年2万迅速図仮製図、1908年2万正式図などの古地図、郷土史・地誌『大阪春秋 第162号』等にもどづき、水路の変遷と現況を地図化した。敷地特性の数量的解析を目指し、GISを用いて各教育機関及び地番別のボロノイ分析を行い、幅広い年齢層の児童が重なり合う線分を抽出した。さらに、最短距離の算出により、敷地に対する流動人口の規模を平面計画によって可視化した。 |
| 既往研究、<br>関連施設<br>の調査と<br>分析 | 「あらぎ島（日本、和歌山県有田川町）」<br>主題：日本の棚田100選、重要文化的景観など、生業と一体の豊かな自然が涵養する地元愛。<br>建築的・空間的アイデア：生業の場が、季節ごとに形相をかえること自体を地域への愛着につなげる仕組み。有田川の対岸に展望所を設け、観光的空間も付随させている。<br>「West Louisville Food Port（アメリカ、ウェストルイスビル、設計：OMA）」<br>主題： 生産者と消費者間の新しいモデルを形作る活発な経済とコミュニティのハブ。<br>建築的・空間的アイデア：食品の生産活動から消費活動のプロセスを動線計画に取り入れ、地域住民と共にフードハブを創出する。公的空間と私的空間のグラデーションの演出。 |
| 計画施設<br>の概要 | 食堂（キッチン・トイレ・倉庫含）＝［食機能］ｘ［読書（120㎡）＋勉強・自習（220㎡）＋ 運動（80㎡）］、カフェスタンド（50㎡）、マーケットホール（300㎡）、ビニールハウス3か所（70㎡+100㎡+190㎡）、果樹園＋ぶどう棚テラス（2,250㎡）、畑作地 + テラス（400㎡）、水田 + テラス（1,050㎡）、駐輪場・駐車場（800㎡） |
| 建築的・<br>空間的<br>アイデア | ・学校給食と農耕作を組み合わせた地産地消型の食事を中心とした食育習慣の提案を行う。<br>・平日は、放課後児童健全育成事業（学童保育）の目的をもつ共食空間として、こどもの「こ食（孤食、個食）」を未然に防ぐ配食機能を持たせる。休日は、食堂やマーケットなど豊かな食生活へ誘導する共食空間として、市民の「こ食（固食、小食、粉食、濃食）」を見直す。さらに、平日・休日問わず、池の水や農耕地など自然の恵みに触れられる畑作地にする。<br>・「食育」という学びのイメージにとらわれることなく、参画・体験を通じて、住民が自ら、自然や歴史・文化と交わることで、充実した生活を実現する「3rd place」としての共育施設を提案する。 |

●別紙に、これまでデータ化してきた「参考文献」欄のデータを転記して添付する

す。設計する敷地としましては、［ 「敷地設定」した場所名。分かりやすくアレンジして ］を現在予定しております。

これまで、別紙のような文献にあたり、情報収集に努めて参りました。しかしながら、今なお不明な点や実状把握が困難な点が幾つかございます。

つきましては、大変厚かましいお願いではございますが、下記の質問事項に関しまして、ご教示ならびに情報ご提供いただければ大変ありがたく存じます。また、可能な範囲で構いませんので、一度［ 標記にあげた相手方の施設名など ］を訪問見学させていただき、関係者の方に直接お話をお伺いする機会を設けていただければ大変幸甚に存じます。

●返信用切手を貼っておき、「自分の名前」宛 or 行と記す

私の住所を記した返信用の封筒を同封致します。お忙しいところ、お手数をおかけし誠に恐縮ではございますが、ご返事賜りますよう、何卒、よろしくお願い申し上げます。

敬具

20XX 年 XX 月 XX 日

○○大学□□学部△△△学科　※※研究室４回生

●自分の名前を黒インク万年筆で手書きする

（手書き直筆で名前を書く）

●ローマ字をワープロ打ちする

［ 氏名のローマ字 ］

●自宅宛電話、ファクスもあればそれも記入

住所：〒 123-4567 ◎◎県……

電話（携帯）：090 − XXXX − XXXX

●携帯メールアドレスは不可

e-mail（ＰＣ用）:xxxx@xxxxx.xxx.com

●ここは実際に F さんが、刑務所の構成について関係機関に行った質問例です

記

●質問事項は下記にまとめる

刑務所を設計する際に目安となる、基本的な諸室・諸施設の寸法に関してご教示いただければありがたく存じます。

〈収容規模〉：男性収容者、収容分類がＡ級、Ｂ級。全体で 2,000 人を収容する刑務所の場合

●各自の卒業設計に応じて、質問を整理し箇条書きで尋ねるようにしてください

【独居房について】

①部屋の標準的な広さはどの程度ですか？ 最小値、最大値の規定はございますか？

②トイレや手洗い場はどのように配置されていますか？

⋮ （略）

【参考文献について】

これまで、別紙（「参考資料」の一覧を別紙につけて送付）のような参考文献・資料にあたりました。もし、他に参照すべき資料や必読書がございましたら、合わせてご教示いただければ、大変ありがたく存じます。

以上、よろしくお願い申し上げます。

# 手紙文例

## 資料・情報提供依頼、施設見学申し込み、アドバイスのお願い

◉本書は、手紙の書き方の本ではないので、主旨に照らして必要な情報のみ掲載しています。さらに詳細を知りたい人は、別途、指南書に学んでください。逆に言えば、手紙の体裁だけ整っていても、内容が一般的すぎると、必要な情報が得られません。本書では、自分の卒業設計の概要と、それにまつわる質問事項を相手に的確に伝え、必要な情報を得ることが主たる目的です。
◉使い方――以下の［　］には、「梗概フォーム」の各項目内容が入ります。事例とこの文例を参照して、各自の卒計内容に沿った文面に仕上げてください。こうした手紙も、実際に書くとなると、その書き方から始まって卒計生の大きな負担になることがあります。躊躇している間に時間が過ぎ、時期を逸してしまう卒計生を見てきました。また、依頼文の内容が抽象的すぎたり、複雑すぎたりして、相手から返事すらもらえない場合もありました。そこで、本書では、そうした卒計生の抵抗感を和らげ、取り急ぎ必要な依頼文を作成することを優先して文面を整えてあります。

○○省　□□課　△△係
☆☆　★★　様

◉“殿”は厳禁（目上→目下へ使うもの）。係宛で担当者の名前がない場合は「御中」とする

◉相手の名前。「☆☆　★★　様」のところは、黒インクの万年筆で手書きする

［　質問したい施設名や事柄を簡潔に記入　］に関するご教示のお願い

◉差し出す月の時候慣用句を入れる

拝啓、※※※の候、ますますご清祥のこととお慶び申し上げます。

私は、○○大学□□学部△△△学科四回生の［　氏　名　］と申します。
ご多忙の折、突然のお願いで誠に恐縮ではございますが、私が現在取り組んでおります卒業研究に関しまして、是非ともご教示賜りたく、何卒よろしくお願い申し上げます。
私は、［　「テーマ」を記入　］というテーマに関心をもち、卒業研究では、特に次のような主題に取り組んでおります。

「主題＝切り口」：［　「主題＝切り口」　］

こうした課題の背景には、以下のような社会的状況があると考えられます。
・［「社会的背景」欄の記載事項を整理して書く］
・　［〃］
・　［〃］

これら諸状況に鑑み、私は、「［　「問い（ＨＯＷ？）」を記入　］」という問いを掲げました。この問いに対して、［　「仮説」の施設名称を適宜アレンジして記入　］の存在に着目し、卒業設計という形で新しい建築的な提案を行いたいと考えておりま

| 10月 | 11月 | 12月 | 1月 | 2月 | 3月 |
| --- | --- | --- | --- | --- | --- |
| | 12月 | | 1月 | 2月 | 3月 |

プレゼンテーション

実際の日程・締め切りにあわせて作業工程を調整してください

- □ イメージパネルの作成
- □ プレゼンテーションのスタディー
  - □ 所要図面作成（陰影、濃淡、彩色など含む）
    - □ 敷地・立地図
    - □ 配置図
    - □ 平面図（地上orアクセス階平面図は外構計画図込み、主要階）
    - □ 断面図
    - □ 立面図
    - □ イメージ図（透視図、ＣＧ、スケッチなど）
    - □ コンセプト関連（説明文＋概念図式・シェマ図）
    - □ 調査・分析データ（敷地写真、分析結果、図表etc）
    - □ タイトルデザイン（メインタイトル、サブタイトル、卒計生の氏名・学籍番号、タイトル用イメージ図・写真・スケッチ）
    - □ スケール、方位

- □ 空間構成・機能
  - □ 配置計画
  - □ 平面計画
  - □ 断面計画
  - □ 立面計画

- □ 勝負図面
- □ 仕上げ模型（通常は勝負模型）
  - □ 土台
  - □ フレーム
  - □ 敷地・地形
  - □ 周辺既存建物
  - □ インフラストラクチャー
  - □ 樹木
  - □ 人間
  - □ 車・バスなど
- □ 模型写真撮影・加工
- □ アニメーション動画作成
- □ メインタイトル決定
- □ サブタイトル決定

■ 発表

- □ 梗概の完成（模型写真・ＣＧ貼り込み）
- □ 展示パネルセッティング
- □ 発表心構え（「梗概フォーム」に基づき発表の全体像をイメージする。「問い」と「結論」を先に示す。［発表手順は230頁を参照］余裕があればプロジェクターを用いたスライド発表準備）

アフターケア

- □ 後片付け（新卒計生のために）
- □ 打ち上げ（ヘルパーさんへのお礼）
- □ ポートフォリオの作成（試問会での指摘を修正。Ａ３程度に図面を縮小しファイリング）
- □ お世話になった方へのお礼（作品概要を持参 or 文書にて）

## 卒業設計作業工程チャート

| 4月 | 5月 | 6月 | 7月 | 8月 | 9月 |
|---|---|---|---|---|---|
| 9月 | | 10月 | | | 11月 |

◉カレンダー日程は作業目安
◉カレンダー下段は 9 月から卒業設計を開始した場合

- □ ゼミ配属審査・就職面接用図面直し

**「テーマ」から「問い」へ**（4月〜6月）
- □ 「問題意識」確認
- □ 「テーマ」決定
- □ 「主題＝切り口」決定
- □ 「問い」決定
- □ 「仮説」を建てる

**敷地設定・敷地調査**（4月〜8月）

**アイデアの模索と展開**（5月〜9月）
- □ 「建築的・空間的アイデア」の設定
- □ 既存の要素の今までにない関係性を見出す
- □ 「空間の質」をねらう＝関係性に着目
- □ 「建築的・空間的アイデア」に物語性・クライマックスをもたらす

**資料収集・データ収集・文献調査**（4月〜7月）
- □ 地図収集
- □ 地形図（1／2500）入手
- □ 地形図（1／2500）画像取込み
- □ 地形図（1／2500）トレースＣＡＤデータ化
- □ 各種都市計画地図（1/10000-1/25000程度）入手
- □ 古地図入手
- □ 郷土史・地誌研究
- □ 図書・雑誌総合目録データベース検索
- □ 参照・引用文献のデータベース化

**スタディー**（8月〜）
- □ スタディー模型（敷地、周辺既存建物 etc）
  - □ 一案毎に写真撮影
- □ グリッド設定
- □ 計画施設の概要決定

**既往作品・参照作品分析**（6月〜8月）
- □ 実作品（最低20作品）のプログラム（所要室、面積、機能etc）分析
- □ 実作品（最低20作品）の「建築的・空間的アイデア」分析
- □ 実作品（最低20作品）の平面図（1/300）色塗り（部屋別、機能別）分析
- □ ホームページ調査編完成（資料収集・データ収集・文献調査報告用）
- □ 卒業設計優秀作品集分析「テーマ」「主題＝切り口」「問い」「建築的・空間的アイデア」
- □ 敷地周辺で行われた実施作品の分析。敷地の歴史性・場所性と計画との関係性など
- □ 敷地調査、写真撮影・データ整理、敷地条件の整理など
- □ 敷地調査、インタビュー、関係者への面接

◉破線は相互の関連性を示す

**既往作品・参照作品見学（卒業旅行前倒し）**（6月〜）
- □ 手紙（依頼文）作成・送付（資料・情報提供、施設見学、アドヴァイス）

# あとがき

古き良き「アクティブ放任ラーニング」は通用しない。大学教員の職に就いてすぐ、そう悟りました。それ以来ゼミでは、懇切丁寧な話し合いを心がけました。しかし、何度も同じ話を繰り返す割には効果が出ません。主に3つの理由がありました。①具体的な卒計の進め方への理解不足、②コンセプト・メイキングのスキル不足、そして③それらを文書化したものがないことでした。そこで私は、ゼミで実践していた指導要領をマニュアル化し教科書代わりにしました。それから数年後の2008年、この自前の手引きが、別件（『テキスト建築意匠』（2006）分担執筆）でお世話になった学芸出版社知念靖廣氏の目に留まり、『卒業設計コンセプトメイキング』として世に出していただきました。その際、①わかりやすく実際に参照して使えること、②完成作品のみならず、そこに至るスタディ過程を実例に則して示すことが目指されました。そこで試みたのが「対話」形式の導入です。それはまさに、学生と指導教員の有意義な「対話」の実践という本書の主旨そのものでもありました。おかげで、これまでにない新しいタイプの卒研本ができ上がりました。華々しい優秀作品や流行りの建築流儀の紹介でも最新のハウツー解説でもありません。学生が実際に辿る卒業設計の地道な過程を丁寧に扱い、論理的に作業を進め成果に結びつける筋道を示すという基本スタンスが、幸いにも読者の共感を得て版を重ねることができました。その間、私自身が本書（旧版）を使って卒業設計指導を重ねるうちに、コンセプトメイキングの基盤となるリサーチの行程で学生のつまずきが多いことに気付きました。そこで、多くの学生の卒業設計や講義の課題レポートの独自検証をもとに、フィールドワーク・レポートの「ひな型」を探求し続けてきました。今回、知念氏のご提案により、本書旧版をベースとして、当該「ひな型」も含め、リサーチに関連する部分を加筆し、全体を大幅改編する形での新版刊行となりました。その結果、卒業設計はもとより、卒業論文や講義レポートの作成にも本書を活用いただける内容に刷新されました。本書新版が、多くの卒業設計ならびにレポート困難民（教員も含む）のチャートになれば光栄です。新版では、旧版で紹介した事例を精査するとともに、リサーチにもとづくコンセプトメイキングの展開が理解できるよう、近年の卒業設計事例も追記しました。新版においても、登場する人物、作品、スタディなどはすべて実在します。しかし、対話中でのキャラクター設定は、私の方で都合よく脚色してあります。ご本人たちの名誉のために申し添えておきます。

一度は企画仕切り直しになったにもかかわらず、その後も進捗を気にかけて何度も連絡をくださり、相変わらず作業が進まない私を励まし、新版刊行へとお導き賜った知念氏には改めて厚く御礼申し上げます。また、旧版作成時からサポートしてくれたゼミ卒業生の佐藤浩氏、そして、家族の理解と忍耐に対しても、心より感謝の気持ちを捧げます。

２０２３年８月　今朝もなお夜明けの音をききながら

松本　裕

〈著者略歴〉

**松本　裕**（まつもと・ゆたか）

大阪産業大学デザイン工学部建築・環境デザイン学科准教授

１９６６年生まれ。京都大学工学部建築学科卒業。京都大学大学院博士後期課程・単位取得退学。パリ建築大学ベルビル校・ＤＥＡ学位。

共著に、シリーズ『都市・建築・歴史　第6巻―都市文化の成熟』（東京大学出版会）、『テキスト建築意匠』（学芸出版社）、*LE SENTIER, BONNE NOUVELLE de l'architecture à la mode*, (Action Artistique de la Ville de Paris), Vocabulaire de la spatialité japonaise. (CNRS)、『二十世紀の都市と住宅』（山川出版社）、『リノベーションからみる西洋建築史』（彰国社）。共訳に、『ル・コルビュジエ事典』（中央公論美術出版）、『ル・コルビュジエ　みずから語る生涯』（中央公論美術出版）、他。

イラスト／ヒヅメ

**新版　卒業設計コンセプトメイキング**
リサーチ・デザイン・プレゼンテーション

２０２３年9月20日　第1版第1刷発行

著　者　松本　裕
発行者　井口夏実
発行所　株式会社学芸出版社
京都市下京区木津屋橋通西洞院東入
〒六〇〇－八二一六
電話〇七五・三四三・〇八一一
編集担当／知念靖廣
装　丁／金子英夫（テンテツキ）
印　刷／創栄図書印刷
製　本／新生製本


ISBN978-4-7615-2865-2　Printed in Japan

本書は「卒業設計コンセプトメイキング」の改訂版です
2008 年 3 月 30 日　第 1 版第 1 刷発行
2020 年 10 月 30 日　第 1 版第 5 刷発行